职业教育财经类专业教学用书

会计基础

丛书主编　林云刚
主　　编　林云刚
副 主 编　华秋红　陈志奇

電子工業出版社
Publishing House of Electronics Industry
北京·BEIJING

内 容 简 介

本书根据课证融通理念，注重学生基础知识、基本技能的掌握和应用能力的发展，内容包括总论、会计要素与会计等式、会计科目与账户、会计记账方法、借贷记账法下主要经济业务账务处理、会计凭证、会计账簿、财产清查、财务报表、会计账务处理程序。

本书可作为职业院校会计专业和财经类其他专业的教材，也可作为在职人员岗位培训的教学用书。

本书还配有电子教学参考资料包（包括教学指南、电子教案及习题答案），详见前言。

图书在版编目（CIP）数据

会计基础/林云刚主编. —北京：电子工业出版社，2018.8
ISBN 978-7-121-34171-7

Ⅰ. ①会…　Ⅱ. ①林…　Ⅲ. ①会计学－职业教育－教材　Ⅳ. ①F230

中国版本图书馆 CIP 数据核字（2018）第 099203 号

策划编辑：徐　玲
责任编辑：徐　玲
印　　刷：北京虎彩文化传播有限公司
装　　订：北京虎彩文化传播有限公司
出版发行：电子工业出版社
　　　　　北京市海淀区万寿路 173 信箱　邮编　100036
开　　本：787×1 092　1/16　印张：17.75　字数：449.6 千字
版　　次：2018 年 8 月第 1 版
印　　次：2018 年 8 月第 1 次印刷
定　　价：36.00 元

凡所购买电子工业出版社图书有缺损问题，请向购买书店调换。若书店售缺，请与本社发行部联系，联系及邮购电话：（010）88254888，88258888。

质量投诉请发邮件至 zlts@phei.com.cn，盗版侵权举报请发邮件至 dbqq@phei.com.cn。

本书咨询联系方式：xuling@phei.com.cn。

前　言

本书以财政部2017年7月5日修订颁布的《企业会计准则》和财政部、国家税务总局2018年4月4日印发的《关于增值税税率的通知》为依据进行编写，突出对实务操作的训练和基本技能的培养，既满足教学的需求，又兼顾考证的要求，结构严谨、语言精练。本书具有以下特点。

1．采用案例编写方式。本书以会计工作实际为范本，选择和整理具有代表性、典型性的实务资料，构成案例内容，贴近学生生活实际，通俗易懂。

2．把握认知规律，注重学生基础知识、基本技能的掌握。本书的编写符合职业教育学生的认知特点，通过对职业岗位群的分析，按照综合职业能力的培养要求，在会计基础知识和基本技能方面狠下功夫，力求达到职业岗位需要掌握什么，教材就编写什么，为学生掌握这些知识点解决“船”与“桥”的问题。

3．注重学习与训练相结合。本书每节都有知识点训练并进行解析，不断强化学生对教材内容的掌握和运用，以提高教学效果。

4．体现知识更新要求，注重知识“浅、宽、新、用”。开阔学生的视野、拓宽学生的知识面，培养高素质、复合型的人才，是教育的目标，也是本书编写的出发点和立足点。因此，本书注重在知识的“浅、宽、新、用”方面多下功夫，力求做到深入浅出。

本书在使用中要注重理论联系实际，汲取财务会计工作实际的新经验；注重加强实践教学环节，组织学生进行必要的社会调查；注意调动学生自学的主动性和积极性，选择重点题目进行课堂讨论。本书教学建议如下：

基础模块和实践教学模块学时分配建议表

序　号	课程内容	学时数		
		合　计	讲　授	实　训
项目一	总论	5	4	1
项目二	会计要素与会计等式	6	3	3
项目三	会计科目与账户	4	2	2
项目四	会计记账方法	5	3	2
项目五	借贷记账法下主要经济业务账务处理	32	16	16
项目六	会计凭证	8	4	4
项目七	会计账簿	13	7	6
项目八	财产清查	9	5	4
项目九	财务报表	8	4	4
项目十	会计账务处理程序	6	3	3
合　计		96	51	45

本套丛书由无锡城市职业技术学院林云刚担任主编，本书由无锡城市职业技术学院林云刚担任主编，无锡城市职业技术学院华秋红、无锡旅游商贸高等职业技术学校陈志奇担任副主编。具体编写分工如下：林云刚编写项目一、二、五，华秋红编写项目三、四，项目六～九，陈志奇编写项目十。本书由无锡城市职业技术学院左占卫主审。

为了方便教师教学，本书还配有教学指南、电子教案及习题答案，请有此需要的教师登录华信教育资源网（www.hxedu.com.cn）免费注册后再进行下载，有问题时请在网站留言板留言或与电子工业出版社联系（E-mail: hxedu@phei.com.cn）。

由于编者水平有限，时间仓促，书中疏漏在所难免，希望读者与专家不吝赐教，以便进一步完善。

编 者

2018 年 5 月

目　录

项目一

总　　论

基本要求

1. 了解会计的概念。
2. 了解会计对象。
3. 了解会计目标。
4. 了解会计准则体系。
5. 了解会计的核算方法。
6. 了解收付实现制。
7. 熟悉会计的基本特征。
8. 熟悉会计的基本职能。
9. 掌握会计的基本假设。
10. 掌握权责发生制。
11. 掌握会计信息质量要求。

模块一　会计的概念与目标

一、会计的概念及基本特征

（一）会计的概念

会计是以货币为主要计量单位，运用专门的方法，核算和监督一个单位经济活动的一种经济管理工作。

单位是国家机关、社会团体、公司、企业、事业单位和其他组织的统称，本教材以《企业会计准则》为依据介绍企业经济业务的会计处理。

会计已经成为现代企业一项重要的管理工作。企业的会计工作主要是通过一系列会计程序，对企业的经济活动和财务收支进行核算和监督，反映企业财务状况、经营成果和现金流量，反映企业管理层受托履行情况，为会计信息使用者提供决策有用的信息，并积极参与管理决策，提高企业经济效益，促进市场经济的健康有序发展。

（二）会计的基本特征

1．会计是一种经济管理活动

会计产生于人们对经济活动进行管理的客观需要中，不仅为经济管理提供会计信息，还通过各种方式直接进行管理。会计工作往往在单位内部管理的整个系统中进行，每个管理环节都离不开会计人员的参与。在宏观经济中，会计也是国民经济管理的重要组成部分。因此，会计是一种经济管理活动。

会计按其报告对象不同，又有财务会计与管理会计之分。财务会计主要侧重于向企业外部关系人提供企业财务状况、经营成果和现金流量等信息，财务会计侧重于过去的信息；管理会计主要侧重于向企业内部管理者提供进行经营规划、经营管理、预测决策所需的相关信息，管理会计侧重于未来的信息，为内部管理提供数据。

2．会计是一个经济信息系统

会计作为一个经济信息系统，将企业经济活动的各种数据转化为货币化的会计信息，这些信息是企业内部管理者和外部利益相关者进行相关经济决策的重要依据。

3．会计以货币为主要计量单位

经济活动中通常使用劳动计量、实务计量和货币计量三种计量单位。劳动计量、实务计量只从某一角度反映企业的生产经营情况，不同计量单位之间仅在数量上进行汇总和比较；而货币计量便于统一衡量和比较，全面反映企业的生产经营情况，只有借助于统一的货币计量，才能取得经营管理上所必需的连续、系统和综合的会计资料，因此，会计需要以货币为主要计量单位。

4．会计具有核算和监督的基本职能

会计的基本职能表现在两个方面。

（1）进行会计核算。通过确认、计量、报告，从数量上反映单位已经发生或完成的经济活动，为经营管理提供会计信息。

（2）实施会计监督。按照一定的目的和要求，利用提供的会计信息，对各单位的经营活动进行控制，使之达到预期目标。

5．会计采用一系列专门的方法

会计方法是用来核算和监督会计对象，实现会计目标的手段。会计方法具体包括会计核算方法、会计分析方法和会计检查方法等。其中会计核算方法是最基本的方法。

（三）会计的发展历程

1．会计的产生

会计是人类社会发展到一定历史阶段的产物，它随着社会生产的发展和经济管理的需要而产生、发展并不断完善起来。在生产活动中，为了获得一定的劳动成果，必须要消耗一定的人力、物力和财力。人们一方面关心劳动成果的多少，另一方面关注劳动耗费的高低。因此，人们在不断革新生产技术的同时，对劳动耗费和劳动成果进行记录、计算，并加以比较和分析，从而有效地组织和管理生产。会计就是这样产生于人们对经济活动进行管理的客观需要中，并随着加强经济管理、提高经济效益的要求而发展，与经济发展密切相关。

会计的历史，最早可以追溯到原始社会的“结绳记事”和“刻契记事”等处于萌芽状态的会计行为。当时，只是在生产实践之外附带地把收入、支出日期和数量等信息记载下来，生产尚未社会化，独立的会计并未产生，会计是生产职能的附带部分。随着社会生产力的不断发展，会计逐渐从生产职能中分离出来，成为由专门人员从事的独立职能。

2．会计的发展

会计随着人类社会生产的发展和经济管理的需要而产生、发展并不断得到完善。其中，会计的发展可分为古代会计、近代会计、现代会计三个阶段。

（1）古代会计阶段。古代会计阶段是从会计产生到 1494 年世界上第一部专门论著借贷复式簿记的书籍《算术、几何、比及比例概要》出现之前的阶段，这是会计发展史上最漫长的一段时期。文明古国埃及、巴比伦、古罗马和古希腊都留下了对会计活动的记载。

会计在我国有着悠久的历史。我国有关会计事项记载的文字最早出现在商朝的甲骨文。

据《周礼》记载，西周国家设立“司会”一职对财务收支活动进行“月计岁会”。西周王朝设司书、职内、职岁和职币四职分理会计业务，其中司书掌管会计账簿、职内掌管收入类账户、职岁掌管支出类账户、职币掌管财务结余，并建立了定期财务报表制度、专仓出纳制度、财物稽核等。这表明大约在西周前后，我国初步形成会计工作系统。当时已形成文字叙述的“单式记账法”。

（2）近代会计阶段。近代会计以复式记账法的产生和“簿记论”的问世为标志。1494 年，意大利数学家卢卡·帕乔利出版了《算术、几何、比及比例概要》一书，系统地介绍了当时在威尼斯最为通行和科学的威尼斯复式记账法的原理和方法，这是借贷复式记账法理论形成的重要标志。

1853 年，英国在苏格兰成立了世界上第一个注册会计师专业团体——“爱丁堡会计师协会”，会计开始成为一种社会性专门职业和通用的商业语言。

（3）现代会计阶段。现代会计是指 20 世纪 50 年代以后的时期。这一时期在会计规范进一步深刻发展的同时，为适应现代管理科学的发展，逐渐形成了以全面提高企业经济效益为目的、以决策会计为主要内容的管理会计。1952 年，国际会计师联合会正式通过“管理会计”这一术语，标志着会计正式划分为财务会计和管理会计两大领域。在此基础上，管理会计的形成和与财务会计分离而单独成科，是现代会计的开端。

【例 1-1】（判断题）近代会计形成的标志是以复式记账法的产生和“簿记论”问世为标志的。（　　）

【答案】 √

【解析】 近代会计以复式记账法的产生和“簿记论”的问世为标志。

现代会计按服务对象不同，主要分为财务会计和管理会计。

（1）财务会计主要侧重于向企业外部关系人提供有关企业财务状况、经营成果和现金流量情况等过去的信息。

（2）管理会计主要侧重于向企内部管理者提供进行经营规划、经营管理、预测决策所需的未来信息。

【例 1-2】（判断题）财务会计主要侧重于向企业内部关系人提供有关企业财务状况、经营成果和现金流量情况等未来的信息。（　　）

【答案】 ×

【解析】 财务会计主要侧重于向企业外部关系人提供有关企业财务状况、经营成果和现金流量情况等过去的信息。

二、会计的对象与目标

（一）会计对象

会计对象是指会计核算和会计监督的内容，具体是指社会再生产过程中能以货币表现的经济活动，即资金运动或价值运动。

会计核算和监督的内容是资金运动，一般将各单位在日常生产经营活动和业务活动中的资金运动称为经济业务事项。经济业务事项包括经济业务和经济事项两类。经济业务是指单位与其他单位和个人之间发生的各种经济利益的交换，如销售商品、购买材料、提供和接受劳务等。经济事项是指单位内部发生的具有各种经济影响的各类事项，如支付职工工资、计提折旧等。根据《中华人民共和国会计法》第十条规定，下列经济业务事项应当办理会计手续，进行会计核算。

1．款项和有价证券的收付

款项是作为支付手段的货币资金，主要包括库存现金、银行存款和其他货币资金。其中，其他货币资金包括银行汇票存款、银行本票存款、信用卡存款、信用证保证金存款、存出投资款和外埠存款。

有价证券是指具有一定财产权利或支配权利的票证，如股票、国库券、其他企业债券等。

款项和有价证券是流动性最强的资产，单位应将它们作为内部会计控制的重点，加强管理和监督，保障其流动性、安全性，提高其使用效率。

2．财物的收发、增减和使用

财物是指企业进行生产经营活动且具有实物形态的经济资源，包括原材料、燃料、包装物、低值易耗品、在产品、自制半成品、库存商品等流动资产和机器、机械、设备、设施、运输工具等固定资产。

【例 1-3】 （多选题）下列属于财物的是（　　）。

A．原材料　　B．无形资产　　C．银行汇票存款　　D．运输工具

【答案】 AD

【解析】 财物是企业进行生产经营活动且具有实物形态的经济资源。

3．债权债务的发生和结算

债权是指一个单位未来收取款项的权利，包括各种应收和预付的款项，如应收账款、应收票据、其他应收款、应收股利、预付账款。

债务是指由过去的交易、事项形成的，由单位承担并预期会导致经济利益流出单位的现时义务，包括各项借款、应付和预收款项等，如短期借款、应付账款、应付票据、应付职工薪酬、应交税费、应付利润、其他应付款、预收账款、长期借款、应付债券、长期应付款等。

【例 1-4】 （单选题）下列各项中，不属于债权的是（　　）。

A．应收账款　　B．应收票据　　C．预收账款　　D．其他应收款

【答案】 C

【解析】 预收账款是债务，应收账款、应收票据、其他应收款均是债权。

4．资本、基金的增减

资本是指投资者为开展生产经营活动而投入的资金。会计上的资本专指所有者权益中投入的资本，包括实收资本（或股本）和资本公积。资本的利益关系人比较明确，用途也基本定向。

基金是指为了某种目的而设立的具有一定数量的资金，具有特定目的和用途。由于政府和事业单位的出资者不要求投资回报和投资收回，但要求按法律规定或出资者的意愿把资金用在特定的用途上，这就形成了基金。

【例 1-5】 （单选题）下列各项中，利益关系人比较明确，用途基本定向的是（　　）。

A．资本　　B．基金　　C．财物　　D．款项

【答案】 A

【解析】 资本的利益关系人比较明确，用途也基本定向。

5．收入、支出、费用、成本的计算

收入是指企业在销售商品、提供劳务及让渡资产使用权等日常活动中所形成的经济利益的

总流入，以及在正常生产经营活动以外的利得。

支出是指企业所实际发生的各项开支，以及在正常生产经营活动以外的损失。

费用是指企业为销售商品、提供劳务等日常活动中所发生的经济利益的流出，包括生产费用和期间费用。

成本是指企业为生产产品、提供劳务而发生的各种耗费，是按一定的产品或劳务对象所归集的费用，是对象化了的费用。

6. 财务成果的计算和处理

财务成果主要是指企业和企业化的事业单位在一定的时期内通过从事经营活动而在财务上所取得的结果，具体表现为盈利或亏损。

财务成果的计算和处理，包括利润的计算、所得税的计算和利润的分配或亏损的弥补等。

【例 1-6】（多选题）财务成果的计算和处理包括（　　）。

A. 利润的计算　　B. 所得税的计算

C. 亏损的弥补　　D. 利润的分配

【答案】 ABCD

【解析】 财务成果的计算和处理，包括利润的计算、所得税的计算和利润的分配（或亏损的弥补）等。

7. 其他会计事项

其他会计事项是指在上述六项会计核算内容中未能包括的、按有关法律法规或会计制度的规定或根据单位的具体情况需要办理会计手续和进行会计核算的事项。单位在有这类事项时，应当按照各有关法律法规或会计制度的规定，认真、严格办理有关会计手续，进行会计核算。

【例 1-7】（单选题）下列各项中，不属于会计核算内容的是（　　）。

A. 财务成果的计算和处理　　B. 款项和有价证券的收付

C. 财物的收发增减和使用　　D. 签订的经济合同

【答案】 D

【解析】 财务成果的计算和处理、款项和有价证券的收付、财物的收发增减和使用属于会计核算内容，签订经济合同不属于会计核算内容。

（二）会计目标

会计目标也称会计目的，是指要求会计工作完成的任务或达到的标准，即向财务会计报告使用者提供与企业财务状况、经营成果和现金流量等有关的会计信息，反映企业管理层受托责任履行情况，有助于财务会计报告使用者做出经济决策。

模块二　会计的职能与方法

一、会计的职能

会计的职能是指会计在经济管理过程中所具有的功能，会计具有会计核算和会计监督两项基本职能和预测经济前景、参与经济决策、评价经营业绩等拓展职能。

【例 1-8】（单选题）会计的基本职能包括（　　）。

A. 会计控制和会计决策　　B. 会计预测与会计控制

C. 会计核算和会计监督　　D. 会计评价和会计决策

【答案】 C

【解析】 会计的基本职能是会计核算和会计监督。

【例 1-9】（判断题）会计的职能包括会计核算和会计监督。（　　）

【答案】 ×

【解析】 会计核算和会计监督是会计的基本职能，此外会计还具有预测经济前景、参与经济决策和评价经营业绩的拓展职能。

（一）基本职能

1．会计核算职能

会计核算职能，又称会计反映职能，是指会计以货币为主要计量单位，对特定主体的经济活动进行确认、计量和报告，如实地反映特定主体的财务状况、经营成果和现金流量等信息。会计核算贯穿于经济活动的全过程，是会计最基本的职能。

会计确认是定性问题，以判断发生的经济活动是否属于会计核算内容，归属于哪类性质的业务；会计计量是定量问题，即在会计确认的基础上确认入账的具体金额；会计报告是确认和计量的结果，即通过确认、计量的结果进行归纳和整理，以财务报告形式提供给信息使用者。

【例 1-10】（多选题）会计以货币为主要计量单位，通过（　　）等环节，对特定主体的经济活动进行记账、算账、报账，为各方提供会计信息。

A. 确认　　B. 计量　　C. 记录　　D. 报告

【答案】 ABD

【解析】 会计核算职能，是指会计以货币为主要计量单位，对特定主体的经济活动进行确认、计量和报告，如实地反映特定主体的财务状况、经营成果和现金流量等信息。

2．会计监督职能

会计监督职能，又称会计控制职能，是指对特定主体经济活动和相关会计核算的真实性、合法性和合理性进行审查。

真实性审查是指检查各项会计核算是否根据实际发生的经济业务进行。

合法性审查是指各项经济业务是否符合国家有关法律法规，遵守财经纪律，执行国家的各项方针政策，以杜绝违法乱纪行为。

合理性审查是指各项财务收支是否符合客观经济规律及经营管理的要求，保证各项财务收支符合特定的财务计划、事项预算目标。

《中华人民共和国会计法》确定了内部监督、社会监督、政府监督“三位一体”的会计监督体系，为会计监督的具体内涵及其实现方式赋予了新的内容。本教材的会计监督仅限于以会计机构和会计人员为监督主体，对单位经济活动进行的内部监督。

会计监督是一个过程，它分为事前监督、事中监督和事后监督。

3．会计核算与会计监督职能的关系

会计核算与会计监督是相辅相成、辩证统一的。会计核算是会计监督的基础，没有会计核算就无法进行会计监督；会计监督是会计核算的质量保障，没有会计监督，就难以保证会计核算所提供信息的真实性。

（二）拓展职能

随着经济的发展，会计越来越重要，会计职能也有相应的拓展。会计的拓展职能包括预测经济前景、参与经济决策、评价经营业绩等。

1．预测经济前景

预测经济前景是指根据财务报告等信息，定量和定性地判断和推测经济活动的发展变化规律，以指导和调节经济活动，提高经济效益。

2．参与经济决策

参与经济决策是指根据财务会计报告等信息，运用定量分析和定性分析方法，对备选方案进行可行性分析，为企业生产经营管理提供与决策相关的信息。

3．评价经营业绩

评价经营业绩是指利用财务会计报告等信息，采用适当的方法，对企业一定经营期间的资产运营、经济效益等经营成果，对照相应的评价标准进行定量和定性分析，做出真实、客观、公正的综合评价。

二、会计核算方法

会计核算方法是指对会计对象进行连续、系统、全面、综合的确认、计量和报告所采用的各种方法。

（一）会计核算方法体系

会计核算方法体系由填制和审核会计凭证、设置会计科目和账户、复式记账、登记会计账簿、成本计算、财产清查、编制财务会计报告等专门方法构成。它们相互联系、紧密结合，确保会计工作有序进行。

1．填制和审核会计凭证

填制和审核会计凭证，是为了审查经济业务是否真实、合法，保障登记账簿的会计记录正确、完整而采用的一种专门方法。正确填制和审核会计凭证，是进行核算和监督的基础，是会计核算工作的起点。

2．设置会计科目和账户

设置会计科目和账户是指企业根据生产经营特点和管理要求在会计制度中事先确定会计科目，然后根据这些科目在账簿中开立账户，分门别类地连续记录各项经济业务。设置会计科目和账户是保障会计核算具有系统性的一种专门方法。

3．复式记账

复式记账是指对所发生的每一笔经济业务，都必须用相等的金额在两个或两个以上相互联系的账户中进行登记，全面、系统地反映会计要素增减变化及其结果的一种记账方法。

4．登记会计账簿

登记会计账簿是指以审核无误的会计凭证为依据在账簿中进行分类，连续、完整地记录各项经济业务的一种专门方法。账簿记录是会计信息加工的一项重要程序，是会计核算工作的中心环节。

5．成本计算

成本计算是指按照一定对象归集和分配生产经营过程中发生的各种费用，以便确定各对象的总成本和单位成本的一种专门方法。产品成本是综合反映企业生产经营活动的一项重要指标。正确地进行成本计算，可以考核生产经营过程的费用支出水平，同时又是确定企业盈亏和制定产品价格的基础，并为企业进行经营决策提供重要数据。

6．财产清查

财产清查是指通过盘点实物、核对账目，以查明各项财产物资实有数额的一种专门方法。通过财产清查，可以提高会计记录的正确性，保证账实相符。同时，还可以查明各项财产物资的保管和使用情况及各种结算款项的执行情况，以便对积压或损毁的物资和逾期未收到的款项及时采取措施，进行清理和加强对财产物资的管理。

7．编制财务会计报告

编制财务会计报告是指以书面报告形式，定期总括地反映企事业单位财务状况、经营成果和现金流量变动情况的一种专门方法。编制财务会计报告是提供会计信息的主要形式，是会计核算工作的最后环节。

上述会计核算各种方法，是一个完整的方法体系。对日常发生的各项经济事项，都要填制和审核凭证；按照规定的账户，运用复式记账法记入有关账簿；对经营过程中发生的各项费用，应当进行成本计算；一定时期终了，通过财产清查，在账证相符、账账相符、账实相符的基础上，根据账簿记录和相关资料编制财务会计报告。

【例 1-11】 （多选题）下列属于会计核算方法的有（　　）。

A. 会计检查　　B. 成本计算

C. 填制和审核会计凭证　　D. 财产清查

【答案】 BCD

【解析】 会计核算方法包括填制和审核凭证、设置会计科目和账户、复式记账、登记会计账簿、成本计算、财产清查、编制财务会计报告。

【例 1-12】 （多选题）下列各项属于会计核算方法的有（　　）。

A. 填制和审核会计凭证　　B. 登记会计账簿

C. 编制财务会计报告　　D. 会计分析

【答案】 ABC

【解析】 填制和审核会计凭证、登记会计账簿、编制财务会计报告均属于会计核算方法；而会计分析不属于会计方法。

（二）会计循环

会计循环是指按照一定的步骤反复运行的会计程序。从会计工作流程看，会计循环由确认、计量和报告等环节组成；从会计核算的具体内容看，会计循环由填制和审核凭证、设置会计科目和账户、复式记账、登记会计账簿、成本计算、财产清查、编制财务会计报告等组成。填制和审核会计凭证是会计核算的起点，登记账簿是会计核算的中心环节，编制财务会计报告是会计核算的最后环节。

模块三　会计基本假设和会计基础

一、会计基本假设

会计基本假设是企业确认、计量和报告的前提，是对会计核算所处时间和空间环境所做的合理假定。会计基本假设包括会计主体、持续经营、会计分期和货币计量。

（一）会计主体

会计主体是指企业会计确认、计量和报告的空间范围，即会计核算和监督的特定单位或组织。在会计主体假设下，企业应当对其本身发生的交易或事项进行确认、计量和报告，反映企业本身的经济活动。明确界定会计主体是开展会计确认、计量和报告工作的重要前提。

会计主体假设强调将特定主体的经济活动与该主体所有者及职工个人的经济活动区别开来，将该主体的经济活动与其他单位的经济活动区别开来，从而界定了从事会计工作和提供会计信息的空间范围，同时说明了该会计主体的经济信息仅与该会计主体的整体活动和成果相关。

需要注意的是，会计主体与法律主体（法人）并非是对等的概念。一般来说，法律主体必然是会计主体，会计主体不一定是法律主体。会计主体可以是独立法人，也可以是非法人，如由自然人所创办的独资与合伙企业不具有法律主体资格，但在会计核算上必须将其作为会计主体；会计主体可以是一个法律主体，也可以是法律主体中的一个特定部门，法律主体的内部部门虽不是法律主体但可以是会计主体。会计主体可以是单一法律主体，也可以是由几个法律主体组成的企业集团。例如，企业集团内部独立核算的母公司和子公司均是法律主体，而企业集团本身不是法律主体，但在会计上为了全面反映企业集团的经营活动和财务成果，就必须将企业集团作为一个会计主体来对待，编制合并财务报表。

【例 1-13】 （多选题）下列项目中，可以作为一个会计主体进行核算的有（　　）。

A．生产车间　　B．母公司

C．子公司　　D．母公司和子公司组成的企业集团

【答案】 ABCD

【解析】 会计主体可以是法人，也可以是法人内部的一个单位，也可以是由几个法人组成的企业集团。

（二）持续经营

持续经营是指在可以预见的未来，企业将会按当前的规模和状态继续经营下去，不会停业，也不会大规模削减业务。在持续经营假设下，会计确认、计量和报告应当以企业持续、正常的生产经营活动为前提。

会计核算所采用的一系列会计处理方法和原则都建立在持续经营前提的基础上。明确这个前提，就意味着会计主体按照既定的用途使用资产，按照既定的合约清偿债务，发生的相关预付待摊或预提待付费用及长期资产成本才能在受益期进行合理分配和收回。但需要注意的是，持续经营只是一个假设，任何企业在经营中都存在破产、清算等不能持续经营的风险，一旦进入清算，就应该按清算会计处理。

【例 1-14】 （单选题）在生产经营过程中，企业按照既定的用途使用资产和既定的合约条件清偿债务，会计人员在此基础上选择会计原则和方法，是基于会计核算的（　　）基本假设。

A．会计主体　　B．持续经营　　C．会计分期　　D．货币计量

【答案】 B

【解析】 会计核算所采用的一系列会计处理方法和原则都建立在持续经营前提的基础上。明确这个前提，就意味着会计主体按照既定的用途使用资产，按照既定的合约清偿债务，发生的相关预付待摊或预提待付费用及长期资产成本才能在受益期进行合理分配和收回。

（三）会计分期

会计分期是指将持续经营的生产经营活动划分为一个个连续的、长短相同的期间，以便分期结算账目和编制财务会计报告。

在会计分期假设下，企业应当划分会计期间，分期结算账目和编制财务报告。会计期间通常分为年度和中期。在我国，会计年度从公历每年 1 月 1 日至 12 月 31 日；中期是指短于一个完整的会计年度的报告期间，通常包括半年度、季度和月度。

会计分期为会计核算确定了时间范围。由于有了会计分期，才有了本期与非本期的区别，从而形成了权责发生制和收付实现制两种不同的会计基础，进而又出现了预收、预付、应收、应付、折旧、摊销等会计处理方法。

【例 1-15】 （多选题）（　　）确立了会计核算的时间长度。

A．会计主体　　B．持续经营　　C．会计分期　　D．货币计量

【答案】 BC

【解析】 会计主体确立了会计核算的空间范围，持续经营和会计分期确立了会计核算的时间长度，而货币计量则为会计核算提供了必要的手段。

【例 1-16】 （多选题）基于会计分期假设设置的会计科目有（　　）。

A．应收账款　　B．应付账款　　C．预收账款　　D．预付账款

【答案】 ABCD

【解析】 由于有了会计分期，才有了本期与非本期的区别，从而形成了权责发生制和收付实现制两种不同的会计基础，进而又出现了预收、预付、应收、应付、折旧、摊销等会计处理方法。

（四）货币计量

货币计量是指会计主体在确认、计量和报告时以货币为计量尺度，反映会计主体的经营活动。

我国的会计制度规定，企业的会计核算以人民币为记账本位币。业务收支以人民币以外的货币为主的企业，可以选定其中一种货币作为记账本位币，但编报的财务会计报告应当折算为人民币。在境外设立的中国企业向国内报送的财务会计报告，也应当折算为人民币。

货币计量前提还包括币值不变假设，即假定企业在不同时期的每一单位货币或同量货币具有完全相同的价值。

上述会计核算的四项假设，具有相互依存、相互补充的关系。会计主体确立了会计核算的空间范围，持续经营和会计分期确立了会计核算的时间长度，而货币计量则为会计核算提供了必要的手段。没有会计主体，就不会有持续经营；没有持续经营，就不会有会计分期；没有货币计量，就不会有现代会计。

【例 1-17】 （判断题）我国会计核算以人民币为记账本位币，企业不得选用某种外币作为记账本位币。（　　）

【答案】 ×

【解析】 业务收支以人民币以外的货币为主的企业，可以选定其中一种货币作为记账本位币，但编报的财务会计报告应当折算为人民币。

二、会计基础

会计基础是会计确认、计量和报告企业单位的收入、费用的基础，包括权责发生制和收付实现制。

（一）权责发生制

权责发生制，也称应计制，是指收入和费用的确认应当以收入、费用的实际发生作为确认的标准，合理确认当期损益的一种会计基础。《企业会计准则——基本准则》规定，企业应采用权责发生制为基础进行确认、计量和报告。

在日常生产经营活动中，货币收支的时间有时与收入、费用确认的时间并不完全一致。权责发生制要求，凡是当期已经实现的收入，无论款项是否收到，都应作为本期的收入；凡是本期应当负担的费用，无论款项是否付出，都应作为本期的费用。反之，凡是不属于本期的收入，即使款项已在本期收妥，也不应作为本期收入；凡是不属于本期的费用，即使款项已在本期付出，也不应作为本期费用。

【例 1-18】 弘毅公司 2019 年 6 月份有关经济业务如下：

1. 6 月 2 日，收到甲公司 5 月份购货的欠货款 120 000 元；
2. 6 月 7 日，向乙公司销售产品，同时收到货款 150 000 元；
3. 6 月 15 日，向丙公司销售产品价款为 100 000 元，本期尚未收到款项；
4. 6 月 28 日，预收丁公司预付款 80 000 元，按购销合同，产品 7 月份发出。

本例中，按权责发生制，该公司 6 月份销售收入为 250 000（150 000+100 000）元。

【例 1-19】 弘毅公司 2019 年 6 月份有关经济业务如下：

1. 6 月 2 日，以银行存款支付第三季度财产保险费 2 700 元；
2. 6 月 15 日，以银行存款支付本月广告费 45 000 元；
3. 6 月 28 日，以银行存款支付本季度借款利息 69 000 元；
4. 6 月 30 日，计提固定资产折旧费用 30 000 元。

本例中，按权责发生制，该企业 6 月份费用为 98 000（45 000+69 000/3+30 000）元。

（二）收付实现制

收付实现制，也称现金制，是以收到或支付现金作为确认收入和费用的标准，是与权责发生制对应的一种会计基础。

事业单位会计核算一般采用收付实现制；事业单位部分经济业务或事项，以及部分企业事业单位的会计核算采用权责发生制的，由财政部门在相关会计制度中具体规定。

《政府会计准则——基本准则》规定，政府会计由预算会计和财务会计构成。预算会计实行收付实现制（国务院另有规定的，依照其执行），财务会计实行权责发生制。

根据收付实现制要求，凡是在本期收到的款项，不论是否归属本期，都作为本期收入；凡是本期付出的款项，无论是否归属本期，都作为本期费用；反之，凡是在本期未收到款项的收入，即使归属本期，也不能作为本期收入；凡是在本期未付出款项的费用，即使归属于本期，也不能作为本期费用。

【例 1-20】 承【例 1-18】。本例中，按收付实现制，该企业 6 月份收入为 350 000（120 000+150 000+80 000）元。

【例 1-21】 承【例 1-19】。本例中，按收付实现制，该企业 6 月份费用为 116 700（2 700+45 000+69 000）元。

【例 1-22】 （单选题）某公司 6 月份发生下列业务：①支付第三季度财产保险费 9 000 元；②支付第二季度借款利息 16 000 元（其中 4、5 月份各为 5000 元）；③计提固定资产折旧 4 000

元。根据权责发生制要求，核算6月份确认的费用为（　　）元。

A．29 000　　B．25 000　　C．20 0000　　D．10 000

【答案】D

【解析】财产保险费应为第三季度费用、利息费用为6 000（16 000-5 000-5 000）元、折旧费用为4 000元，则6 000+4 000=10 000（元）。

模块四　会计信息的使用者及其质量要求

一、会计信息的使用者

会计信息是指会计通过一系列的确认、计量和报告程序，为政府部门、投资者、债权人及其他各个方面提供的有关企业财务状况、经营成果和现金流量的重要信息。会计信息的使用者主要包括投资人、债权人、企业管理者、政府及其相关部门和社会公众等。

二、会计信息的质量要求

会计信息的质量要求是指对企业财务会计报告中所提供高质量会计信息的基本规范，是使财务会计报告所提供会计信息对投资者等使用者决策有用应具备的基本特征，主要包括可靠性、相关性、可理解性、可比性、实质重于形式、重要性、谨慎性和及时性等。

（一）可靠性

可靠性要求企业应当以实际发生的交易或事项为依据进行会计确认、计量和报告，如实反映符合确认和计量要求的各项会计要素及其他相关信息，保证会计信息真实可靠、内容完整。

可靠性是对会计信息质量的基本要求。如果企业的会计核算不是以实际发生的交易或事项为依据，没有如实地反映企业的财务状况、经营成果和现金流量，会计工作就失去了存在的意义，甚至会误导会计信息使用者，导致决策失误。

（二）相关性

相关性要求企业提供的会计信息应当与财务会计报告使用者的经济决策需要相关，有助于财务会计报告使用者对企业过去、现在的情况做出评价，对未来的情况做出预测。

我国企业会计信息必须满足三方面的需要：

一是符合国家宏观经济管理的要求；

二是满足有关各方了解企业财务状况和经营管理的需要；

三是满足企业内部加强经营管理的需要。

（三）可理解性

可理解性要求企业提供的会计信息清晰明了，便于财务会计报告使用者理解和使用。

在会计核算工作中，会计记录应当准确、清晰，填制会计凭证、登记会计账簿必须做到依据合法、账户对应关系清楚、文字摘要完整；在编制会计报表时，项目勾稽关系清楚、项目完整、数字准确。

【例1-23】（多选题）可理解性要求企业做到的是（　　）。

A．企业提供的会计信息清晰明了

B. 便于财务会计报告使用者理解和使用

C. 为不同的投资者提供不同的会计信息

D. 会计信息符合国家宏观管理的要求

【答案】 AB

【解析】 可理解性要求企业提供的会计信息清晰明了，便于财务会计报告使用者理解和使用。

（四）可比性

可比性要求企业提供的会计信息应当相互可比，保证同一企业不同时期可比、不同企业相同会计期间可比。

企业提供的会计信息应当具有可比性。具体包括以下两个方面。

（1）同一企业不同时期可比。同一企业不同时期发生的相同或相似的交易或事项，应当采用一致的会计政策，不得随意变更。有关会计政策确需变更的，应当在附注中予以说明。

（2）不同企业相同会计期间可比。不同企业发生的相同或相似的交易或事项，应当采用一致的会计政策，确保会计信息口径一致、相互可比。不同的企业可能处于不同行业、不同地区，经济业务发生于不同时点，为了保证会计信息能够满足决策的需要，便于比较不同企业的财务状况、经营成果和现金流量，只要是相同的交易或事项，就应当采用相同的会计处理方法。

值得注意的是，前者强调的是同一企业会计方法前后应保持一致，是纵向比较；后者强调的是不同企业之间会计核算口径应保持一致，是横向比较。

【例 1-24】 （单选题）企业不同时期的固定资产采用相同的方法计提折旧，遵循了会计信息质量要求的（　　）。

A. 可靠性　　B. 相关性　　C. 谨慎性　　D. 可比性

【答案】 D

【解析】 同一企业不同时期发生的相同或相似的交易或事项，应当采用一致的会计政策，不得随意变更。

（五）实质重于形式

实质重于形式要求企业按照交易或事项的经济实质进行会计确认、计量和报告，不应仅以交易或事项的法律形式为依据。

企业发生的交易或事项在多数情况下，其经济实质和法律形式是一致的，但在有些情况下会出现不一致。这就要求会计信息不能仅仅根据它们的法律形式进行反映。

例如，以融资租赁方式租入的固定资产，虽然从法律形式来讲企业并不拥有其所有权，但是由于租赁合同中规定的租赁期相当长，接近于该资产的使用寿命，租赁期结束时承租企业有优先购买该资产的选择权，在租赁期内承租企业有权支配资产并从中受益，所以从其经济实质来看，企业能够控制其创造的未来经济利益，因此会计核算上将以融资租赁方式租入的固定资产视为企业的资产。再如，企业按照销售合同销售商品又签订了售后回购协议，虽然在法律形式上看实现了收入，但如果企业没有将商品所有权上的主要风险和报酬转移给购货方，没有满足确认收入的各项条件，即使签订了商品销售合同已将商品交付给购货方，也不能确认销售收入。

【例 1-25】 （单选题）企业将融资租入固定资产作为自有固定资产管理，体现了（　　）。

A. 谨慎性　　B. 重要性　　C. 相关性　　D. 实质重于形式

【答案】 D

【解析】 实质重于形式要求企业按照交易或事项的经济实质进行会计确认、计量和报告，不应仅以交易或事项的法律形式为依据。

（六）重要性

重要性原则要求企业提供的会计信息应当反映与企业财务状况、经营成果和现金流量等有关的所有重要交易或事项。

（七）谨慎性

谨慎性要求企业对交易或事项进行会计确认、计量和报告应当保持应有的谨慎，不应高估资产或收益、低估负债或费用。

在会计核算工作中坚持谨慎性原则，要求企业在面临不确定因素的情况下做出职业判断时，应当保持必要的谨慎，充分估计各种风险和损失，既不高估资产或收益，也不低估负责和费用。例如，企业对可能发生的各项资产损失计提资产减值准备、对固定资产采用加速折旧法及对售出商品可能发生的保修义务确认或有负债等，都体现了谨慎性原则。

【例 1-26】 （多选题）下列会计事项体现了会计信息质量的谨慎性要求的是（　　）。

A. 对固定资产采用加速折旧法

B. 对可能取得的收入进行确认

C. 对售出商品可能发生的保修义务确认或有负债

D. 计提坏账准备

【答案】 ACD

【解析】 对固定资产采用加速折旧法、对售出商品可能发生的保修义务确认或有负债及计提坏账准备，都体现了谨慎性原则。

（八）及时性

及时性要求企业对已经发生的交易或事项，应当及时进行会计确认、计量和报告，不得提前或延后。

会计信息的价值在于帮助所有者或其他方做出经济决策。在会计核算过程中坚持这一原则，一是要求及时搜集会计信息；二是及时处理会计信息；三是及时传递会计信息。

【例 1-27】 （判断题）及时性要求企业对已经发生的交易或事项，应当及时进行会计确认、计量和报告，不得提前和延后。（　　）

【答案】 √

【解析】 及时性要求企业对已经发生的交易或事项，应当及时进行会计确认、计量和报告，不得提前或延后。

模块五　会计准则体系

一、企业会计准则构成

会计准则是反映经济活动、确认产权关系、规范收益分配的会计技术标准，是生成和提供会计信息的重要依据，也是政府调控经济活动、规范经济秩序和开展国际交往等的重要手段。

会计准则具有严密和完整的体系。我国已颁布的会计准则有《企业会计准则》、《小企业会计准则》、《事业单位会计准则》和《政府会计准则——基本准则》。

二、企业会计准则

我国的企业会计准则体系包括基本准则、具体准则、应用指南和解释公告等。2006 年 2 月 15 日，财政部发布了《企业会计准则》，自 2007 年 1 月 1 日起在上市公司范围内施行，并鼓励其他企业执行。

【例 1-28】（多选题）我国的企业会计准则体系包括（　　）。

A. 基本准则　　B. 具体准则　　C. 应用指南　　D. 解释公告

【答案】 ABCD

【解析】 我国的企业会计准则体系包括基本准则、具体准则、应用指南和解释公告等。

（一）基本准则

基本准则是企业进行会计核算工作必须遵守的基本要求，是企业会计准则体系的基础，是指定具体准则、会计准则应用指南、会计准则解释的依据，也是解决新的会计问题的指南，在企业会计准则体系中具有重要地位。

基本准则包括以下内容：

（1）财务会计报告目标；

（2）会计基本假设；

（3）会计基础；

（4）会计信息质量要求；

（5）会计要素分类及其确认、计量原则；

（6）财务会计报告。

（二）具体准则

具体准则是指根据基本准则的要求，主要就各项具体业务事项的确认、计量和报告做出的规定，分为一般业务准则、特殊业务准则和报告类准则。

（1）一般业务准则。一般业务准则是指规范各类企业一般经济业务确认、计量的准则，包括存货、固定资产、无形资产、长期股权投资、收入、所得税等准则。

（2）特殊业务准则。特色业务准则可分为各行业共有的特殊业务准则和特殊行业的特殊业务准则。

（3）报告类准则。报告类准则主要规范普遍适用于各类企业的报告类准则，如财务报表列报、现金流量表、中期财务报告、合并财务报表等准则。

（三）应用指南

应用指南是指根据基本准则、具体准则制定的，用于指导会计实务的操作性指南，是对具体准则相关条款的细化和对有关重点、难点提供操作性规定。

（四）解释公告

解释公告是指主要针对《企业会计准则》实施中遇到的问题做出的相关解释。

三、小企业会计准则

2011 年 10 月 8 日，财政部发布了《小企业会计准则》，要求符合使用条件的小企业自 2013

年1月1日起执行，并鼓励提前执行。《小企业会计准则》一般适用于在我国境内依法设立、经济规模较小的企业。《小企业会计准则》在制定方式上借鉴了《企业会计准则》，在核算方法上又兼有小企业自身的特色，体现了简化核算要求、满足税收征管信息需求与有助于银行提供信贷相结合和企业会计准则合理分工与有序衔接相结合的三大特点，为小企业飞速发展提供了更大便利。

四、事业单位会计准则

2012年12月6日，财政部修订发布了《事业单位会计准则》，自2013年1月1日起在各类事业单位施行。该准则包括总则、会计信息质量要求、资产、负债、净资产、收入、支出或费用、财务会计报告和附则九章，对我国事业单位的会计工作予以规范。

五、政府会计准则

2015年10月23日，财政部颁布了《政府会计准则——基本准则》，自2017年1月1日起，各级政府、各部门、各单位开始施行。

我国的政府会计准则体系由政府会计基本准则、具体准则和应用指南三部分组成。

【例1-29】 （多选题）关于我国会计准则体系，下列说法正确的有（　　）。

A. 我国已颁布的会计准则有《企业会计准则》《小企业会计准则》两部

B.《企业会计准则》自2007年1月1日起在全国范围内施行

C.《小企业会计准则》自2013年1月1日起执行

D.《事业单位会计准则》由财政部修订和颁布

【答案】 CD

【解析】 选项A，我国已颁布的会计准则还有《事业单位会计准则》和《政府会计准则》；选项B，《企业会计准则》在上市公司范围内施行，并鼓励其他企业执行。

综合训练

一、单项选择题

1．下列有关会计的说法，不正确的是（　　）。

A．会计是一种经济管理活动

B．会计以货币为唯一计量单位

C．会计的主要职能是核算与监督

D．会计的对象是特定主体能以货币表现的经济活动

2．企业融资租入的固定资产视同自有固定资产核算，这体现了（　　）原则。

A．重要性　　B．客观性　　C．实质重于形式　　D．相关性

3．会计的基本职能包括（　　）。

A．会计控制与会计决策　　B．会计预测与会计控制

C．会计核算与会计监督　　D．会计计划与会计决策

4．以货币为主要计量单位，通过确认、计量、报告等环节，对特定主体的经济活动进行记账、算账、报账，为各有关方面提供会计信息的功能是（　　）。

A．会计核算职能　　B．会计监督职能

C．会计计划职能　　D．会计预测职能

5．下列关于会计基本特征的表述，正确的是（　　）。
A．会计是以货币为计量单位，不能使用实物计量和劳动计量
B．会计拥有一系列的专门方法，包括会计核算、管理和决策分析等
C．会计具有会计核算和监督的基本职能
D．会计的本质是核算活动

6．下列关于会计对象的说法，不正确的是（　　）。
A．会计对象是指会计所要核算与监督的内容
B．特定主体能够以货币表现的经济活动，都是会计核算和监督的内容
C．企业日常进行的所有活动都是会计对象
D．会计对象就是社会再生产过程中的资金运动

7．在我国，会计期间分为年度、半年度、季度和月度，它们均按（　　）确定。
A．公历起讫日期　　B．农历起讫日期
C．7 月制起讫日期　　D．4 月制起讫日期

8．下列经济业务事项，既属于财物的收发、增减和使用，又属于收入、支出、费用和成本的计算的是（　　）。
A．期末所得税的计算　　B．支付职工工资和奖金
C．生产车间和管理部门领用材料　　D．购买原材料，款项尚未支付

9．会计人员在进行会计核算的同时，对特定主体经济活动的合法性、合理性进行审查称为（　　）。
A．会计控制职能　　B．会计核算职能
C．会计监督职能　　D．会计分析职能

10．下列有关会计主体的表述，不正确的是（　　）。
A．会计主体是指会计所核算和监督的特定单位和组织
B．会计主体就是法律主体
C．由若干具有法人资格的企业组成的企业集团也是会计主体
D．会计主体界定了从事会计工作和提供会计信息的空间范围

11．企业固定资产可以按照其价值和使用情况，确定采用某一折旧方法计提折旧，它所依据的会计核算前提是（　　）。
A．会计主体　　B．持续经营　　C．会计分期　　D．货币计量

12．我国实行公历制会计年度是基于（　　）的基本会计假设。
A．会计主体　　B．货币计量　　C．会计分期　　D．持续经营

13．目前我国的行政单位会计采用的会计基础主要是（　　）。
A．权责发生制　　B．应收应付制　　C．收付实现制　　D．统收统支制

14．某企业 2013 年 12 月份发生下列支出：（1）年初支付本年度保险费 2 400 元，本月摊销 200 元；（2）支付下一年第一季度房屋租金 3 000 元；（3）支付本月办公开支 800 元，则在权责发生制下本月费用应为（　　）元。
A．1 000　　B．800　　C．3 200　　D．3 000

15．某单位 6 月份预付第三季度财产保险费 1 800 元；支付本季度借款利息 3 900 元（其中 5 月份 1 300 元，4 月份 1 300 元）；用银行存款支付本月广告费 30 000 元。根据收付实现制，该单位 6 月份确认的费用应为（　　）元。
A．31 900　　B．31 300　　C．33 900　　D．35 700

二、多项选择题

1. 会计方法是反映和监督会计对象、完成会计凭证的手段，是从事会计工作所使用的各种技术方法，一般包括（　　）。
   A. 会计核算方法　B. 会计分析方法　C. 会计检查方法　D. 会计评价方法
2. 下列各项中，属于会计职能的是（　　）。
   A. 预测经济前景　B. 参与经济决策　C. 评价经营业绩　D. 实施会计监督
3. 以下关于事中监督的描述，正确的是（　　）。
   A. 事中监督是指在日常会计工作中，对正在发生的问题提出建议，促使有关部门和人员采取改进措施
   B. 事中监督是对经济活动的日常监督和管理
   C. 事中监督是指以事先制定的目标，利用会计核算提供的资料，对已发生的经济活动进行的考核和评价
   D. 事中监督是对未来经济活动的指导
4. 下列关于会计监督的说法，正确的是（　　）。
   A. 只是对特定主体的经济活动的真实性、合法性进行审查
   B. 主要通过价值指标来进行
   C. 包括事前监督和事中监督，不包括事后监督
   D. 会计监督是会计核算质量的保障
5. 会计准则具有严密和完整的体系，我国已颁布的会计准则有（　　）。
   A.《企业会计准则》　B.《小企业会计准则》
   C.《事业单位会计准则》　D.《政府会计准则》
6. 下列项目中，可以作为一个会计主体进行核算的有（　　）。
   A. 母公司　B. 分公司
   C. 母公司和子公司组成的企业集团　D. 销售部门
7. 下列各项中，属于会计核算方法的是（　　）。
   A. 登记会计账簿　B. 填制和审核会计凭证
   C. 成本计算　D. 财产清查
8. 经济活动中，可以使用的计量单位有（　　）。
   A. 劳动计量单位　B. 实物计量单位
   C. 货币计量单位　D. 技术计量单位
9. 下列各项中，属于企业会计目标的有（　　）。
   A. 反映企业管理层受托责任的履行情况　B. 向报告使用者提供有用的信息
   C. 进行会计核算，实施会计监督　D. 进行财产物资的收发、增减和使用
10. 下列属于会计核算具体内容的是（　　）。
    A. 款项和有价证券的收付、资本的增减
    B. 财物的收发、增减和使用
    C. 债权债务的发生和结算，财务成果的计算和处理
    D. 收入、支出、费用、成本的计算
11. 下列项目中，属于财务成果的计算和处理内容的是（　　）。
    A. 利润分配　B. 利润的计算　C. 亏损弥补　D. 所得税费用的计算

12．下列各项中，属于会计核算基本前提的是（　　）。

A．会计主体　　B．持续经营　　C．会计分期　　D．货币计量

13．会计核算的环节包括（　　）。

A．确认　　B．计量　　C．记录　　D．报告

14．会计分期这一基本前提的主要意义在于（　　）。

A．可使会计原则建立在非清算基础之上

B．为分期结算账目奠定理论与实务基础

C．界定了提供会计信息的时间范围和空间范围

D．为编制财务会计报告及使用相关会计原则确立了理论和实务基础

15．根据权责发生制原则，应计入本期收入和费用的是（　　）。

A．前期提供劳务未收款，本期收款　　B．本期销售商品一批，尚未收款

C．本期耗用的水电费，尚未支付　　D．预付下一年的报刊费

三、判断题（正确的打“√”，错误的打“×”）

1.（　　）会计的基本职能是会计核算和会计监督，会计监督是首要职能。

2.（　　）会计的监督职能是指会计人员在进行会计核算之前，对特定会计主体经济活动的合法性、合理性、完整性等进行审查。

3.（　　）企业会计的对象就是企业的资金运动。

4.（　　）财务成果具体表现为盈利或亏损。

5.（　　）款项是指作为支付手段的货币资金；有价证券是指表示一定财产拥有权或支配权的证券。款项和有价证券是企业流动性最差的资产。

6.（　　）企业必须根据实际发生的经济业务事项进行会计核算，编制财务会计报告。

7.（　　）会计科目和账户的设置、复式记账、填制会计凭证、登记会计账簿、进行成本计算、财产清查和编制财务会计报告等，国家有统一的会计制度要求。

8.（　　）会计中期，是指短于一个完整的会计年度的报告期间，一般指半年度。

9.（　　）由于有了持续经营这个会计核算的基本前提，才产生了本期与非本期的区别，从而出现了权责发生制与收付实现制。

10.（　　）权责发生制主要是从空间上规定会计确认的基础。

11.（　　）我国事业单位采用收付实现制核算。

12.（　　）按照权责发生制原则的要求，凡是本期实际收到款项的收入和付出款项的费用，不论是否归属于本期，都应当作为本期的收入和费用处理。

13.（　　）会计主体前提为会计核算确定了空间范围，会计分期前提为会计核算确定了时间范围。

14.（　　）银行汇票、银行本票和信用证存款都属于有价证券。

15.（　　）政府会计由预算会计和财务会计构成。

四、计算分析题

某企业 2019 年 6 月发生下列业务：

（1）5 日，向甲公司销售商品一批，售价为 35 000 元，货款本月尚未收到；

（2）7 日，以银行存款支付产品广告费 100 000 元；

（3）12 日，收到乙公司欠货款 50 000 元，存入银行；

（4）15 日，向丙公司销售商品一批，售价为 200 000 元，款项收到并存入银行；

（5）25 日，以银行存款支付第四季度财产保险费 90 000 元；

（6）30 日，以银行存款支付第二季度贷款利息 39 000 元（4、5 月各预提 13 000 元）。

要求：按要求计算下列各项目：

（1）权责发生制下 6 月份的收入=

（2）权责发生制下 6 月份的费用=

（3）收付实现制下 6 月份的收入=

（4）收付实现制下 6 月份的费用=

扫一扫

会计基本假设

第一次亲密接触

项目二

会计要素与会计等式

基本要求

1. 熟悉会计要素的含义与特征。
2. 掌握会计要素的确认条件与构成。
3. 掌握常用的会计计量属性。
4. 掌握会计等式的表现形式。
5. 掌握基本经济业务的类型及其对会计等式的影响。

模块一　会 计 要 素

一、会计要素的含义与分类

（一）会计要素的含义

会计要素是指根据交易或事项的经济特征所确定的财务会计对象的基本分类。

会计要素是对会计对象进行基本分类，是会计核算对象的具体化，是用于反映会计主体财务状况、确定经营成果的基本单位。前述的资金运动是对会计对象的第一层次划分，会计要素是对会计对象的第二层次划分，会计科目是对会计对象的第三层次划分。会计要素的界定和分类可以使财务会计系统更加科学、严密，为投资者等财务报告使用者提供更加有用的信息。

（二）会计要素的分类

我国《企业会计准则》将会计要素划分为资产、负债、所有者权益、收入、费用和利润六类，其中，前三类要素表现为资金运动的相对静止状态，属于反映财务状况的会计要素，在资产负债表中列示；后三类要素表现为资金运动的显著变动状态，属于反映经营成果的会计要素，在利润表中列示。

【例 2-1】（单选题）下列不属于反映企业财务状况的会计要素是（　　）。

A. 资产　　B. 负债　　C. 所有者权益　　D. 利润

【答案】 D

【解析】 反映财务状况的会计要素包括资产、负债和所有者权益；反映经营成果的会计要素包括收入、费用和利润。

二、会计要素的确认

（一）资产

1．资产的含义与特征

资产是指企业过去的交易或事项形成的、由企业拥有或控制的、预期会给企业带来经济利益的资源。它是企业从事生产经营活动必须拥有的物质基础，如库存现金、银行存款、厂房、机器设备、原材料、库存商品等。

资产具有以下特征：

（1）资产是由企业过去的交易或事项形成的。资产必须是现实资产，而不是预期的资产，未来交易或未来事项及没有发生的交易或事项可能产生的结果不能确认为企业的资产。例如，企业 6 月份与销售方签订购买一辆汽车的合同，但该辆汽车实际是在 9 月份购买的，则企业不能在 6 月份将该辆汽车确认为本企业的资产。

（2）资产是企业拥有或控制的资源。一般情况下，企业要将一项资源确认为资产，必须对该项资源拥有所有权。但在特殊情况下，企业对某一资源虽然不拥有所有权但能对其实际控制的，也应当将其确认为企业的资产，如融资租入的固定资产。

（3）资产预期会给企业带来经济利益。预期会给企业带来经济利益是指直接或间接流入企业的现金或现金等价物的潜力。一般来讲，资产都应能够为企业带来经济利益。如企业出售库存商品可获得经济利益，库存商品是企业的资产；但那些已经没有经济价值、不能给企业带来经济利益的货物，就不能继续确认为企业的资产。如企业购入 B 设备替代了原有的 A 设备，A 设备一直未使用，则 A 设备不应作为资产反映在企业的资产负债表中。

2．资产的确认条件

将一项资源确认为资产，需要符合资产的定义，还应同时满足以下两个条件。

（1）与该资产有关的经济利益很可能流入企业。资产的确认应与经济利益流入企业的不确定性程度的判断结合起来。如果根据编制财务报表时所取得的证据，与该资产有关的经济利益很可能流入企业，那么就将该资产予以确认；反之，不能确认为资产，可能性程度的界定往往需要依赖职业判断。

（2）该资源的成本或价值能够可靠地计量。财务会计系统是一个确认、计量和报告的系统，可计量性是所有会计要素确认的重要前提，资产也如此。只有当有关资源的成本或价值能够可靠地计量时，资产才能予以确认。可靠地计量要求以取得可验证的确凿证据为依据，如果资源的成本或价值无法可靠地计量，则不能确认为资产。例如，企业计划购入货物，由于尚未实际发生，不能可靠确定其成本，就不能确认为该企业的资产。

3．资产的分类

按其流动性，资产可以分为流动资产和非流动资产。所谓资产的流动性，是指资产转化为现金或被耗用时间的长短。

流动资产是指预计在一个正常营业周期中变现、出售或耗用，或者主要为交易目的而持有，或者预计在资产负债表日起一年内（含一年）变现的资产，以及自资产负债表日起一年内交换其他资产或清偿负债的能力不受限制的现金或现金等价物。流动资产主要包括库存现金、银行存款、应收账款、预付账款、其他应收款、原材料、库存商品、交易性金融资产等。

一个正常营业周期是指企业从购买用于加工的资产起至实现现金或现金等价物的期间。正常营业周期通常短于一年，在一年内有几个营业周期。但是，也存在正常营业周期长于一年的情况，在这种情况下，与生产循环相关的产品、应收账款、原材料尽管是超过一年才变现、出售或耗用，仍应作为流动资产。当正常营业周期不能确定时，应当于一年（12 个月）作为营业周期。

非流动资产是指流动资产以外的资产，主要包括长期股权投资、投资性房地产、固定资产、无形资产、在建工程、工程物资等。

资产要素的内容如图 2-1 所示。

- 资产
  - 流动资产
    - 库存现金、银行存款
    - 交易性金融资产
    - 应收、预付款项和其他应收款
    - 原材料、库存商品等存货
  - 非流动资产
    - 长期股权投资
    - 投资性房地产
    - 固定资产
    - 无形资产
    - 在建工程
    - 工程物资

图 2-1　资产要素的内容

【例 2-2】（单选题）下列属于企业流动资产的是（　　）。

A. 预收账款　　B. 应收票据　　C. 预付账款　　D. 无形资产

【答案】 C

【解析】 流动资产是指预计在一个正常营业周期中变现、出售或耗用，或者主要为交易目的而持有，或者预计在资产负债表日起一年内（含一年）变现的资产，以及自资产负债表日起一年内交换其他资产或清偿负债的能力不受限制的现金或现金等价物，包括货币资金、交易性金融资产、应收及预付款项、存货等。

（二）负债

1．负债的含义与特征

负债是指企业过去的交易或事项形成的，预期会导致经济利益流出企业的现时义务。

负债具有以下特征。

（1）负债是由企业过去的交易或事项形成的。负债是过去已经发生的交易或事项所产生的结果。例如，购买材料会产生应付账款；向银行借款会产生短期（长期）借款。只有过去发生的交易或事项才能作为企业的负债，不能根据谈判中的交易或事项，或者计划中的交易或事项来确认负债。

（2）负债是企业承担的现时义务。现时义务是指企业在现行条件下已承担的义务。未来发生的交易或事项形成的义务不属于现时义务，不应当确认为负债。现时义务可以是法定义务，也可以是推定义务。法定义务即法定合同义务，是指法律规定产生的而由非当事人约定的义务。推定义务是指根据企业多年的习惯做法、公开的承诺或公开宣布的政策而导致企业将承担的责任。例如，某企业多年来制定一项销售政策，对售出商品提供一定期限内的售后保修服务，该预期为售出商品提供的保修服务就属于推定义务，应将其确认为一项负债。

（3）负债预期会导致经济利益流出企业。负债通常是在未来某一日期通过交付资产或提供劳务来清偿，最终一般都会导致企业经济利益的流出。

2．负债的确认条件

将一项现时义务确认为负债，需要符合负债的定义，还应当同时满足以下两个条件。

（1）与该义务有关的经济利益很可能流出企业。负债的确认应当与经济利益流出的不确定程度判断相结合。如果有确凿证据表明，与现时义务有关的经济利益很可能流出企业，就应当将其作为负债予以确认。

（2）未来流出的经济利益的金额能够可靠地计量。负债的确认在考虑经济利益流出企业的同时，对于未来的经济利益的金额应当能够可靠计量。对于与法定义务有关的经济利益流出金额，通常可以根据合同或法律规定的金额予以确定，考虑到经济利益流出的金额通常在未来期间，有时未来期间较长，有关金额的计量需要考虑货币的时间价值等因素的影响。与推定义务有关的经济利益流出的金额，企业应当根据履行相关义务所需要支出的最佳估计数进行估价，并综合考虑有关货币时间价值、风险等因素的影响。

3．负债的分类

按偿还期限的长短，负债一般分为流动负债和非流动负债。

流动负债是指预计在一个正常营业周期中偿还，或者主要为交易目的而持有，或者自资产负债表日起一年内（含一年）到期应予以清偿，或者企业无权自主地将清偿推迟至资产负债表日以后一年以上的负债。流动负债主要包括短期借款、应付账款、预收账款、其他应付款、应付股利、应付职工薪酬、应交税费等。

非流动负债是指流动负债以外的负债，包括长期借款、应付债券、长期应付款等。

负债要素的内容如图 2-2 所示。

- 负债
  - 流动负债
    - 短期借款
    - 应付账款、预收账款、其他应付款
    - 应付股利、应付职工薪酬
    - 应交税费
  - 非流动负债
    - 长期借款
    - 应付债券
    - 长期应付款

图 2-2　负债要素的内容

（三）所有者权益

1．所有者权益的含义及特征

所有者权益是指企业资产扣除负债后由所有者享有的剩余权益。公司的所有者权益又称为股东权益。

所有者权益是所有者对企业资产的剩余索取权，既可以反映所有者投入资本的保值增值情况，又体现了保护债权人权益的理念。所有者权益具有以下特征。

（1）除非发生减资、清算或分派现金股利，企业不需要偿还所有者权益。所有者投入企业的资本是企业赖以进行正常生产经营活动的基础，通常作为永久性投资，在企业经营期内无须返还，除非企业发生减资、清算或分派现金股利。

（2）企业清算时，只有在清偿所有的负债后，所有者权益才返还给所有者。所有者权益是所有者对企业资产的剩余权益。企业在清算时，要先清偿负债，而所有者权益只有在清偿所有的债务后才返还给所有者。

（3）所有者凭借所有者权益能够参与企业利润的分配。

2．所有者权益的确认条件

所有者权益的确认、计量主要取决于资产、负债、收入、费用等其他会计要素的确认和计量。所有者权益在数量上等于企业资产总额扣除债权人权益后的净额，即企业的净资产，反映所有者（股东）在企业资产中享有的经济利益。

3．所有者权益的分类

所有者权益的来源包括所有者投入的资本，直接计入所有者权益的利得和损失、留存收益等，具体表现为实收资本（或股本）、资本公积（含资本溢价或股本溢价、其他资本公积）、盈余公积和未分配利润。

所有者投入的资本是指所有者投入企业的资本部分，它既包括构成企业注册资本（实收资本）或股本部分的金额，也包括投入资本超过注册资本或股本部分的金额，即资本溢价或股本溢价，这部分投入资本在我国企业会计准则体系中被计入了资本公积，并在资产负债表中的资本公积项目反映。

直接计入所有者权益的利得和损失，是指不应计入当期损益，会导致所有者权益发生增减变动的、与所有者投入资本或向所有者分配利润无关的利得或损失。利得是指由企业非日常活动形成的，会导致所有者权益增加的、与所有者投入资本无关的经济利益的流入。损失是指由企业非日常活动所发生的，会导致所有者权益减少的、与向投资者分配利润无关的经济利益的流出。

留存收益是盈余公积和未分配利润的统称。盈余公积是指企业从利润中提取的公积金，包括法定的盈余公积和任意盈余公积。未分配利润是指企业本年度待分配利润或留以后年度分配的利润。

所有者权益要素的内容如图 2-3 所示。

所有者权益
- 实收资本（股本）
- 资本公积
- 盈余公积
- 未分配利润

图 2-3　所有者权益要素的内容

【例 2-3】（单选题）下列关于所有者权益的说法，不正确的是（　　）。

A. 所有者权益包括实收资本（或股本）、资本公积、盈余公积和未分配利润等

B. 所有者权益的金额等于资产减去负债后的余额

C. 盈余公积和未分配利润统称为留存收益

D. 所有者权益包括实收资本（或股本）、资本公积、盈余公积和留存收益等

【答案】D

【解析】 所有者权益包括实收资本（或股本）、资本公积、盈余公积和未分配利润，盈余公积和未分配利润又统称为留存收益。所以，也可以表述为所有者权益包括实收资本(或股本)、资本公积和留存收益等。

【例 2-4】（多选题）下列项目中，构成所有者权益来源的项目有（　　）。

A. 实收资本　　B. 资本公积　　C. 盈余公积　　D. 未分配利润

【答案】 ABCD

【解析】 所有者权益的来源包括所有者投入的资本，直接计入所有者权益的利得和损失、留存收益等，具体表现为实收资本（或股本）、资本公积（含资本溢价或股本溢价、其他资本公积）、盈余公积和未分配利润。

（四）收入

1．收入的含义与特征

收入是指企业在日常活动中形成的、会导致所有者权益增加的、与所有者投入资本无关的

经济利益的总流入。

收入具有以下特征。

（1）收入是企业在日常活动中形成的。日常活动是指企业为完成经营目标而从事的经常性活动及与之相关的其他活动。收入属于企业主要的、经常性的业务收入，如工业企业销售产品、出售多余的材料、出租固定资产等，均属于企业的日常活动。但是，有些交易或事项虽然也能为企业带来经济利益，但不属于企业的日常活动，则其流入的经济利益不能确认为收入，而应当计入利得，如企业处置固定资产、无形资产等。

（2）收入会导致所有者权益的增加。收入导致的经济利益流入，既表现为企业资产的增加（如银行存款、应收账款等增加），也可能表现为负债的减少（如预收账款、应付账款等减少），或者二者兼而有之。由于所有者权益是企业资产扣除负债后的余额，因此，与收入相关的经济利益流入最终会导致所有者权益的增加。

（3）收入是与所有者投入资本无关的经济利益的总流入。收入的形成会导致经济利益的流入，但是，经济利益的流入有时是因所有者投入资本的增加而导致的，而所有者投入资本的增加不应当确认为收入，应当将其确认为所有者权益。

2．收入的确认条件

收入的确认除了应当符合定义外，至少还应当符合以下条件。

（1）与收入相关的经济利益应当很可能流入企业。

（2）经济利益流入企业的结果会导致资产的增加或负债的减少。

（3）经济利益的流入额能够可靠计量。

3．收入的分类

按日常活动在企业中所处的地位，收入可分为主营业务收入和其他业务收入。主营业务收入是指企业为完成其经营目标所从事的经常性活动产生的经济利益的流入，如工业企业销售产品、商业企业销售商品、会计师事务所提供审计服务、租赁公司出租资产等实现的收入。其他业务收入是指企业为完成其经营目标所从事的与经常性活动相关的其他活动产生的经济利益流入，如工业企业出售多余的材料、出租固定资产等实现的收入。

按性质不同，收入可分为销售商品收入、提供劳务收入、让渡资产使用权收入等。销售商品收入是指企业通过销售商品实现的收入，如工业企业生产并销售商品等取得的收入；提供劳务收入是指企业通过提供劳务实现的收入，如会计师事务所提供审计服务实现的收入；让渡资产使用权收入是指企业通过让渡资产使用权实现的收入，如租赁公司出租资产实现的收入。

收入要素的内容如图 2-4 所示。

收入
- 主营业务收入（销售商品收入、提供劳务收入等）
- 其他业务收入（销售材料收入、出租固定资产收入等）

图 2-4　收入要素的内容

【例 2-5】（多选题）下列说法不正确的是（　　）。

A．收入是指企业在销售商品、提供劳务及让渡资产使用权等活动中形成的经济利益的总流入

B．所有者权益增加一定表明企业获得了收入

C．狭义的收入包括营业外收入

D．收入按照性质不同，分为销售商品收入、提供劳务收入和让渡资产使用权收入

【答案】 ABC

【解析】收入是指企业在销售商品、提供劳务及让渡资产使用权等日常活动中形成的经济利益的总流入；所有者权益增加不一定表明企业获得了收入；狭义的收入指的是企业的营业收入，不包括营业外收入。

【例 2-6】（多选题）下列各项中，属于收入要素的有（　　）。

A. 提供劳务收入　　B. 商品销售收入

C. 罚款收入　　D. 原材料销售收入

【答案】ABD

【解析】商品销售收入、提供劳务收入、原材料销售收入都属于收入的范畴，罚款收入属于直接计入当期利润的利得。

（五）费用

1. 费用的含义与特征

费用是指企业在日常活动中发生的、会导致所有者权益减少的、与向所有者分配利润无关的经济利益的总流出。费用具有以下特征。

（1）费用是企业在日常活动中发生的。费用必须是企业日常活动中主要的、经常性的耗费，如工业企业发生的职工薪酬、固定资产折旧费、已售产品的销售成本、销售费用等。但是，由于有些交易或事项也能使企业发生经济利益的流出，但不属于企业的日常经营活动，其经济利益的流出不属于费用，而应当计入损失，如企业对外进行公益性捐赠、处置固定资产净损失等。

（2）费用会导致所有者权益的减少。费用导致经济利益流出，既表现为企业资产的减少（如银行存款减少、固定资产耗费等），也表现为企业负债的增加（如应付利息的增加等），或者二者兼而有之。因此，与费用相关的经济利益的流出最终导致所有者权益的减少。

（3）费用是与向所有者分配利润无关的经济利益的总流出。费用的发生会导致经济利益的流出，但是企业向投资者分配利润也会导致经济利益的流出，而该经济利益的流出属于所有者权益的抵减项目，不应当确认为费用。

2. 费用的确认条件

费用的确认除了应当符合定义外，至少还应当符合以下条件。

（1）与费用相关的经济利益应当很可能流出企业。

（2）经济利益流出企业的结果会导致资产的减少或负债的增加。

（3）经济利益的流出额能够可靠计量。

3. 费用的分类

费用包括生产费用与期间费用。

生产费用是指与企业日常生产经营活动有关的费用，按其经济用途可分为直接材料、直接人工和制造费用。对于确认为生产费用的费用，应按其实际发生情况计入产品的生产成本；对于生产几种产品共同发生的生产费用，应当按照受益原则，采用适当的方法和程序分配计入相关产品的生产成本。

期间费用是指企业本期发生的、不能直接或间接归入产品生产成本，而应直接计入当期损益的各项费用。对于确认为期间费用的费用，必须进一步划分为管理费用、销售费用和财务费用。

费用要素的内容如图 2-5 所示。

费用
- 生产费用（直接材料、直接工人和制造费用）
- 期间费用（管理费用、销售费用和财务费用）

图 2-5　费用要素的内容

【例 2-7】　（多选题）下列项目中，属于费用要素特点的是（　　）。

A. 企业在日常活动中发生的经济利益的总流入

B. 会导致所有者权益减少

C. 与向所有者分配利润无关

D. 会导致所有者权益增加

【答案】 BC

【解析】 费用是指企业日常经营活动中发生的、会导致所有者权益减少的、与向所有者分配利润无关的经济利益的总流出。

【例 2-8】　（判断题）企业向所有者分配利润会导致经济利益流出，因此该事项确认为企业日常发生的费用。（　　）

【答案】 ×

【解析】 企业向所有者分配利润会导致经济利益流出，属于投资者回报的分配，是所有者权益的减少项目，不应确认为费用。

（六）利润

1．利润的含义与特征

利润是指企业在一定会计期间的经营成果。通常情况下，如果企业实现了利润，表明企业的所有者权益将增加，业绩得到了提升；反之，如果企业发生了亏损（利润为负数），表明企业的所有者权益将减少，业绩下降。利润是评价企业管理层业绩的指标之一，也是投资者等财务会计报告使用者进行决策时的重要参考依据。

2．利润的确认条件

利润的确认主要依赖于收入和费用，以及直接计入当期利润的利得和损失的确认，其金额的确定也主要取决于收入、费用、利得、损失的计量。

3．利润的分类

利润包括收入减去费用后的净额、直接计入当期损益的利得和损失等。其中，收入减去费用后的净额反映企业日常活动的经营业绩；直接计入当期损益的利得和损失反映企业非日常活动的业绩。

直接计入当期损益的利得和损失，是指应当计入当期损益、最终会引起所有者权益发生增减变动的、与所有者投入资本或向所有者分配利润无关的利得或损失。企业应当严格区分收入和利得、费用和损失，以便全面反映企业的经营业绩。

按照构成，利润可分为营业利润、利润总额和净利润三个层次。

营业利润是指企业日常经营活动所产生的利润。营业利润一般是指营业收入减去营业成本、税金及附加、管理费用、销售费用、财务费用、资产减值损失，加上公允价值变动净损益、投资净收益后的金额。

利润总额是指营业利润加上营业外收入、减去营业外支出后的金额。营业外收入是指企业发生的与日常经营活动无关的各项收入，如接受捐赠收入、处置固定资产净收入等；营业外支出是指企业发生的与日常经营活动无关的支出，如对外进行公益性捐赠支出、罚款支出、处置固定资产净损失等。

净利润是指利润总额减去所得税费用后的金额。所得税费用是指企业应负担的所得税。

利润要素三个层次的内容如图 2-6 所示。

利润 {营业利润、利润总额、净利润}

- 营业利润
- 利润总额
- 净利润

图 2-6　利润要素三个层次的内容

三、会计要素的计量

会计要素的计量是指为了将符合确认条件的会计要素登记入账并列报于财务报表而确定其金额的过程。企业应当按照规定的会计计量属性进行计量，确定相关金额。

（一）会计计量属性及其构成

会计计量属性是指会计要素的数量特征或外在表现形式，反映了会计要素金额的确定基础，主要包括历史成本、重置成本、可变现净值、现值和公允价值等。

1．历史成本

历史成本，又称实际成本，是指为取得或制造某项财产物资实际支付的现金或其他等价物。在历史成本计量下，资产按照其购置时支付的现金或现金等价物的金额，或者按照购置资产时所付出的对价的公允价值计算。负债按照因承担现时义务而实际收到的款项或资产的金额，或者承担现时义务的合同金额，或者按照日常活动中为偿还负债预期需要支付的现金或现金等价物的金额计量。

历史成本计量是指对企业资产、负债和所有者权益等项目的计量，应当基于经济业务的实际成本，而不考虑以后市场价格的影响。

2．重置成本

重置成本，又称现行成本，是指按照当前市场条件，重新取得同样一项资产所需要支付的现金或现金等价物金额。在重置成本计量下，资产按照现在购买相同或相似的资产所需支付的现金或现金等价物的金额计量。负债按照现在偿付该项负债所需支付的现金或现金等价物的金额计量。

在实务中，重置成本多应用于盘盈固定资产的计量等。

3．可变现净值

可变现净值是指在正常的生产经营过程中，以预计售价减去进一步加工成本和预计销售费用及相关税费后的净值。在可变现净值计量下，资产按照其正常对外销售所能收到现金或现金等价物的金额扣减该资产至完工时估计将要发生的成本、估计的销售费用及相关税费后的金额计量。

可变现净值是在不考虑资金时间价值的情况下，计量资产在正常经营过程中可带来的预期净现金流入或流出。可变现净值通常应用在存货资产减值情况下的后续计量。

【例 2-9】（单选题）企业某批存货账面成本为 360 000 元，为达到销售需要进一步加工成本为 50 000 元，预计销售费用为 10 000 元，预计售价为 390 000 元，则该批存货可变现净值为（　　）元。

A．390 000　　B．330 000　　C．300 0000　　D．360 000

【答案】 B

【解析】 可变现净值是指在正常的生产经营过程中，以预计售价减去进一步加工成本和预计销售费用及相关税费后的净值，即 390 000−50 000−10 000=330 000（元）。

4．现值

现值是指对未来现金流量以恰当的折现率进行折现后的价值，是考虑货币时间价值的一种计量属性。在现值计量下，资产按照预计从其持续使用和最终处置中所产生的未来净现金流入量的折现金额计量；负债按照预计期限内需要偿还的未来净现金流出量的折现金额计量。

现值通常用于非流动资产可收回金额和以摊余成本计量的金融资产价值的确定等。例如，在确定固定资产、无形资产等可收回金额时通常需要计算资产预计未来现金流量的现值。

5．公允价值

公允价值是指市场参与者在计量日发生的有序交易中，出售一项资产所能收到或转移一项负债所需支付的价格。在公允价值计量下，资产和负债按照在公平交易中熟悉情况的交易双方自愿进行资产交换或债务清偿的金额计量。

公允价值主要应用于交易性金融资产的计量等。

（二）计量属性的运用原则

企业在对会计要素进行计量时，采用历史成本。采用重置成本、可变现净值、现值、公允价值计量的，应当保证所确定的会计要素金额能够持续取得并可靠计量。

模块二　会 计 等 式

会计等式，又称会计恒等式、会计方程式或会计平衡公式，它是表明各会计要素之间基本关系的等式。

会计对象是社会再生产过程中的资金运动，具体表现为会计要素的增减变化。企业发生的每一项交易或事项，都是资金运动的一个具体过程；资金运动过程必然涉及相应的会计要素。在资金运动过程中，会计要素之间存在一定的相互联系，会计要素之间的这种内在联系，可以通过会计平衡公式表现出来。从形式上看，会计等式反映了各会计要素之间的内在联系；从本质上看，会计等式揭示了会计主体的产权关系和基本财务状况。会计等式是设置账户、复式记账和编制财务报表的理论依据。

一、会计等式的表现形式

（一）财务状况等式

财务状况等式，也称基本会计等式和静态会计等式，是用来反映企业某一特定时点资产、负债和所有者权益三者之间平衡关系的会计等式。

企业从事生产经营活动，必须拥有一定数量和质量的能给企业带来经济利益的经济资源，即资产。企业的资产最初来源于两个方面：一是由企业向债权人借入，即负债；二是由企业投资者投入，即所有者权益。债权人和所有者将其拥有的资产提供给企业使用，就相应地对企业的资产有一种要求权，这种对资产的要求权在会计上称为“权益”。

资产表明企业拥有什么样的经济资源和拥有多少经济资源，权益表明经济资源的来源渠道，即谁提供了这些经济资源。可见，资产和权益是同一资金的两个不同方面，两者相互依存、不可分割，没有无资产的权益，也没有无权益的资产。因此，资产和权益两者在数量上必然相等，在任何时点必然保持恒等的关系，用公式表示为：

资产=权益

企业的资产来源于企业的债权人和所有者，又分为债权人权益和所有者权益，在会计上归属于债权人的权益即负债，于是上述公式可以写成：

资产=负债+所有者权益

财务状况等式体现了企业资金运动在相对静止状态下的基本内容，是资金运动的静态表现，因此，该等式被称为财务状况等式或静态会计等式。这一等式是复式记账法的理论依据，也是编制资产负债表的依据。

（二）经营成果等式

经营成果等式，也称动态会计等式，是用于反映企业一定时期收入、费用和利润之间恒等关系的会计等式。

企业经营的目的是获得收入，实现利润。企业取得收入的同时，必然要发生相应的费用。通过收入与费用的比较，才能确定一定时期的盈利水平，确定最终经营成果。在不考虑利得和损失的情况下，它们之间的内在联系用公式表述为：

收入–费用=利润

收入、费用、利润等会计要素之间的平衡关系，实际上是利润计量的基本模式，其含义为收入和费用的发生，直接影响企业利润的确定；确定会计期间的收入，与其相关费用进行配比，从而计算出企业的利润数额；利润是收入与相关费用的差额。

这一等式反映了利润的实现过程，因此，也被称为经营成果等式或动态会计等式。收入、费用和利润之间的上述关系，是编制利润表的依据。

二、经济业务对会计等式的影响

经济业务，又称会计事项，是指在经济活动中使会计要素发生增减变动的交易或事项。企业在生产经营活动中，每天都会发生各种各样的经济业务，并引起各个会计要素在数量上发生增减变化，但无论怎样变化都不会破坏会计恒等式的平衡关系，即企业在任何时点资产总额始终等于负债和所有者权益总额。

假定弘毅公司 2018 年 12 月 31 日资产负债表如表 2-1 所示。

表 2-1　资产负债表（简表）

编制单位：弘毅公司　　2018 年 12 月 31 日　　单位：元

资　产	金　额	负债和所有者权益	金　额
货币资金	1 450 000	短期借款	1 000 000
应收账款	1 250 000	应付账款	600 000
存　货	1 600 000	实收资本	7 000 000
固定资产	5 700 000	盈余公积	1 400 000
合　计	10 000 000	合　计	10 000 000

该资产负债表说明，弘毅公司 2018 年 12 月 31 日资产总额 10 000 000 元，拥有四种资产，即货币资金 1 450 000 元、应收账款 1 250 000 元、存货 1 600 000 元、固定资产 5 700 000 元。这些资产的来源即权益总额为 10 000 000 元，其中负债为 1 600 000 元，包括短期借款 1 000 000 元、应付账款 600 000 元；所有者权益为 8 400 000 元，包括投资者投入的实收资本 7 000 000 元及盈余公积 1 400 000 元。资产总额等于权益总额。

（一）对“资产=权益”等式的影响

经济业务的发生引起“资产=权益”等式两边会计要素变动的方式，有以下四种类型。

第一种类型：资产和权益同时增加，总额增加。

第二种类型：资产和权益同时减少，总额减少。

第三种类型：资产内部有增有减，总额不变。

第四种类型：权益内部有增有减，总额不变。

1．资产和权益同时增加

【例 2-10】 2019 年 1 月 10 日，弘毅公司收到甲投资者投入的资金 500 000 元，款项存入银行。

这笔经济业务使公司权益（实收资本）增加了 500 000 元，同时资产（银行存款）增加了 500 000 元，由于资产和权益同时增加，因此并没有改变等式的平衡关系，资产总额（10 500 000 元）等于权益总额（10 500 000 元）。

2．资产与权益同时减少

【例 2-11】 2019 年 1 月 12 日，弘毅公司开出转账支票 150 000 元，偿还前欠东方公司货款。

这笔经济业务使公司资产（银行存款）减少了 150 000 元，同时负债（应付账款）减少了 150 000 元，由于资产和权益同时减少，因此并没有改变等式的平衡关系，资产总额（10 350 000 元）等于权益总额（10 350 000 元）。

3．资产内部有增有减

【例 2-12】 2019 年 1 月 15 日，弘毅公司购入原材料一批，货款 300 000 元，原材料验收入库。

这笔经济业务使公司资产（银行存款）减少了 300 000 元，同时资产（原材料）增加了 300 000 元，由于资产内部有增有减，因此并没有改变等式的平衡关系，资产总额（10 350 000 元）等于权益总额（10 350 000 元）。

4．权益内部有增有减

【例 2-13】 2019 年 1 月 20 日，弘毅公司经批准将盈余公积 1 000 000 元转增资本。

这笔经济业务使公司权益（实收资本）增加了 1 000 000 元；同时权益（盈余公积）减少了 1 000 000 元，由于权益内部有增有减，因此并没有改变等式的平衡关系，资产总额（10 350 000 元）等于权益总额（10 350 000 元）。

以上四种经济业务的发生，均不会破坏资产和权益的平衡关系。

（二）对“资产=负债+所有者权益”等式的影响

如果把权益分为负债和所有者权益两个会计要素，则经济业务对会计等式“资产=负债+所有者权益”的影响可具体变为九种情况，如表 2-2 所示。

表 2-2　经济业务的类型

经济业务	资　产	负　债	所有者权益
类型一	增加、减少		
类型二	增加	增加	
类型三	增加		增加
类型四	减少	减少	
类型五	减少		减少
类型六		增加、减少	

续表

经济业务	资　产	负　债	所有者权益
类型七		增加	减少
类型八		减少	增加
类型九			增加、减少

1．资产内部有增有减

【例 2-14】 弘毅公司从银行提取现金 10 万元。

这项经济业务发生后，弘毅公司资产中的库存现金增加了 10 万元，资产中的银行存款同时减少了 10 万元，该业务属于资产内部有增有减，不影响资产和权益的总额变化。

2．资产和负债同时增加

【例 2-15】 弘毅公司向银行借入 3 个月的短期借款 50 万元，存入银行。

这项经济业务发生后，弘毅公司资产中的银行存款和负债中的短期借款同时增加了 50 万元。由于资产与负债都以相等的金额同时增加，资产与权益仍然相等。

3．资产和所有者权益同时增加

【例 2-16】 弘毅公司收到 B 公司投入的资金 100 万元，款项已存入银行。

这项经济业务发生后，弘毅公司资产中的银行存款和所有者权益中的实收资本同时增加了 100 万元。由于资产与所有者权益都以相等的金额同时增加，资产与权益仍然相等。

4．资产和负债同时减少

【例 2-17】 弘毅公司以银行存款偿还上月所欠 C 公司的材料款 2 万元。

这项经济业务发生后，弘毅公司资产中的银行存款和负债中的应付账款同时减少了 2 万元。由于资产与负债都以相等的金额减少，资产与权益仍然相等。

5．资产和所有者权益同时减少

【例 2-18】 弘毅公司因缩小经营规模，经批准减少注册资本 50 万元，并以银行存款返还给投资者。

这项经济业务发生后，弘毅公司资产中的银行存款和所有者权益中的实收资本同时减少了 50 万元。由于资产与所有者权益都以相等的金额同时减少，资产与权益仍然相等。

6．负债内部有增有减

【例 2-19】 弘毅公司向银行借入为期 3 个月的借款 10 万元，直接用于归还前欠货款。

这项经济业务发生后，弘毅公司负债中的短期借款项目增加了 10 万元，同时负债中的应付账款减少了 10 万元，该业务属于负债内部有增有减，不影响资产和权益的总额变化，资产与权益仍然相等。

7．负债增加、所有者权益减少

【例 2-20】 弘毅公司经研究决定，向投资者分配利润 30 万元。

这项经济业务发生后，弘毅公司负债中的应付利润项目增加了 30 万元，同时所有者权益中的未分配利润减少了 30 万元，该业务属于负债增加，所有者权益减少但增减金额相等，所以不影响资产和权益的总额变化，资产与权益仍然相等。

8．负债减少、所有者权益增加

【例 2-21】 弘毅公司与债权人协商并经有关部门批准，将所欠 40 万元债务转为资本。

这项经济业务发生后，弘毅公司负债中的应付账款减少了 40 万元，同时所有者权益中的实收资本增加了 40 万元，该业务属于负债减少、所有者权益增加，但增减金额相等，所以不影响资产和权益的总额变化，资产与权益仍然相等。

9．所有者权益内部有增有减

【例 2-22】 经批准，弘毅公司将盈余公积 8 万元转增资本。

这项经济业务发生后，弘毅公司所有者权益中的实收资本增加了 8 万元，所有者权益中的盈余公积同时减少了 8 万元，该业务属于所有者权益内部有增有减，所以不影响资产和权益的总额变化，资产与权益仍然相等。

上述九类基本经济业务的方式均不影响财务状况的平衡等式，具体分为三种情形：基本经济业务（1）、（6）、（7）、（8）、（9）使会计等式左右两边的金额等额增加；基本经济业务（2）、（3）使会计等式左右两边的金额等额增加；基本经济业务（4）、（5）使会计等式左右两边的金额等额减少。

【例 2-23】 （单选题）某公司资产总额为 500 000 元，负债（应交税费项目除外）为 120 000 元，所有者权益为 300 000 元，则该公司应交税费应为（　　）元。

A．200 000　　B．380 000　　C．80 000　　D．120 000

【答案】 C

【解析】 资产（500 000）=负债（120 000+x）+所有者权益（300 000），x=80 000

【例 2-24】 （多选题）根据会计等式可知，下列经济业务不会发生的是（　　）。

A．资产增加，负债减少，所有者权益不变

B．资产不变，负债增加，所有者权益增加

C．资产有增有减，权益不变

D．债权人权益增加，所有者权益减少，资产不变

【答案】 AB

【答案】 “资产增加，负债减少，所有者权益不变”结果导致资产大于权益，会计等式被破坏，显然不可能发生这样的业务，所以选项 A 说法正确；“资产不变，负债增加，所有者权益增加”结果导致资产小于权益，会计等式被破坏，显然也不可能发生这样的业务，所以选项 B 说法正确。

【例 2-25】 （判断题）企业任何经济业务的发生，都不会引起会计等式两边的总额发生变化，资产总额总是等于负债和所有者权益总额。（　　）

【答案】 ×

【解析】 企业任何经济业务的发生，都不会破坏资产总额与负债、所有者权益总额的平衡关系，资产总额总是等于负债和所有者权益总额。会计等式两边的总额可能会发生变化，但平衡关系不会被破坏。

综合训练

一、单项选择题

1．下列属于流动负债的是（　　）。

A．预收账款　　B．应收账款　　C．应收票据　　D．应付债券

2．下列属于企业流动资产的是（　　）。

A．预收账款　　B．累计折旧　　C．预付账款　　D．无形资产

3．投资人投入的资金和债权人投入的资金投入企业后，形成企业的（　　）。

A．成本　　B．费用　　C．资产　　D．负债

4．下列不属于反映企业财务状况的会计要素是（　　）。

A．资产　　B．负债　　C．所有者权益　　D．利润

5．下列关于所有者权益的说法，不正确的是（　　）。

A．所有者权益包括实收资本（或股本）、资本公积、盈余公积和未分配利润等

B．所有者权益的金额等于资产减去负债后的余额

C．盈余公积和未分配利润统称为留存收益

D．所有者权益包括实收资本（或股本）、资本公积、盈余公积和留存收益等

6．下列说法正确的是（　　）。

A．收入是指企业销售商品、提供劳务及让渡资产使用权等活动中形成的经济利益的总流入

B．所有者权益增加一定表明企业获得了收入

C．狭义的收入包括营业外收入

D．收入按照性质不同，分为销售商品收入、提供劳务收入和让渡资产使用权收入

7．下列等式不正确的是（　　）。

A．资产=负债+所有者权益=权益

B．期末资产=期末负债+期初所有者权益

C．期末资产=期末负债+期初所有者权益+本期增加的所有者权益–本期减少的所有者权益

D．债权人权益+所有者权益=负债+所有者权益

8．下列属于会计基本等式的是（　　）。

A．资产=负债+所有者权益　　B．资产=负债+所有者权益+（收入–费用）

C．资产=负债+所有者权益+利润　　D．收入–费用=利润

二、多项选择题

1．计入产品成本的费用包括（　　）。

A．财务费用　　B．制造费用　　C．管理费用　　D．直接人工费用

2．下列反映资金运动静态表现的会计要素是（　　）。

A．资产　　B．负债　　C．收入　　D．利润

3．下列项目中，属于费用要素特点的是（　　）。

A．企业在日常活动中发生的经济利益的总流入

B．会导致所有者权益减少

C．与向所有者分配利润无关

D．会导致所有者权益增加

4．下列属于资产的特征的是（　　）。

A．资产是由过去或现在的交易或事项所形成的

B．资产是由企业拥有或控制的

C．资产能够给企业带来未来经济利益

D．资产一定具有具体的实物形态

5．下列各项反映企业经营成果的会计要素是（　　）。

A．利润　　B．费用　　C．收入　　D．所有者权益

6．收入取得后可能表现为（　　）。

A．增加资产　　B．减少负债

C．减少所有者权益　　D．增加所有者权益

7．可变现净值，是指在正常生产经营过程中，以预计售价减去（　　）后的净值。

A．进一步加工成本　　B．预计销售所必需的税费

C．销售所必需的费用　　D．最终处置收入

8．下列会计要素中，称为动态会计要素的是（　　）。

A．资产　　B．负债　　C．收入　　D．费用

9．下列等式正确的是（　　）。

A．资产=负债+所有者权益　　B．资产=负债+所有者权益+（收入–费用）

C．资产=负债+所有者权益+利润　　D．资产–负债=所有者权益+利润

10．根据会计等式可知，下列经济业务不会发生的是（　　）。

A．资产增加，负债减少，所有者权益不变

B．资产不变，负债增加，所有者权益增加

C．资产有增有减，权益不变

D．债权人权益增加，所有者权益减少，资产不变

11．下列属于会计等式的是（　　）。

A．本期借方发生额合计=本期贷方发生额合计

B．本期借方余额合计=本期贷方余额合计

C．资产=负债+所有者权益

D．收入–费用=利润

三、判断题（正确的打“√”，错误的打“×”）

1．（　　）利润包括收入减去费用后的净额、直接计入当期利润的利得和损失等。

2．（　　）会计上所称的“资产”仅指过去的交易或事项形成的、由企业拥有、预期会给企业带来经济利益流入的资源。

3．（　　）按照我国的会计准则，负债不仅指现时已经存在的债务责任，还包括某些将来可能发生的、偶然事项形成的债务责任。

4．（　　）费用是企业发生的各项开支，以及在正常生产经营活动以外的支出和损失。

5．（　　）收入要素包括主营业务收入、其他业务收入及营业外收入等。

6．（　　）企业对会计要素采用重置成本、可变现净值、现值和公允价值计量的，应当保证所确定的会计要素金额能够取得并可靠计量。

7．（　　）只有企业拥有某项财产物资的所有权，才能将其确认为企业的资产。

8.（　　）会计要素中既有反映财务状况的要素，又有反映经营成果的要素。

9.（　　）“收入−费用=利润”反映的是资金运动的动态方面，反映的是某一会计期间的经营成果，反映一个过程，是编制利润表的依据。

10.（　　）经济业务的发生，可能引起资产与权益总额发生变化，但是不会破坏会计基本等式的平衡。

扫一扫

万物皆永恒

项目三

会计科目与账户

基本要求

1. 了解会计科目与账户的概念。
2. 了解会计科目与账户的分类。
3. 熟悉会计科目设置的原则。
4. 熟悉常用的会计科目。
5. 掌握账户的结构。
6. 掌握账户与会计科目的关系。

模块一　会 计 科 目

一、会计科目的概念与分类

（一）会计科目的概念

如前所述的资金运动是对会计对象的第一层次划分，会计要素是对会计对象的第二层次划分，但会计要素将会计对象分为资产、负债、所有者权益、收入、费用和利润六项，仍比较抽象。在实际工作中，往往还需要提供更具体、更详尽的资料以满足有关各方对会计信息的需要，这就有必要对会计要素的具体内容进行再分类。会计科目，简称科目，是指对会计要素的具体内容进行分类核算的项目。会计科目是为了满足会计确认、计量和报告的要求，根据企业内部会计管理和外部信息需要，对会计要素的具体内容进行分类的项目，是对会计对象进行的第三层次划分。

【例 3-1】　（单选题）会计科目是指对（　　）的具体内容进行分类的项目。

A. 会计信息　　B. 会计要素　　C. 会计对象　　D. 经济业务

【答案】B

【解析】会计科目，简称科目，是对会计要素的具体内容进行分类核算的项目。

（二）会计科目的分类

会计科目可按其反映的经济内容（所属会计要素）、所提供信息的详细程度及其统驭关系分类。

1．按反映的经济内容分类

会计科目按其反映的经济内容不同，可分为资产类科目、负债类科目、共同类科目、所有者权益类科目、成本类科目和损益类科目。

（1）资产类科目，是对资产要素的具体内容进行分类核算的项目，按资产的流动性分为反映流动资产的科目和反映非流动资产的科目。反映流动资产的科目主要有“库存现金”“银行存款”“原材料”“库存商品”“应收账款”等；反映非流动资产的科目主要有“固定资产”“无形资产”“在建工程”“长期应收款”等。

（2）负债类科目，是对负债要素的具体内容进行分类核算的项目，按负债的偿还期限分为反映流动负债的科目和反映非流动负债的科目。反映流动负债的科目主要有“短期借款”“应付账款”“应交税费”“应付职工薪酬”等科目；反映非流动负债的科目主要有“长期借款”“长期应付款”等。

（3）共同类科目，是既有资产性质又有负债性质的科目，主要有“清算资金往来”“外汇买卖”等科目。

（4）所有者权益类科目，是对所有者权益要素的具体内容进行分类核算的项目，按所有者权益的形成和性质可分为反映资本的科目和反映留存收益的科目。反映资本的科目主要有“实收资本”（或股本）和“资本公积”等科目；反映留存收益的科目主要有“盈余公积”“本年利润”“利润分配”等科目。

（5）成本类科目，是对可归属于产品生产成本、劳务成本等的具体内容进行分类核算的项目，按成本的内容和性质的不同可分为反映制造成本的科目、反映劳务成本的科目等。反映制造成本的科目有“生产成本”和“制造费用”等；反映劳务成本的科目主要有“劳务成本”等。

（6）损益类科目，是对收入、费用等的具体内容进行分类核算的项目。反映收入的科目主要有“主营业务收入”“其他业务收入”等科目；反映费用的科目主要有“主营业务成本”“其他业务成本”“管理费用”“销售费用”“财务费用”等科目。

2．按提供信息的详细程度及其统驭关系分类

会计科目按其提供信息的详细程度及其统驭关系，可以分为总分类科目和明细分类科目。

（1）总分类科目，又称总账科目或一级科目，是对会计要素的具体内容进行总括分类，提供总括信息的会计科目。例如，“库存现金”“应收账款”“应交税费”“生产成本”“管理费用”等科目都是总分类科目。在我国，总分类会计科目由财政部统一制定。表3-1中的会计科目就是总分类科目。

表3-1　总分类科目与明细分类科目设置

总分类科目（一级科目）	明细分类科目	
	二级明细科目	三级明细科目
原材料	原料及主要材料	方钢
		圆钢
		……
	辅助材料	润滑剂
		油漆
		……
	燃料	无烟煤
		……

【例 3-2】 （单选题）总分类会计科目一般按（　　）进行设置。

A. 企业管理的需要　　B. 统一会计制度的规定

C. 会计核算的需要　　D. 经济业务的种类不同

【答案】 B

【解析】 总分类科目也称总账科目或一级科目，一般按照财政部门制定的统一会计制度规定设置。

（2）明细分类科目，又称明细科目，是对总分类科目做进一步分类，提供更为详细和具体会计信息的科目。例如，“应付账款”科目按债务人名称设置明细科目，反映应收账款的具体对象；“库存商品”科目按商品的种类、规格设置明细科目，反映各种库存商品的具体构成内容。如果某一总分类科目所属的明细分类科目较多，可在总分类科目下设置二级明细科目，在二级明细科目下设置三级明细科目。例如，原材料科目先按材料大类设置二级明细科目，再按材料名称设置三级明细科目，如表 3-1 所示。需要注意的是，在实际工作中，并不是所有的总分类科目都要设置明细科目，如“累计折旧”“本年利润”等总分类科目，就不需要设置明细科目。明细分类科目除《企业会计制度》已有规定外，企业可根据需要自行确定。

【例 3-3】 （多选题）以下有关明细分类科目的表述中，正确的是（　　）。

A. 明细分类科目也称一级会计科目

B. 明细分类科目是对总分类科目做进一步分类的科目

C. 明细分类科目是对会计要素具体内容进行总括分类的科目

D. 明细分类科目是能提供更加详细、更加具体会计信息的科目

【答案】 BD

【解析】 总分类科目是一级会计科目；总分类科目是对会计要素具体内容进行总括分类的科目。

总分类科目与明细分类科目之间既有联系又有区别，总分类科目概括地反映了会计对象的具体内容，提供总括性指标；而明细分类科目详细地反映了会计对象的具体内容，提供比较详细具体的指标。总分类科目对明细科目具有统驭控制作用，而明细分类科目则是对总分类科目的具体化和详细说明。

二、会计科目的设置

（一）会计科目设置的原则

各单位由于经济业务活动的具体内容、规模大小与业务繁简程度等情况不尽相同，在具体设置会计科目时，应考虑其自身特点和具体情况，但设置会计科目时都应遵循以下原则。

（1）合法性原则。会计科目的设置应当符合国家统一的会计制度的规定，以保证会计信息的规范、统一和可比。

（2）相关性原则。会计科目的设置应为有关各方提供所需要的会计信息，以满足对外报告与对内管理的要求。

（3）实用性原则。在满足统一性的基础上，会计科目的设置还应符合单位经济业务的特点和管理需要。企业在不违反会计准则的前提下，可以根据本单位的实际情况自行增设、分拆、合并会计科目。

【例 3-4】 （单选题）所设置的会计科目应符合单位自身特点，满足单位实际需要，这一点符合（　　）原则。

A. 实用性　　B. 合法性　　C. 谨慎性　　D. 相关性

【答案】A

【解析】企业应该在合法性原则的基础上，根据自身的特点，设置符合企业实际情况的会计科目，这是会计科目设置原则中实用性的要求。

【例 3-5】（多选题）下列项目中，属于会计科目设置原则的有（　　）。

A. 相关性原则　B. 实用性原则　C. 合法性原则　D. 重要性原则

【答案】ABC

【解析】设置会计科目时应遵循合法性原则、相关性原则、实用性原则。

（二）常用会计科目

常用会计科目参照表如表 3-2 所示。

表 3-2　常用会计科目参照表

编　号	名　称	编　号	名　称
	一、资产类		二、负债类
1001	库存现金	2001	短期借款
1002	银行存款	2201	应付票据
1012	其他货币资金	2202	应付账款
1101	交易性金融资产	2203	预收账款
1121	应收票据	2211	应付职工薪酬
1122	应收账款	2221	应交税费
1123	预付账款	2231	应付利息
1131	应收股利	2232	应付股利
1132	应收利息	2241	其他应付款
1221	其他应收款	2501	长期借款
1231	坏账准备	2502	应付债券
1401	材料采购	2701	长期应付款
1402	在途物资	2711	专项应付款
1403	原材料	2801	预计负债
1404	材料成本差异	2901	递延所得税负债
1405	库存商品		三、共同类（略）
1406	发出商品		四、所有者权益类
1407	商品进销差价	4001	实收资本
1408	委托加工物资	4002	资本公积
1471	存货跌价准备	4101	盈余公积
1501	持有至到期投资	4103	本年利润
1502	持有至到期投资减值准备	4104	利润分配
1503	可供出售金融资产		五、成本类
1511	长期股权投资	5001	劳务成本
1512	长期股权投资减值准备	5101	制造费用

续表

编　号	名　称	编　号	名　称
1521	投资性房地产	5201	劳务成本
1531	长期应收款	5301	研发支出
1601	固定资产		六、损益类
1602	累计折旧	6001	主营业务收入
1603	固定资产减值准备	6051	其他业务收入
1604	在建工程	6101	公允价值变动损益
1605	工程物资	6111	投资收益
1606	固定资产清理	6301	营业外收入
1701	无形资产	6401	主营业务成本
1702	累计摊销	6402	其他业务成本
1703	无形资产减值准备	6403	税金及附加
1711	商誉	6601	销售费用
1801	长期待摊费用	6602	管理费用
1811	递延所得税资产	6603	财务费用
1901	待处理财产损溢	6701	资产减值损失
		6711	营业外支出
		6801	所得税费用
		6901	以前年度损益调整

【例 3-6】 （多选题）下列会计科目中，属于资产类科目的有（　　）。

A. 预付账款　　B. 预收账款　　C. 短期借款　　D. 库存商品

【答案】 AD

【解析】 预收账款和短期借款属于负债类科目。

模块二　账　　户

一、账户的概念与分类

（一）账户的概念

会计科目只是对会计要素具体内容进行分类核算的项目，不能进行具体的会计核算。为了连续、系统、全面地记录和反映经济业务的增减变动和结存情况，必须根据会计科目在账簿中设置账户。

账户是根据会计科目设置的，具有一定格式和结构，用于分类反映会计要素增减变动情况及其结果的载体。设置账户是会计核算的重要方法之一。

（二）账户的分类

账户可根据其核算的经济内容、提供信息的详细程度及其统驭关系进行分类。

（1）根据核算的经济内容，账户分为资产类账户、负债类账户、共同类账户、所有者权益类账户、成本类账户和损益类账户。其中，有些资产类账户、负债类账户和所有者权益类账户存在备抵账户。备抵账户，又称抵减账户，是指用来抵减被调整账户余额，以确定被调整账户实有数额而设置的独立账户。例如，“固定资产”账户反映固定资产的原始价值，“累计折旧”账户反映固定资产因损耗而减少的价值，通过“累计折旧”账户对“固定资产”账户进行调整，反映固定资产的净值，“累计折旧”账户就是固定资产账户的备抵账户；又如，所有者权益中的“利润分配”账户是“本年利润”账户的备抵账户；此外，“坏账准备”等各个减值准备账户也都属于相关资产账户的备抵账户。

（2）根据提供信息的详细程度及其统驭关系，账户分为总分类账户和明细分类账户。

总分类账户，又称总账账户或一级账户，是根据总分类科目设置的账户。在总分类账户中，只能使用货币计量单位，它可以提供总括的核算资料和指标，是对所属明细账户资料的综合，总分类账户以下统称为明细分类账户。

明细分类账户，又称明细账户，它是根据明细分类科目设置的账户。明细分类账户除用货币计量以外，往往还需要使用实务计量、劳动计量单位等来计量。明细分类账户提供明细的核算资料和指标，它是对总分类账户的具体化和补充说明。

总分类账户和所属明细分类账户核算的内容相同，只是反映内容的详细程度有所不同，两者相互补充、相互制约、相互核对。总分类账户统驭和控制所属明细分类账户，明细分类账户从属于总分类账户。

【例 3-7】（多选题）关于总分类账户和所属明细分类账户的关系，下列说法错误的有（　　）。

A. 两者反映内容的详细程度有所不同

B. 总分类账户从属于明细分类账户

C. 明细分类账户统驭和控制总分类账户

D. 两者相互补充、相互制约、相互核对

【答案】 BC

【解析】 明细分类账户从属于总分类账户；总分类账户统驭和控制明细分类账户。

二、账户的功能与结构

（一）账户的功能

账户的功能在于连续、系统、完整地提供企业经济活动中各会计要素增减变动及其结果的具体信息。其中，会计要素在特定会计期间增加和减少的金额，分别称为账户的“本期增加发生额”和“本期减少发生额”，二者统称为账户的“本期发生额”；会计要素在会计期末的增减变动结果，称为账户的“余额”，具体表现为期初余额和期末余额，账户上期的期末余额转入本期，即本期的期初余额；账户本期的期末余额转入下期，即下期的期初余额。

账户的期初余额、期末余额、本期增加发生额和本期减少发生额统称为账户的四个金额要素。对于同一账户而言，它们之间的基本关系为：

期末余额=期初余额+本期增加发生额-本期减少发生额

【例 3-8】（单选题）某账户的期初余额为 500 元，期末余额为 3 000 元，本期减少发生额为 800 元，则本期增加发生额为（　　）元。

A. 2 200　　B. 1 700　　C. 4 300　　D. 3 300

【答案】D

【解析】3 000-500+800=3 300（元）

【解析】账户是根据会计科目设置的，具有一定格式和结构，是用于分类反映会计要素增减变动情况及其结果的载体。

【例 3-9】 （判断题）账户的四个金额要素包括账户的期初余额、期末余额、本期增加发生额和本期减少发生额。(　　)

【答案】√

【解析】账户的期初余额、期末余额、本期增加发生额和本期减少发生额统称为账户的四个金额要素。

（二）账户的结构

账户的结构是指账户的组成部分及其相互关系。账户通常由以下内容组成。

（1）账户名称，即会计科目。

（2）日期，即所依据记账凭证中注明的日期。

（3）凭证字号，即所依据记账凭证的编号。

（4）摘要，即经济业务的简要说明。

（5）金额，即增加额、减少额和余额。

从账户名称、记录增加额和减少额的左右两方来看，账户结构在整体上类似于汉字“丁”和大写的英文字母“T”，因此，账户的基本结构在实务中被形象地称为“丁”字账户或“T”字形账户。

在借贷记账法下“T”字形账户的格式如图 3-1 所示。

图 3-1　在借贷记账法下“T”字形账户的格式

在借贷记账法下完整的账户格式和所包括的内容如表 3-3 所示。

表 3-3　账户格式和所包括的内容

年		凭证编号	摘　要	借　方	贷　方	借 或 贷	余　额
月	日						

三、账户与会计科目的关系

账户与会计科目之间存在着密切的联系，在实际工作中，人们常常将它们不加区别。但从理论上讲，两者既有联系，又有区别。

账户与会计科目的联系：会计科目与账户都是对会计对象具体内容的分类，两者核算内容一致，性质相同。会计科目是账户的名称，也是设置账户的依据；账户则是根据会计科目设置的，账户是会计科目的具体运用。

账户与会计科目的区别：会计科目仅仅是账户的名称，不存在结构；而账户则具有一定的格式和结构，并通过其结构反映某项经济业务内容的增减变动及其结果。

【例 3-10】（单选题）有关会计科目与账户的关系，下列说法不正确的是（　　）。

A. 两者核算的内容一致，性质相同

B. 会计科目是设置账户的依据

C. 会计科目是账户的名称

D. 会计科目是账户的具体运用，具有一定的格式和结构

【答案】 D

【解析】 账户是会计科目的具体运用，具有一定的格式和结构。

综合训练

一、单项选择题

1. 所设置的会计科目应符合单位的自身特点，满足单位实际需要，这一点符合（　　）原则。

A. 实用性　　B. 合法性　　C. 谨慎性　　D. 相关性

2. “其他业务成本”科目按其所归属的会计要素不同，属于（　　）类科目。

A. 成本　　B. 资产　　C. 损益　　D. 所有者权益

3. 在下列项目中，与“制造费用”属于同一类科目的是（　　）。

A. “固定资产”　　B. “其他业务成本”

C. “生产成本”　　D. “主营业务成本”

4. 某企业设置了“原材料——燃料——焦炭”会计科目，其中“燃料”属于（　　）。

A. 总分类科目　　B. 一级明细科目　　C. 二级明细科目　　D. 三级明细科目

5. 下列会计科目中，不属于资产类的是（　　）。

A. “应收账款”　　B. “累计折旧”

C. “预收账款”　　D. “预付账款”

6. “预付账款”科目按其所归属的会计要素不同，属于（　　）类科目。

A. 资产　　B. 负债　　C. 所有者权益　　D: 成本

7. 下列各项中，既属于费用要素，又属于损益类科目的是（　　）。

A. “劳务成本”　　B. “制造费用”

C. “生产成本”　　D. “销售费用”

8. 下列不属于总账科目的是（　　）。

A. “固定资产”　　B. “应交税费”　　C. “应交增值税”　　D. “预付账款”

9. 某科目的期初余额为 900 元，期末余额为 5 000 元，本期减少发生额为 600 元，则本期增加发生额为（　　）元。

A. 3 500　　B. 300　　C. 4 700　　D. 5 300

10. 根据总分类科目设置的，用于对会计要素具体内容进行总括分类核算的账户称为（　　）。

A. 备查账　　B. 总账　　C. 综合账　　D. 明细账

11. 某账户的期初余额为 1 000 元，期末余额为 3 500 元，本期减少发生额为 1 300 元，则本期增加发生额为（　　）元。

A. 2 700　　B. 2 200　　C. 4 800　　D. 3 800

二、多项选择题

1. 下列各项中，属于账户内容的有（　　）。

A. 账户名称　　B. 凭证字号　　C. 摘要和日期　　D. 金额

2. 以下有关明细分类科目的表述中，正确的是（　　）。

A. 明细分类科目也称一级会计科目

B. 明细分类科目反映各种经济业务的详细情况

C. 明细分类科目是对会计要素具体内容进行总括分类的科目

D. 明细分类科目是能提供更加详细、更加具体会计信息的科目

3. 下列会计科目中，属于成本类科目的是（　　）。

A.“生产成本”　　B.“主营业务成本”

C.“制造费用”　　D.“销售费用”

4. 下列属于负债类科目的是（　　）。

A.“应付票据”　　B.“应交税费”

C.“材料成本差异”　　D.“其他应付款”

5. 关于总分类科目与明细分类科目的表述，正确的是（　　）。

A. 明细分类科目概括地反映会计对象的具体内容

B. 总分类科目详细地反映会计对象的具体内容

C. 总分类科目对明细分类科目具有控制作用

D. 明细分类科目是对总分类科目的补充和说明

6. 以下有关明细分类科目的表述，正确的是（　　）。

A. 能提供更加详细、具体的会计信息的科目

B. 除国家统一会计制度规定设置的以外，各单位可以根据实际需要自行设置

C. 也称一级会计科目

D. 是对总分类科目做进一步分类的科目

7. 下列账户的四个金额要素中，属于本期发生额的是（　　）。

A. 本期减少金额　　B. 期末余额

C. 期初余额　　D. 本期增加金额

8. 下列等式错误的是（　　）。

A. 期末余额=本期增加发生额+期初余额−本期减少发生额

B. 期初余额=本期增加发生额+期末余额−本期减少发生额

C. 期初余额=本期增加发生额+期末余额+本期减少发生额

D. 期初余额=本期减少发生额+期末余额−本期增加发生额

9. 下列关于账户的表述中，正确的是（　　）。

A. 账户具有一定格式和结构　　B. 账户是根据会计要素开设的

C. 一级账户以下的账户均为明细账户　　D. 设置账户是会计核算的重要方法之一

三、判断题（正确的打“√”，错误的打“×”）

1.（　　）总分类科目与其所属的明细分类科目的核算内容相同，所不同的是前者提供的信息比后者更加详细。

2.（　　）二级科目（子目）不属于明细分类科目。

3.（　　）成本类科目包括“制造费用”“生产成本”及“主营业务成本”等科目。

4.（　　）在不违反国家统一会计制度的前提下，明细会计科目可以根据企业内部管理的需要自行制定。

5.（　　）总分类科目对明细分类科目起着补充说明和统驭控制的作用。

6.（　　）设置会计科目的相关性原则是指所设置的会计科目应当符合国家统一的会计制度的规定。

7.（　　）账户基本结构的内容仅包括增减金额及余额。

8.（　　）如果某一账户的期初余额为 50 000 元，本期增加额为 80 000 元，本期减少额为 40 000 元，则期末余额为 90 000 元。

9.（　　）账户中，上期的期末余额转入本期即为本期的期初余额。

扫一扫

会计要素（一）　　会计要素（二）　　分门别类辨兵种

项目四

会计记账方法

基本要求

1. 了解复式记账法的概念与种类。
2. 熟悉借贷记账法的原理。
3. 掌握借贷记账法下的账户结构。
4. 了解会计分录的分类。
5. 掌握借贷记账法下的试算平衡。

模块一　会计记账方法的种类

记账方法就是根据一定的原理、记账符号，采用一定的计量单位，采用文字和数字，将经济业务引起的各会计要素的增减变动在有关账户中进行记录的方法。在会计发展的历史中，会计记账方法有两类：一类是单式记账法，另一类是复式记账法。

一、单式记账法

单式记账法是指对发生的每一项经济业务，只在一个账户中加以登记的记账方法。这种记账方法一般只登记库存现金（或银行存款）和债权、债务等事项。例如，以银行存款购入原材料，只记“银行存款”账户减少，不记“原材料”账户增加；又如，购入材料货款暂欠，只记“应付账款”账户增加，不记“原材料”账户减少。由于单式记账法下账户设置不完整，账户之间的记录没有直接的联系和相互平衡关系，因此，不能系统地反映经济业务的来龙去脉，也不便于检查账户记录的正确性，无法满足经济管理的需要，因而一般单位不宜采用。

【例 4-1】（单选题）下列关于单式记账法的说法，不正确的是（　　）。

A. 单式记账法是一种比较简单、不完整的记账方法

B. 在单式记账法下，账户之间没有直接联系和相互平衡关系

C. 单式记账法可以全面、系统地反映各项会计要素的增减变动和经济业务的来龙去脉

D. 这种方法适用于业务简单或很单一的经济个体和家庭

【答案】 C

【解析】 单式记账法没有一套完整的账户体系，不能全面、系统地反映各项会计要素的增减变动和经济业务的来龙去脉。

二、复式记账法

（一）复式记账法的概念

复式记账法是指对于每一笔经济业务，都必须用相等的金额在两个或两个以上相互联系的账户中进行登记，全面、系统地反映会计要素增减变化的一种记账方法。现代会计运用复式记账法。例如，以银行存款 10 000 元购入原材料，这项经济业务运用复式记账的原理，既要在“银行存款”账户中登记减少 10 000 元，同时又要在“原材料”账户中登记增加 10 000 元，以此反映该项经济业务的来龙去脉。又如，购入原材料 15 000 元，货款暂欠，这项经济业务运用复式记账的原理，既要在“原材料”账户中登记增加 15 000 元，同时又要在“应付账款”账户中登记增加 15 000 元，以此反映该项经济业务的来龙去脉。

（二）复式记账法的优点

复式记账法对于每一项经济业务，都要在两个或两个以上的账户中进行相互联系的记录，不仅可以通过账户记录完整、系统地反映经济业务活动的过程和结构，还能清楚地反映资金运动的来龙去脉。复式记账法对于每一项经济业务，都以相等的金额进行对应记录，便于核对和检查账户记录结果，防止和纠正错误记录。

因此，与单式记账法相比，复式记账法的优点如下。

（1）能够全面反映经济业务内容和资金运动的来龙去脉。

（2）能够进行试算平衡，便于查账和对账。

【例 4-2】 （多选题）下列有关复式记账法的表述，正确的有（　　）。

A. 复式记账法对于每一项经济业务，都要在两个或两个以上相互联系的账户中进行记录

B. 复式记账法能全面反映资金运动的来龙去脉

C. 复式记账法便于查账和对账

D. 复式记账法记账手续简单

【答案】 ABC

【解析】 记账手续简单是单式记账法的优点。

（三）复式记账法的种类

复式记账法可分为借贷记账法、增减记账法和收付记账法等。借贷记账法是目前国际上通用的记账方法，我国《企业会计准则——基本准则》规定，企业应当采用借贷记账法记账。

模块二　借贷记账法

一、借贷记账法的概念

借贷记账法是以“借”和“贷”作为记账符号，记录经济业务引起的会计要素增减变动情况的一种复式记账方法。

借贷记账法最初起源于 13 世纪的意大利。在这个时期，西方资本主义的商品经济有了较快的发展，在商品交换中，为了适应商业资本和借贷资本经营者的管理需要，逐步形成了借贷记账法。“借”“贷”二字的含义，最初是从借贷资本家的角度来解释的。借贷资本家以经营货

币资金的借入和贷出为主要业务，对于借进的款项，记在贷主名下，反映其自身债务的增加；对于贷出的款项，则记在借主的名下，反映其自身债权的增加。这样“借”“贷”二字分别表示债权和债务的变化。随着商品经济的进一步发展，经济业务不再仅局限于货币资金借贷业务，也利用“借”“贷”二字反映其变化情况。这样，“借”“贷”二字因适应客观需要而逐渐失去了原有的含义，演变成一对纯粹的记账符号。到 15 世纪，借贷记账法已日臻完善，并因其科学的理论基础，被世界各国广泛采用。

二、借贷记账法下账户的结构

借贷记账法下，账户的左方称为借方，右方称为贷方。所有账户的借方和贷方按相反方向记录增加数和减少数，即一方登记增加额，另一方就登记减少额。至于“借”表示增加，还是“贷”表示增加，则取决于账户的性质与所记录经济内容的性质。

通常而言，资产、成本和费用类账户的增加用“借”表示，减少用“贷”表示；负债、所有者权益和收入类账户的增加用“贷”表示，减少用“借”表示。备抵账户的结构与所调整账户的结构正好相反。

（一）资产和成本类账户的结构

在借贷记账法下，资产类和成本类账户的借方登记增加额，贷方登记减少额；期末余额一般在借方，有些账户可能无余额。其余额计算公式为：

期末借方余额＝期初借方余额+本期借方发生额-本期贷方发生额

资产和成本类账户的结构用“T”字形账户表示，如图 4-1 所示。

借方	资产和成本类会计科目		贷方
期初余额	×××		
本期增加数	×××	本期减少数	×××
	……		……
本期发生额	×××	本期发生额	×××
期末余额	×××		

图 4-1　资产和成本类账户的结构

现以“库存现金”账户为例说明资产类账户结构，如图 4-2 所示。

借方	库存现金		贷方
期初余额	2 500		
（1）提取现金	18 000	（1）支付工资	18 000
（2）销售产品	600	（2）支付差旅费	1 200
（3）收回备用金	200		
本期发生额	18 800	本期发生额	19 200
期末余额	2 100		

图 4-2　“库存现金”账户结构

“库存现金”账户期末借方余额=2 500+18 800–19 200=2 100（元）

【例 4-3】（判断题）资产和成本类账户的借方登记增加数，贷方登记减少数，期末余额一定在借方。（　　）

【答案】 ×

【解析】 资产和成本类账户的借方登记增加数，贷方登记减少数，期末余额一般在借方。

（二）负债和所有者权益类账户的结构

在借贷记账法下，负债和所有者权益类账户的借方登记减少额，贷方登记增加额；期末余额一般在贷方，有些账户可能无余额。其余额计算公式为：

期末贷方余额＝期初贷方余额＋本期贷方发生额-本期借方发生额

负债和所有者权益类账户的结构用“T”字形账户表示，如图4-3所示。

借方	负债和所有者权益类会计科目		贷方
		期初余额	×××
本期减少数	×××	本期增加数	×××
	……		……
本期发生额	×××	本期发生额	×××
		期末余额	×××

图4-3 负债和所有者权益类账户的结构

现以“应付账款”账户为例说明负债类账户结构的运用，如图4-4所示。

借方	应付账款		贷方
		期初余额	180 000
（1）归还甲单位前欠货款	300 000	（1）购丙单位材料款未付	250 000
（2）归还乙单位前欠货款	100 000	（2）购丁单位材料款未付	170 000
本期发生额	400 000	本期发生额	420 000
		期末余额	200 000

图4-4 “应付账款”账户结构

“应付账款”账户期末贷方余额=180 000+420 000–400 000=200 000（元）。

【例4-4】 （单选题）“应付账款”账户的期初贷方余额为30 000元，本期贷方发生额为50 000元，本期借方发生额为65 000元，则期末余额为（　　）元。

A. 借方15 000　　B. 贷方15 000　　C. 借方45 000　　D. 贷方45 000

【答案】 B

【解析】 期末贷方余额=30 000+50 000–65 000=15 000（元）

（三）损益类账户的结构

损益类账户主要包括收入类账户和费用类账户。

1．收入类账户的结构

在借贷记账法下，收入类账户的借方登记减少额，贷方登记增加额。本期收入净额在期末转入“本年利润”账户，用于计算当期损益，结转后无余额。

收入类账户的结构用“T”字形账户表示，如图4-5所示。

借方	收入类科目		贷方
本期减少数	×××	本期增加数	×××
期末转入“本年利润”账户的数据	×××		
	……		……
本期发生额	×××	本期发生额	×××
		期末余额	0

图4-5 收入类账户的结构

现以“主营业务收入”账户为例说明收入类账户结构的运用，如图 4-6 所示。

借方		主营业务收入	贷方
（1）期末转入“本年利润”账户	1 400 000	（1）销售A产品收入	600 000
		（2）销售A产品收入	300 000
		（3）销售B产品收入	500 000
本期发生额	1 400 000	本期发生额	1 400 000
		期末余额	0

图 4-6　“主营业务收入”账户结构

2．费用类账户的结构

在借贷记账法下，费用类账户的借方登记增加额，贷方登记减少额。本期费用净额在期末转入“本年利润”账户，用于计算当期损益，结转后无余额。

费用类账户的结构用“T”字形账户表示，如图 4-7 所示。

借方		费用类会计科目　贷方	
本期增加数	×××	本期减少数	×××
	……		……
		期末转入“本年利润”账户的数额	×××
本期发生额	×××	本期发生额	×××
期末余额	0		

图 4-7　费用类账户的结构

现以“财务费用”账户为例说明费用类账户结构的运用，如图 4-8 所示。

借方		费用类会计科目　贷方	
本期增加数	×××	本期减少数	×××
	……		……
		期末转入“本年利润”账户的数额	×××
本期发生额	×××	本期发生额	×××
期末余额	0		

图 4-8　“财务费用”账户结构

【例 4-5】（多选题）下列各类账户中，期末结转后无余额的有（　　）。

A. 收入类　　B. 费用类　　C. 资产和成本类　　D. 负债和所有者权益类

【答案】 AB

【解析】 收入类、费用类账户期末转入“本年利润”账户，结转后无余额。

在借贷记账法下，可以根据需要设置双重性质账户。所谓双重性质账户，是指既可以用来核算资产，又可以用来核算负债的账户。这类账户余额可能在借方，也可能在贷方。如果余额在借方，就是资产类账户；如果余额在贷方，就是负债类账户。例如，企业可以将资产类账户“应收账款”与负债类账户“预收账款”合并设置“应收账款”账户，核算与企业既有债权（应收账款）又有债务（预收账款）的经济业务。当该账户期末余额在贷方时，表明企业承担了债务，是一种“预收”的性质，属于负债；当该账户期末余额在借方时，表明企业对对方的债权，是一种“应收”的性质，属于资产。

【例 4-6】 （计算分析题）请根据下列表中各账户的已知数据计算每个账户未知数。

账户名称	期初余额		本期发生额		期末余额	
	借方	贷方	借方	贷方	借方	贷方
预收账款		15 000	6 000	9 000		（1）
预付账款	25 000		10 000	（2）	5 000	
应付账款		（3）	14 000	12 000		40 000
应收账款	70 000		40 000	（4）	80 000	
应收账款——C 公司	10 000		10 000	15 000	（5）	
应收账款——D 公司	60 000		30 000	15 000	75 000	

【答案】 （1）=15 000+9 000−6 000=18 000（元）；

（2）=25 000+10 000−5 000=30 000（元）；

（3）=40 000+14 000−12 000=42 000（元）；

（4）=70 000+40 000−80 000=30 000（元）；

（5）=10 000+10 000−15 000=5 000 或 8 000−75 000=50 000（元）。

三、借贷记账法的记账规则

记账规则是指采用某种记账方法登记具体经济业务时应当遵循的规律。借贷记账法的记账规则是“有借必有贷，借贷必相等”。这一记账规则可以具体表述如下。

（1）每一项经济业务发生引起会计要素的增减变动，都必须至少在两个相互联系的账户中进行记录。

（2）记录经济业务的账户必须是有关账户的借方和对应账户的贷方。这存在三种情形：第一，记入一个账户的借方，同时记入另一个或几个账户的贷方；第二，记入一个账户的贷方，同时记入另一个或几个账户的借方；第三，记入几个账户的借方，同时记入几个账户的贷方。

（3）每一笔经济业务记入借方的金额必须与记入贷方的金额相等。

【例 4-7】 下面以弘毅公司 2019 年 1 月份有关经济业务为例，说明借贷记账法的记账规则。

业务 1：收到 A 公司投入资金 200 000 元，款项已存入银行。

该笔经济业务的发生，使资产类要素和所有者权益要素发生变化，两类要素同时增加。一方面，投资者投入资金存入银行使得资产增加，应记入“银行存款”账户的借方；另一方面，因投资者投入资金，使得所有者权益增加，应记入“实收资本”账户的贷方，如图 4-9 所示。

图 4-9　业务 1

业务 2：以银行存款 300 000 元偿还前欠 C 公司货款。

该笔经济业务的发生，使资产类要素和负债类要素发生变化，两类要素同时减少。一方面，用银行存款归还欠货款使得资产减少 300 000 元，应记入“银行存款”账户的贷方；另一方面，因归还欠款使得负债减少 300 000 元，应记入“应付账款”账户的借方，如图 4-10 所示。

借方	银行存款	贷方
		300 000

借方	应付账款	贷方
300 000		

图 4-10　业务 2

业务 3：收到 B 公司偿还前欠货款 50 000 元，款项存入银行。

该笔经济业务的发生，使资产类要素同时出现一增一减。一方面，收到欠货款存入银行使得资产增加 50 000 元，应记入“银行存款”账户的借方；另一方面，因收回货款使得资产减少 50 000 元，应记入“应收账款”账户的贷方，如图 4-11 所示。

借方	银行存款	贷方
50 000		

借方	应收账款	贷方
		50 000

图 4-11　业务 3

业务 4：从银行借入短期借款 100 000 元，直接偿还所欠 C 公司的货款。

该笔经济业务的发生，使得负债类要素出现一增一减。一方面，从银行借款使得负债增加 100 000 元，应记入“短期借款”账户的贷方；另一方面，因直接偿还欠货款使得负债减少 100 000 元，应记入“应付账款”账户的借方，如图 4-12 所示。

借方	短期借款	贷方
		100 000

借方	应付账款	贷方
100 000		

图 4-12　业务 4

业务 5：以银行存款支付产品广告费 25 000 元。

该笔经济业务的发生，使资产类要素和费用类要素一减一增。一方面，以银行存款支付广告费使得银行存款减少 25 000 元，应记入“银行存款”账户的贷方；另一方面，广告费的发生使得销售费用增加 25 000 元，应记入“销售费用”账户的借方，如图 4-13 所示。

借方	银行存款	贷方
		25 000

借方	销售费用	贷方
25 000		

图 4-13　业务 5

业务 6：销售产品一批，售价 200 000 元（不考虑增值税），货款存入银行。

该笔经济业务的发生，使资产类要素和收入类要素发生变化。一方面，款项存入银行使得银行存款增加 200 000 元，应记入“银行存款”账户的借方；另一方面，销售产品使得销售收入增加 200 000 元，应记入“主营业务收入”账户的贷方，如图 4-14 所示。

借方	银行存款	贷方
200 000		

借方	主营业务收入	贷方
		200 000

图 4-14　业务 6

业务 7：偿还到期的银行短期借款本金 300 000 元，利息 4 500 元。

该笔经济业务的发生，使得资产类要素和负债类要素发生变化。一方面，以银行存款偿还借款和利息使得银行存款减少 304 500 元，应记入“银行存款”账户的贷方；另一方面，偿还借款和借款利息使得负债分别减少 300 000 元和 4 500 元，应分别计入“短期借款”和“应付利息”账户的借方，如图 4-15 所示。

借方　银行存款	贷方
	304 500

借方　短期借款	贷方
300 000	

借方　应付利息	贷方
4 500	

图 4-15　业务 7

业务 8：收到投资者投入不需要安装的设备，价值 180 000 元，其中作为资本金投入为 150 000 元，其余作为资本公积。

该笔经济业务的发生，使得资产类要素和所有者权益类要素发生变化。一方面，收到投入的设备使得资产增加 180 000 元，应记入“固定资产”账户的借方；另一方面，因投资者投入资金，使得所有者权益分别增加 150 000 元和 30 000 元，应分别记入“实收资本”和“资本公积”账户的贷方，如图 4-16 所示。

借方　固定资产	贷方
180 000	

借方　实收资本	贷方
	150 000

借方　资本公积	贷方
	30 000

图 4-16　业务 8

以上业务，代表了经济业务所引起的会计要素增减变化的四种类型。在借贷记账法下，任何经济业务的发生，都遵循“有借必有贷，借贷必相等”的记账规则。

四、借贷记账法下的账户对应关系与会计分录

（一）账户的对应关系

账户的对应关系是指采用借贷记账法对每笔交易或事项进行记录时，相关账户之间形成的应借、应贷的相互关系。存在对应关系的账户称为对应账户。通过账户间的这种关系，可以了解每笔经济业务的内容，掌握经济业务的来龙去脉，检查经济业务的会计处理是否合理、合法。

【例 4-8】（单选题）运用借贷记账法登记账户时，相关账户之间形成的应借、应贷的相互关系称为（　　）。

A. 平行关系　　B. 从属关系　　C. 对应关系　　D. 控制关系

【答案】 C

【解析】 账户的对应关系是指采用借贷记账法对每笔交易或事项进行记录时，相关账户之间形成的应借、应贷的相互关系。

（二）会计分录

上述经济业务发生后，根据经济业务的内容，确定所涉及的账户名称、记账方向和账户记录的金额，直接记入相应的账户。但按会计工作规范要求，为保证账户记录的正确性，在登记账户之前，应先在记账凭证上编制会计分录，再经过过账的步骤，将每项经济业务涉及的借方和贷方发生额，从会计分录转记到相应的账户中。

1. 会计分录的含义

会计分录，简称分录，是对每项经济业务列示出应借、应贷的账户名称及其金额的一种记录。会计分录由应借应贷方向、相互对应的科目及其金额三个要素构成。在我国，会计分录记载于记账凭证中。

【例 4-9】（多选题）经济业务发生后，编制的会计分录要列示出（　　）。

A. 应记入的账户名称　　B. 应借或应贷的方向

C. 应计入的金额　　D. 经济业务的性质

【答案】 ABC

【解析】 会计分录，简称分录，是对每项经济业务列示出应借、应贷的账户名称及其金额的一种记录。

2．会计分录的分类

按照所涉及账户的多少，会计分录分为简单会计分录和复合会计分录。简单会计分录是指只涉及一个账户借方和另一个账户贷方的会计分录，即一借一贷的会计分录。复合会计分录是指由两个以上（不含两个）对应账户组成的会计分录，即一借多贷、多借一贷或多借多贷的会计分录。

3．会计分录的编制步骤

运用借贷记账法编制会计分录，可按下列步骤进行。

（1）分析经济业务事项涉及的是资产（费用、成本），还是权益（收入）。

（2）确定影响到哪些要素项目，是增加，还是减少。

（3）确定记入哪个（或哪些）账户的借方，哪个（或哪些）账户的贷方。

（4）确定应借应贷账户是否正确，借、贷方金额是否相等。

编制会计分录时，习惯上采用先借后贷、上借下贷，每一账户占一行；借方与贷方应错位表示，金额也要错开写，以便醒目、清晰。

会计分录编制举例如下。

【例 4-10】 下面以【例 4-7】中所述的 8 笔业务为例，说明会计分录的编制。

业务 1:

借：银行存款　　200 000

　　贷：实收资本　　200 000

业务 2:

借：应付账款　　300 000

　　贷：银行存款　　300 000

业务 3:

借：银行存款　　50 000

　　贷：应收账款　　50 000

业务 4:

借：应付账款　　100 000

　　贷：短期借款　　100 000

业务 5:

借：销售费用　　25 000

　　贷：银行存款　　25 000

业务 6:

借：银行存款　　200 000

　　贷：主营业务收入　　200 000

业务 7:

借：短期借款　　300 000

　　应付利息　　4 500

　　贷：银行存款　　304 500

业务 8:

借：固定资产　　180 000

贷：实收资本　　　　150 000

　　资本公积　　　　30 000

以上编制的会计分录业务 1～业务 6 为简单会计分录，业务 7～业务 8 为复合会计分录。

需要注意的是，多借多贷会计分录，只有在某一项经济业务比较繁杂，确实需要编制时才可以编制，一般不允许将不同的经济业务合并编制多借多贷会计分录。

4．过账

过账是指根据记账凭证中已编制的会计分录，将每项经济业务涉及的借方账户和贷方账户的发生额，分别登记到分类账簿中开设的相应账户的过程。

【例 4-11】 弘毅公司 2019 年 1 月 1 日有关账户的余额如表 4-1 所示，1 月份相关经济业务编制的会计分录见【例 4-10】。

表 4-1　弘毅公司 2019 年 1 月 1 日有关账户余额表

单位：元

账户名称	借方金额	账户名称	贷方金额
银行存款	568 000	短期借款	300 000
应收账款	96 000	应付账款	435 500
原材料	124 000	应付利息	4 500
库存商品	252 000	实收资本	1 500 000
固定资产	1 400 000	资本公积	200 000
合　计	2 440 000	合　计	2 440 000

过账过程如下：

（1）根据期初余额开设“T”字形账户，并登记期初余额，如图 4-17 所示。

（2）根据【例 4-10】编制的会计分录登记“T”字形账户，如图 4-17 所示。

（3）结出各账户的发生额及余额，如图 4-17 所示。

银行存款

借方	贷方
期初余额 568 000	
（1）200 000	（2）300 000
（3）50 000	（5）25 000
（6）200 000	（7）304 500
本期发生额 450 000	本期发生额 629 500
期末余额 388 500	

应收账款

借方	贷方
期初余额 96 000	
	（3）50 000
本期发生额 0	本期发生额 50 000
期末余额 46 000	

原材料

借方	贷方
期初余额 124 000	
本期发生额 0	本期发生额 0
期末余额 124 000	

库存商品

借方	贷方
期初余额 252 000	
本期发生额 0	本期发生额 0
期末余额 252 000	

固定资产

借方	贷方
期初余额 1 400 000	
（8）180 000	
本期发生额 180 000	本期发生额 0
期末余额 1 580 000	

短期借款

借方	贷方
	期初余额 300 000
（7）300 000	（4）100 000
本期发生额 300 000	本期发生额 100 000
	期末余额 100 000

图 4-17　过账过程

五、借贷记账法下的试算平衡

（一）试算平衡的含义

试算平衡是指根据借贷记账法的记账规则和资产与权益的恒等关系，通过对所有账户的发生额和余额的汇总计算和比较，来检查记录是否正确的一种方法。

（二）试算平衡的分类

试算平衡的方法有两种：发生额试算平衡法和余额试算平衡法。

1．发生额试算平衡法

发生额试算平衡是指全部账户本期借方发生额合计与全部账户本期贷方发生额合计保持平衡，即：全部账户本期借方发生额合计＝全部账户本期贷方发生额合计。

发生额试算平衡法的依据是“有借必有贷，借贷必相等”。在借贷记账法下，每一笔经济业务都要以相等的金额，分别记入两个或两个以上相关账户的借方和贷方，借贷双方的发生额必然相等。由此可以推出，将一定时期内的经济业务全部记入有关账户之后，所有账户的借方发生额合计与贷方发生额合计必然相等。

发生额试算平衡法是通过编制“本期发生额试算平衡表”方式进行的。本期发生额试算平衡表的格式及编制方法如表 4-2 所示。

表 4-2　本期发生额试算平衡表的格式及编制方法

2019 年 1 月　　　　单位：元

账户名称	借方发生额	贷方发生额
银行存款	450 000	629 500
应收账款	0	50 000
原材料	0	0
库存商品	0	0
固定资产	180 000	0
短期借款	300 000	100 000
应付账款	400 000	0
应付利息	4 500	0
实收资本		350 000
资本公积		30 000
销售费用	25 000	
主营业务收入		200 000
合　　计	1 359 500	1 359 500

【例 4-12】 （判断题）借贷记账法下，发生额平衡的直接依据是财务状况等式。（　　）

【答案】 ×

【解析】 发生额试算平衡的直接依据是记账规则。

2．余额试算平衡法

余额试算平衡是指全部账户借方期末（初）余额合计与全部账户贷方期末（初）余额合计保持平衡。

余额试算平衡的依据是财务状况等式。根据余额时间不同，又分为期初余额平衡和期末余额平衡两类。期初余额平衡是指期初所有账户借方余额合计与贷方余额合计相等；期末余额平衡是指期末所有账户借方余额合计与贷方余额合计相等，这是由“资产=负债+所有者权益”的恒等关系决定的。这种平衡关系可用公式表示如下：

全部账户借方期末（初）余额合计＝全部账户贷方期末（初）余额合计

在实际工作中，余额试算平衡法是通过编制“试算平衡表”方式进行的。试算平衡表的格式及编制方法如表 4-3 所示。

表 4-3　试算平衡表的格式及编制方法

2019 年 1 月　　单位：元

账户名称	期初余额		本期发生额		期末余额	
	借　方	贷　方	借　方	贷　方	借　方	贷　方
银行存款	568 000		450 000	629 500	388 500	
应收账款	96 000		0	50 000	46 000	
原材料	124 000		0	0	124 000	
库存商品	252 000		0	0	252 000	
固定资产	1 400 000		180 000	0	1 580 000	
短期借款		300 000	300 000	100 000		100 000
应付账款		435 500	400 000	0		35 500
应付利息		4 500	4 500	0		0
实收资本		1 500 000		350 000		1 850 000
资本公积		200 000		30 000		230 000
销售费用			25 000		25 000	
主营业务收入				200 000		200 000
合计	2 440 000	2 440 000	1 359 500	1 359 500	2 415 500	2 415 500

在编制试算平衡表时，应注意以下几点。

（1）必须保证所有账户的余额均已记入试算平衡表。因为会计等式是对 6 项会计要素整体而言的，缺少任何一个账户的余额，都会造成期初或期末借方余额合计与贷方余额合计不相等。

（2）如果试算平衡表中借贷方不相等，则账户记录肯定有错误，应认真查找，直到实现平衡为止。

（3）即使实现了试算平衡表中三栏的平衡关系，并不能说明账户记录绝对正确，因为有些错误并不会影响借贷双方的平衡关系。例如，漏记某项经济业务，将使本期借贷双方的发生额发生等额减少，借贷双方仍然保持平衡；重记某项经济业务，将使本期借贷双方的发生额发生等额增加，借贷仍然保持平衡；某项经济业务有关账户记错，借贷双方仍然保持平衡；某项经济业务在账户记录中，借贷方向颠倒，借贷双方仍然保持平衡；某项经济业务在账户记录中，借贷金额发生同样的错误，借贷双方仍然保持平衡。

【例 4-13】（单选题）下列关于试算平衡的说法，不正确的是（　　）。

A. 包括发生额平衡和余额平衡

B. 试算平衡了，说明账户记录正确无误

C. 重记某笔经济业务，不会影响试算平衡关系

D. 财务状况等式和记账规则是试算平衡的理论依据

【答案】 B

【解析】 试算不平衡，说明记账一定有错误，但试算平衡时，不能表明记账一定正确。

【例 4-14】（多选题）在进行试算平衡时，下列错误中不会影响借贷双方平衡关系的是（　　）。

A. 漏记了应记借方发生额的发生额　B. 重记某项经济业务

C. 借贷记账方向彼此颠倒　D. 将某一账户的发生额记错

【答案】 BC

【解析】 有些错误不影响借贷双方的平衡，如漏记或重记某项经济业务，或者借贷科目用错或借贷方向颠倒，或者借方和贷方多记或少记相等的金额等。

综合训练

一、单项选择题

1. 下列关于试算平衡法的说法，不正确的是（　　）。
   A. 包括发生额试算平衡法和余额试算平衡法
   B. 试算不平衡，表明账户记录肯定有错误
   C. 试算平衡了，说明账户记录一定正确
   D. 理论依据是"有借必有贷、借贷必相等"
2. 对于所有者权益类账户而言，（　　）。
   A. 增加记借方　B. 增加记贷方　C. 减少记贷方　D. 期末无余额
3. 下列关于单式记账法的说法，不正确的是（　　）。
   A. 单式记账法是一种比较简单、不完整的记账方法
   B. 在单式记账法下，账户之间没有直接联系和相互平衡关系
   C. 单式记账法可以全面、系统地反映各项会计要素的增减变动和经济业务的来龙去脉
   D. 这种方法适用于业务简单或很单一的经济个体和家庭
4. 资产类账户的期末余额一般在（　　）。
   A. 借方　B. 借方或贷方　C. 贷方　D. 借方和贷方
5. 下列账户中，期末结转后无余额的账户是（　　）。
   A. "实收资本"　B. "应付账款"
   C. "固定资产"　D. "管理费用"
6. 企业计算应交所得税时，正确的会计分录是（　　）。
   A. 借：本年利润
   　　贷：所得税费用
   B. 借：管理费用
   　　贷：所得税费用
   C. 借：所得税费用
   　　贷：银行存款
   D. 借：所得税费用
   　　贷：应交税费——应交所得税
7. 符合资产类账户记账规则的是（　　）。
   A. 增加额记借方　B. 增加额记贷方　C. 减少额记借方　D. 期末无余额
8. 年初资产总额为 100 万元，本期负债减少 5 万元，所有者权益增加 20 万元，则期末资产总额为（　　）万元。
   A. 100　B. 120　C. 115　D. 125

9．借贷记账法下的“借”表示（　　）。

A．费用增加　　B．负债增加　　C．所有者权益增加　　D．收入增加

10．“应收账款”账户期初借方余额为35 400元，本期借方发生额为26 300元，本期贷方发生额为17 900元，该账户期末余额（　　）。

A．借方43 800元　　B．借方27 000元

C．贷方43 800元　　D．贷方27 000元

11．在借贷记账法下，原材料账户的余额（　　）。

A．既可能在借方，也可能在贷方　　B．只能在借方

C．肯定为零　　D．只能在贷方

二、多项选择题

1．下列说法正确的是（　　）。

A．资产类账户增加记贷方，减少记借方　　B．负债类账户增加记贷方，减少记借方

C．收入类账户增加记贷方，减少记借方　　D．费用类账户增加记贷方，减少记借方

2．会计分录的内容包括（　　）。

A．经济业务内容摘要　　B．账户名称

C．经济业务发生额　　D．应借应贷方向

3．下列错误不会影响借贷双方平衡关系的是（　　）。

A．漏记某项经济业务　　B．重记某项经济业务

C．记错方向，把借方记入贷方　　D．借贷错误巧合，正好抵销

4．下列会计分录格式正确的是（　　）。

A．先借后贷

B．贷方的文字和数字要比借方后退两格书写

C．在一借多贷和多借多贷的情况下，借方或贷方的文字要对齐

D．在一借多贷和多借多贷的情况下，借方或贷方的数字要对齐

5．下列账户中期末余额在贷方的是（　　）。

A．“预收账款”　　B．“应收账款”　　C．“应付账款”　　D．“累计摊销”

6．下列记入贷方的是（　　）。

A．资产的增加额　　B．负债的增加额

C．所有者权益的增加额　　D．费用的增加额

7．下列用公式表示的试算平衡关系，正确的是（　　）。

A．全部账户本期借方发生额合计=全部账户本期贷方发生额合计

B．全部账户本期借方余额合计=全部账户本期贷方余额合计

C．负债类账户借方发生额合计=负债类账户贷方发生额合计

D．资产类账户借方发生额合计=资产类账户贷方发生额合计

8．在借贷记账法下，可以在账户借方登记的是（　　）。

A．资产的增加　　B．负债的增加

C．收入的增加　　D．所有者权益的减少

9．与单式记账法相比，复式记账法的优点是（　　）。

A．有一套完整的账户体系

B．可以清楚地反映经济业务的来龙去脉

C．可以对记录的结果进行试算平衡，以检查账户记录是否正确

D．记账手续简单

三、判断题（正确的打“√”，错误的打“×”）

1．（　　）编制试算平衡表时，也应该包括只有期初余额而没有本期发生额的账户。

2．（　　）记账时，将借贷方向记错，不会影响借贷双方的平衡关系。

3．（　　）试算平衡时，试算平衡了，说明账户记录是绝对正确的。

4．（　　）复式记账法是指对于发生的每一项经济业务都要以相等的金额同时在相互联系的两个账户中进行登记的一种记账方法。

5．（　　）核算期间费用的各账户期末结转入“本年利润”账户后应无余额。

6．（　　）发生额试算平衡是根据资产与权益的恒等关系，检验本期发生额记录是否正确的方法。

7．（　　）运用单式记账法记录经济业务，可以反映每项经济业务的来龙去脉，也可以检查每笔业务是否合理、合法。

8．（　　）资产、负债与所有者权益的平衡关系是企业资金运动处于相对静止状态下出现的，如果考虑收入、费用等动态要素，则资产与权益总额的平衡关系必然被破坏。

9．（　　）某企业银行存款期初借方余额为 10 万元，本期借方发生额为 5 万元，本期贷方发生额为 3 万元，则期末借方余额为 12 万元。

四、计算分析题

请根据下列表中各账户的已知数据计算每个账户未知数。

单位：元

账户名称	期初余额		本期发生额		期末余额	
	借　方	贷　方	借　方	贷　方	借　方	贷　方
短期借款		400 000	200 000	700 000		（1）
应付账款		500 000	（2）	250 000		600 000
库存商品	（3）		450 000	550 000		210 000
原材料	300 000		500 000	（4）		320 000
原材料——A 材料	180 000		350 000	（5）		120 000
原材料——B 材料	120 000		150 000	70 000		200 000

扫一扫

会计人心中的两杆秤

项目五

借贷记账法下主要经济业务账务处理

基本要求

1. 掌握企业资金的循环与周转过程。
2. 掌握核算企业主要经济业务的会计科目。
3. 掌握企业主要经济业务的账务处理。
4. 掌握企业净利润的计算。
5. 掌握企业净利润的分配。

模块一 企业的主要经济业务

在项目一的学习中，我们已经了解到会计核算和监督的对象是资金运动。资金是指一个单位所拥有的各项财产物资的货币表现。资金运动是资金的形态变化和位移。不同企业的资金运动各有其特点，其生产经营业务流程也不尽相同，本项目主要介绍企业的资金筹集、设备购置、材料采购、产品生产、商品销售和利润分配等经济业务。

1．资金投入

企业要从事生产经营活动，必须投入一定数量的资金。资金投入是企业资金运动的起点。企业资金投入主要有两个渠道：一是由投资者投入资金，即由企业所有者提供；二是向银行等金融机构借入资金，即由债权人提供。资金投入的主要表现为货币资金，但有时也表现为存货、固定资产、无形资产等非货币性资金。

2．资金循环与周转

企业将资金运用于经营活动就开始了资金循环与周转，资金循环与周转是资金运动的核心。不同的企业，其经营活动的内容则不尽相同。以工业企业为例，其生产经营活动主要包括供应过程、生产过程、销售过程。

（1）供应过程。供应过程是指企业为进行日常生产经营活动获取所需经济资源的过程，其主要内容是将投入的资金用于建造或购置厂房、购买设备、采购原材料等，为生产产品做必要的准备。

（2）生产过程。生产过程是指企业生产工人利用机器设备对原材料进行加工和装配，生产出产品的过程。其主要内容是发生原材料耗费、固定资产磨损、职工薪酬结算和其他生产费用，同时生产出产品。

（3）销售过程。销售过程是指企业将生产的产品对外进行出售取得销售收入的过程。其主要内容是企业销售产品、结算销售货款、发生销售费用和销售税金等。

在资金循环与周转过程中，劳动对象的实物形态在供应、生产、销售等环节依次发生转变，即货币→原材料→在产品→库存商品→货币；资金形态也相应地发生变化，即货币资金→储备资金→生产资金→成品资金→货币资金，资金运动从货币资金形态开始又回到货币资金形态，称之为资金循环，资金的不断循环就是资金周转。

3．资金退出

资金退出就是资金离开本单位，退出资金的循环与周转。资金退出是资金运动的终点，主要包括偿还各项债务、依法缴纳各种税金、向投资者支付现金股利（利润）等。工业企业资金循环与周转如图 5-1 所示。

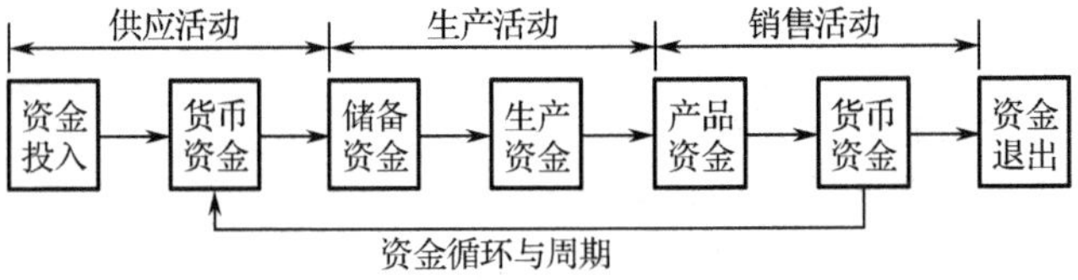

图 5-1　工业企业资金循环与周转

在企业资金投入、资金循环与周转、资金退出活动中，由于资金的取得、运用和退出等经济活动，引起的各项财产物资增减变动、各项生产费用的支出和产品成本的形成情况，以及销售收入的取得和利润实现与分配情况，就构成了工业企业会计的具体对象。

针对工业企业生产经营活动中发生的上述经济业务，账务处理的主要内容如下。

（1）资金筹集业务的账务处理。

（2）固定资产业务的账务处理。

（3）材料采购业务的账务处理。

（4）生产业务的账务处理。

（5）销售业务的账务处理。

（6）期间费用的账务处理。

（7）利润形成与分配的账务处理。

【例 5-1】（多选题）资金退出包括（　　）。

A. 偿还各种债务　　B. 发放职工工资

C. 缴纳各种税费　　D. 向投资者支付利润

【答案】 ACD

【解析】 选项 B，发放职工工资属于资金运用过程，不属于资金退出。

【例 5-2】（判断题）资金运动从货币资金形态开始又回到货币资金形态称为资金周转。（　　）

【答案】 ×

【解析】 资金运动从货币资金形态开始又回到货币资金形态称为资金循环。

模块二　资金筹集业务的账务处理

企业的资金筹集业务按其资金来源通常分为所有者权益筹资和负债筹资。所有者权益筹资形成的权益（通常称为权益资本），包括投资者的投资和增值，这部分资本的所有者既享有企业的经营收益，也承担企业的经营风险；负债筹资形成债权人的权益（通常称为债务资本），主要包括企业向债权人借入的资金和结算形成的负债资金等，这部分资本的所有者享有按约收回本金和利息的权利。

一、所有者权益筹资业务

（一）所有者投入资本的构成

所有者投入资本按照投资主体的不同可以分为国家资本金、法人资本金、个人资本金和外商资本金等。国家资本金是指有权代表国家投资的政府部门或国有资产投入企业的资本金；法人资本金是指其他法人单位以其依法可以支配的资产投入企业形成的资本金；个人资本金是指社会公众以个人合法财产投入企业形成的资本金；外商资本金是指外国投资者及中国香港、澳门和台湾地区投资者向境内企业投资形成的资本金。

所有者投入资本主要包括实收资本（或股本）和资本公积。

实收资本（或股本）是指企业的投资者按照企业章程、合同或协议的约定，实际投入企业的资本金及按照有关规定由资本公积、盈余公积等转增的资金。企业的实收资本按照投资者投入资本形态又可分为以货币资金出资、以实物出资和以无形资产出资等。

资本公积是指企业收到投资者投入的超出其在企业注册资本（或股本）中所占份额的投资，以及直接计入所有者权益的利得和损失等。资本公积作为企业所有者权益的重要部分，主要用于转增资本。

【例 5-3】（单选题）投资者出资额超过其在注册资本或股本中占有的份额部分，应记入（　　）账户。

A. “营业外收入”　　B. “资本公积”　　C. “盈余公积”　　D. “实收资本”

【答案】 B

【解析】 投资者加入有限责任公司时，其出资额超出其在注册资本的份额应当计入“资本公积”账户。

（二）账户设置

1. “实收资本”（股本）账户

（1）账户的性质：所有者权益类账户（股份有限公司一般设置“股本”账户）。

（2）账户的用途：用于核算企业接受投资者投入的实收资本。

（3）账户的结构：如图 5-2 所示。

（4）明细账的设置：该账户应按投资者的不同设置明细账，进行明细分类核算。

股份有限公司的投资者投入的资本一般设置“股本”账户。

2. “资本公积”账户

（1）账户的性质：所有者权益类账户。

借方	实收资本（股本） 贷方
按法定程序报经批准减少的注册资本金	① 投资者投入的注册资本增加额 ② 以资本公积和盈余公积转增资本的金额
	余额：企业实收资本（或股本）总额

图 5-2 “实收资本”（股本）账户的结构

（2）账户的用途：用于核算企业收到投资者出资额超出其在注册资本或股本中所占份额的部分，以及直接计入所有者权益的利得和损失。

（3）账户的结构：如图 5-3 所示。

借方	资本公积 贷方
资本公积的减少数	资本公积的增加数
	余额：资本公积的结余数额

图 5-3 “资本公积”账户的结构

（4）明细账的设置：该账户可按资本公积的来源不同，分别设置“资本溢价（或股本溢价）”“其他资本公积”进行明细核算。

3．“银行存款”账户

（1）账户的性质：资产类账户。

（2）账户的用途：用于核算企业存入银行或其他金融机构的各种存款。

（3）账户的结构，如图 5-4 所示。

借方	银行存款 贷方
存入的款项	提取或支出的存款
余额：企业存在银行或其他金融机构的各种存款	

图 5-4 “资本公积”账户的结构

（4）明细账设置：按照开户银行、存款种类等分别进行明细核算。

（三）账务处理

1．企业接受投资者投资

企业接受投资者投入资本，借记“银行存款”“固定资产”“无形资产”等科目；按其在注册资本或股本中所占份额，贷记“实收资本”（或股本）科目；按其差额，贷记“资本公积——资本溢价（或股本溢价）”科目。

弘毅有限责任公司是由甲、乙、丙三人共同投资设立的一般有限公司（以下简称“弘毅公司），为增值税一般纳税人。注册资本为 6 000 000 元。发生如下与筹资相关的经济业务事项。

【例 5-4】 弘毅公司收到甲、乙投资者投入货币资金各 2 000 000 元，投入的货币资金已存入企业开户银行。弘毅公司应根据公司章程及银行收账通知编制如下会计分录：

借：银行存款　　4 000 000
　贷：实收资本——甲投资人　　2 000 000
　　　　　　　——乙投资人　　2 000 000

【例 5-5】 弘毅公司收到丙投资者投入的一套全新设备，合同约定的公允价值为 2 000 000 元，并办理了实物产权和有关凭证的交接手续。弘毅公司应根据公司章程、相关发票编制如下会计分录：

借：固定资产　　2 000 000
　贷：实收资本——丙投资人　　2 000 000

【例 5-6】 弘毅公司为扩大经营规模，经批准，公司注册资本扩大为 7 500 000 元，假定丁投资者愿意出资 2 500 000 元，占 1/4 的股份。丙以一批设备作为资本投入，该批设备投资合同约定价值为 2 500 000 元，并办理了实物产权和有关凭证的交接手续。弘毅公司应根据公司章程、相关发票编制如下会计分录：

借：固定资产　　2 500 000
　贷：实收资本——丁投资人　　2 000 000
　　资本公积——资本溢价　　500 000

2．实收资本减少

企业减少实收资本的原因有两种：一是资本过剩；二是发生重大亏损需要减少实收资本。实收资本的减少应按法定程序报经批准。企业返还投资者资本时，按实际返还金额借记“实收资本”科目，贷记“银行存款”等科目。

【例 5-7】 2019 年 12 月 31 日，弘毅公司经批准减少投资者甲、乙、丙、丁实收资本各 200 000 元，以银行存款支付。弘毅公司应根据相关协议和银行付款凭证编制如下会计分录：

借：实收资本——甲投资人　　200 000
　　——乙投资人　　200 000
　　——丙投资人　　200 000
　　——丁投资人　　200 000
　贷：银行存款　　800 000

二、负债筹资业务

（一）负债筹资的构成

负债筹资主要包括短期借款、长期借款及结算中形成的负债等。

短期借款是指企业为了满足其生产经营对资金的临时性需要而向银行或其他金融机构等借入的偿还期限在一年以内（含一年）的各种借款。

长期借款是指企业向银行或其他金融机构借入的偿还期限在一年以上（不含一年）的各种借款。

结算中形成的负债主要有应付账款、应付职工薪酬、应交税费等。

（二）账户设置

1．“短期借款”账户

（1）账户的性质：负债类账户。

（2）账户的用途：用于核算企业向银行或其他金融机构等借入的期限在一年以内（含一年）的各种借款。

（3）账户的结构：如图 5-5 所示。

（4）明细账的设置：该账户一般按借款种类、贷款人、币种进行明细核算。

2．“长期借款”账户

（1）账户的性质：负债类账户。

借方　　　　　　　　短期借款　　　　　　　　贷方

偿还的短期借款的本金	借入的短期借款的本金
	余额：企业尚未偿还的短期借款本金

图 5-5 “短期借款”账户的结构

（2）账户的用途：用于核算企业向银行或其他金融机构等借入的期限在一年以上（不含一年）的各种借款。

（3）账户的结构：如图 5-6 所示。

借方　　　　　　　　长期借款　　　　　　　　贷方

偿还的长期借款的本息数额	① 借入的长期借款的本金 ② 到期一次还本付息的长期借款应付利息
	余额：企业尚未偿还的长期借款本息

图 5-6 “长期借款”账户的结构

（4）明细账的设置：该账户一般按贷款人和贷款种类进行明细核算。

3．“财务费用”账户

（1）账户的性质：损益类账户。

（2）账户的用途：用于核算企业为筹集生产经营资金而发生的费用，包括利息支出及相关的手续费等。

（3）账户的结构：如图 5-7 所示。

借方　　　　　　　　财务费用　　　　　　　　贷方

企业发生的各种筹资费用	期末结转到“本年利润”账户的金额

图 5-7 “财务费用”账户的结构

（4）明细账的设置：该账户按费用项目进行明细核算。

4．“应付利息”账户

（1）账户的性质：负债类账户。

（2）账户的用途：用于核算企业按照合同约定应支付的利息。

（3）账户的结构：如图 5-8 所示。

借方　　　　　　　　应付利息　　　　　　　　贷方

实际支付的利息	企业按合同利率计算确定的应付未付的利息
	余额：企业应付未付的利息

图 5-8 “应付利息”账户的结构

（4）明细账的设置：该账户按债权人进行明细核算。

（三）账务处理

1．短期借款的账务处理

（1）短期借款借入

企业从银行或其他金融机构取得短期借款时，借记“银行存款”科目，贷记“短期借款”科目。

【例 5-8】 2019 年 4 月 1 日，弘毅公司向中国银行梁溪分行借款 500 000 元，期限为 6 个月，年利率为 6%，企业收到借款存入银行。弘毅公司应根据银行收账通知编制如下会计分录：

借：银行存款　　500 000
　　贷：短期借款——中国银行　　500 000

（2）计提短期借款利息及支付利息

按相关规定，短期借款利息是按月计提按季支付。资产负债表日，企业应按照借款本金和实际利率确定短期借款利息，借记“财务费用”科目，贷记“应付利息”科目。支付利息时根据已计提的利息，借记“应付利息”科目，根据实际支付的利息与已计提利息的差额借记“财务费用”科目，根据应付利息总额，贷记“银行存款”科目。

【例 5-9】 2019 年 4 月 30 日，弘毅公司计提本月应承担的短期借款利息 2 500 元（500 000×6%÷12）。弘毅公司应根据预提利息计算表编制如下会计分录：

借：财务费用　　2 500
　　贷：应付利息——中国银行　　2 500

2019 年 5 月 31 日，计提短期借款账务处理与 4 月 30 日相同。

【例 5-10】 2019 年 6 月 30 日，接到银行通知，应支付二季度短期借款利息 7 600 元，款项已从企业账户中划出。弘毅公司应根据银行利息支付通知单编制如下会计分录：

借：应付利息　　5 000
　　财务费用　　2 600
　　贷：银行存款　　7 600

（3）短期借款到期归还本金及利息

【例 5-11】 2019 年 9 月 30 日，以银行存款归还到期的短期借款本金 5 000 000 元、三季度季度利息 7 550 元。弘毅公司应根据预提利息计算表及银行付款通知编制如下会计分录：

借：短期借款——中国银行　　5 000 000
　　应付利息——中国银行　　5 000
　　财务费用　　2 550
　　贷：银行存款　　5 007 550

2．长期借款的账务处理

（1）长期借款的借入

企业借入长期借款，应按实际收到的金额，借记“银行存款”科目，贷记“长期借款——本金”科目，如存在差额，还应计入“长期借款——利息调整”科目。

【例 5-12】 2016 年 1 月 1 日，弘毅公司向南京银行梁溪分行借款 1 000 000 元用于生产经营周转，企业收到借款存入银行，该借款期限为 3 年，年利率 6%，每年年末支付利息，到期一次还本，每年年初付息。弘毅公司应根据银行收账通知编制如下会计分录：

借：银行存款　　1 000 000
　　贷：长期借款——南京银行（本金）　　1 000 000

（2）计提长期借款利息及支付利息的账务处理

资产负债表日，应按照摊余本金和实际利率计算确定的长期借款的利息费用，借记“管理费用”“在建工程”“财务费用”等科目，按合同利率计算确定的应付未付的利息，贷记“应付利息”科目，按其差额，贷记“长期借款——利息调整”科目。

长期借款利息应按以下原则将计算确定的利息记入有关成本、费用科目。

① 属于筹建期间的，计入“管理费用”科目；属于生产经营期间的，计入“财务费用”科目。

② 用于构建固定资产等符合资本化条件的资产，在资产尚未达到预定可使用状态前，所发生的利息费用应当资本化，计入“在建工程”科目；资产达到预定可使用状态后的利息费用，计入“财务费用”科目。

【例 5-13】 （多选题）长期借款利息可能计入的账户有（　　）。

A. “财务费用”　　B. “固定资产”　　C. “管理费用”　　D. “在建工程”

【答案】 ACD

【解析】 属于筹建期间的，计入“管理费用”科目；属于生产经营期间的，计入“财务费用”科目；用于构建固定资产等符合资本化条件的资产，在资产尚未达到预定可使用状态前，计入“在建工程”科目。

【例 5-14】 2016 年 12 月 31 日，弘毅公司计提本年度长期借款利息 60 000 元（1 000 000×6%）。弘毅公司根据预提利息计算表编制如下会计分录：

借：财务费用	60 000	
贷：应付利息		60 000

2017 年年初，支付利息时编制的会计分录为：

借：应付利息	60 000	
贷：银行存款		60 000

（3）长期借款归还的账务处理

企业归还长期借款的本金时，按应归还的金额，借记“长期借款——本金”科目，贷记“银行存款”科目。

【例 5-15】 2019 年 1 月 1 日，弘毅公司归还到期的长期借款本金 1 000 000 元和 2018 年度利息 60 000 元。弘毅公司应根据预提利息计算表及银行付款通知编制如下会计分录：

借：长期借款——本金	1 000 000	
应付利息	60 000	
贷：银行存款		1 060 000

【例 5-16】 （计算分析题）资料一，假设 A、B、C 三公司共同组成 ABC 有限责任公司。按 ABC 公司章程规定，注册资本为 900 万元，A、B、C 三方各占 1/3 的股份。假设 A 公司以厂房投资，该厂房价值为 500 万元，已提折旧 300 万元，投资各方确认的价值为 300 万元（同公允价值）；B 公司以价值 200 万元的设备和价值 100 万元的一项专利投资，其价值已被投资方确认，并已向 ABC 公司移交了专利权有关证明；C 公司以货币资金 300 万元投资，已存入 ABC 公司的开户银行。

资料二，假设 D 公司有意投资 ABC 公司，经 A、B、C 三公司协商，将 ABC 公司变更为 ABCD 公司，注册资本增加到 1 200 万元，A、B、C、D 四方各占 1/4 股权。D 公司需以货币资金出资 400 万元，以取得 25%的股份，协议签订后，修改了公司章程，D 公司出资 400 万元，已存入 ABCD 公司的开户银行，并办理了变更登记手续。

要求：（1）根据资料一，编制 ABC 公司收到 A 公司投资的有关会计分录。

（2）根据资料一，编制 ABC 公司收到 B 公司投资的有关会计分录。

（3）根据资料一，编制 ABC 公司收到 C 公司投资的有关会计分录。

（4）根据资料二，编制实际收到 D 公司投资的会计分录。

（5）假设无其他业务，根据资料一、二，计算 ABCD 公司实收资本的金额（单位：元）。

【答案】

（1）借：固定资产　　　　3 000 000
　　　　贷：实收资本　　　　3 000 000

（2）借：固定资产　　　　2 000 000
　　　　无形资产　　　　1 000 000
　　　　贷：实收资本　　　　3 000 000

（3）借：银行存款　　　　3 000 000
　　　　贷：实收资本　　　　3 000 000

（4）借：银行存款　　　　4 000 000
　　　　贷：实收资本　　　　3 000 000
　　　　　　资本公积　　　　1 000 000

（5）D 公司投资后，ABCD 公司的注册资本增加到 1 200 万元，所以 ABCD 公司实收资本的金额为 12 000 000 元。

模块三　固定资产业务的账务处理

一、固定资产的概念与特征

固定资产是指企业为生产商品、提供劳务、出租或经营管理而持有的、使用寿命超过一个会计年度的有形资产。

固定资产同时具有以下特征。

（1）为生产商品、提供劳务、出租或经营管理而持有。企业持有固定资产的目的，是为生产商品、提供劳务、出租或经营管理的需要而持有，而不像存货是为了对外出售，这一特征是固定资产区别于存货的重要标志。

（2）使用时间超过一个会计年度。企业使用固定资产的期限较长，使用寿命一般超过一个会计年度，这一特征表明固定资产属于非流动资产，其给企业带来的收益期超过一年，能在一年以上的时间里为企业创造经济利益。

（3）属于一种有形资产。企业的资产按是否有实物形态，可分为有形资产和无形资产两种。有形资产是指那些具有实物形态的资产。固定资产属于有形资产，如企业的房屋建筑物、机器、机械、运输工具及其他与生产经营有关的设备、器具、工具等具有实物形态的资产。这一特征将固定资产与无形资产区别开来。

二、固定资产的成本

固定资产的成本是指企业构建某项固定资产达到预定可使用状态前而发生的一切合理、必要的支出。

企业可以通过外购、自行建造、投资者投入、非货币性支出交换、债务重组、企业合并和融资租赁等方式取得固定资产。不同取得方式下，固定资产成本的具体构成内容及其确定方法不同。

外购固定资产的成本，包括购买价款、相关税费、使固定资产达到预定可使用状态前发生的可归属于该项资产的运输费、装卸费、安装费和专业人员服务费等。

【例 5-17】 弘毅公司购入一台设备，取得的增值税专用发票上注明的设备价款为 85 000 元，增值税税额为 13 600 元，另外发生运输费 2 600 元，包装费 1 100 元，上述款项共计 102 300 元，已通过银行转账支付；购入后对设备进行安装，以银行存款支付安装费 21 000 元，设备安装完毕交付使用，则该设备的成本=85 000（买价）+2 600（运输费）+1 100（包装费）+21 000（安装费）=109 700（元）。

三、固定资产的折旧

（一）固定资产折旧的概述

1．固定资产折旧的概念

固定资产折旧是指在固定资产使用寿命内，按照确定的方法对应计折旧额进行系统的分摊。其中应计折旧额是指应当计提折旧的固定资产的原价扣除其预期净残值后的金额。已计提减值准备的固定资产，还应当扣除已计提的固定资产减值准备的累计金额。

2．影响固定资产折旧的因素

影响固定资产折旧的因素主要有以下几个方面。

（1）固定资产原价，是指固定资产的成本。

（2）固定资产的预计净残值，是指假定固定资产预计使用寿命已满并处于使用寿命终了时的预期状态，企业目前从该项固定资产处置中获得的扣除预计清理费用后的余额。预计净残值率是指固定资产预计净残值占原值的比率。企业应当根据固定资产的性质和使用情况，合理确定固定资产的预计净残值，预计净残值一经确定，不得随意变更。

（3）固定资产减值准备，是指固定资产已计提的固定资产减值准备的累计金额。

（4）固定资产的使用寿命，是指企业固定资产使用的预计期间，或者该固定资产所能生产产品或提供劳务的数量。

3．固定资产折旧的计提范围

企业应当按月对所有的固定资产计提折旧，但是，已提足折旧仍继续使用的固定资产、单独入账的土地和持有待售的固定资产除外。在确定固定资产折旧计提范围时，还应注意以下几点。

（1）固定资产应当按月计提折旧，当月增加的固定资产，当月不提折旧，从下月起计提折旧；当月减少的固定资产，当月仍计提折旧，从下月起不计提折旧。

（2）固定资产提足折旧后，不论能否继续使用，均不再计提折旧；提前报废的固定资产，也不再补提折旧。所谓提足折旧，是指已经提足该项固定资产的应计折旧额。

（3）已达到预定可使用状态但尚未办理竣工决算的固定资产，应当按照估计价值确定成本，并计提折旧；待办理竣工决算后，再按实际成本调整原来的暂估价值，但不限于调整原已计提的折旧额。

（4）因进行大修理停用的固定资产，应照提折旧；处于更新改造过程停止使用的固定资产，应暂不提折旧，待更新改造项目达到预定可使用状态后再计提折旧。

【例 5-18】 （单选题）某公司 9 月末计提固定资产折旧 15 800 元，9 月份固定资产没有发生增减变动，10 月份增加的固定资产月折旧额为 1 500 元，10 月份减少的固定资产月折旧额为 2 000 元，则 10 月末应计提固定资产折旧额为（　　）元。

A. 15 800　　B. 15 300　　C. 17 300　　D. 13 800

【答案】 A

【解析】 10 月份增加的固定资产不提折旧，10 月份减少的固定资产照提折旧。

【例 5-19】 （多选题）下列应计提固定资产折旧的项目有（　　）。

A. 经营出租的固定资产　　B. 当月增加的固定资产

C. 融资租入的固定资产　　D. 大修理停用的固定资产

【答案】 ACD

【解析】 当月增加的固定资产，当月不提折旧，从下月起计提折旧。

（二）固定资产折旧的计算方法

企业可选用的折旧方法有年限平均法、工作量法、双倍余额递减法和年数总和法等。其中双倍余额递减法和年数总和法属于加速折旧法，本书重点介绍年限平均法和工作量法。

1．年限平均法

年限平均法又称直线法，是指将固定资产的应计折旧额均匀地分摊到固定资产预计使用寿命内的一种方法。其计算公式如下：

（1）预计净残值率=预计净残值÷原始价值×100%

（2）年折旧率=（1-净残值率）÷预计使用年限

（3）月折旧率=年折旧率÷12

（4）月折旧额=固定资产原值×月折旧率

【例 5-20】 弘毅公司有一幢房屋，原价为 5 000 000 元，预计可使用 20 年，预计净残值率为 2%。采用年限平均法计提折旧。

年折旧率=（1-2%）÷20=4.9%

月折旧率=4.9%÷12=0.41%

月折旧额=5 000 000×0.41%=20 500（元）

采用年限平均法计提固定资产折旧，其特点是固定资产的应计折旧额均衡分摊到固定资产预计使用寿命内，采用这种方法计算的每期折旧额是相等的。

2．工作量法

工作量法是根据每期实际工作量计算应提折旧额的一种方法。其计算公式如下：

（1）单位工作量折旧额=［固定资产原价×（1-净残值率）］÷预计总工作量

（2）固定资产本月折旧额=该固定资产当月工作量×单位工作量折旧额

【例 5-21】 弘毅公司的一辆运货卡车的原价为 600 000 元，预计总行驶里程为 500 000 千米，预计净残值率为 5%，本月行驶 4 000 千米。采用工作量法计提折旧。

单位工作量折旧额=［600 000×（1-5%）］÷500 000=1.14（元/千米）

本月折旧额=4 000×1.14=4 560（元）

不同的固定资产折旧方法，将会影响固定资产使用寿命期间内不同时期的折旧费用。其应当根据与固定资产有关的经济利益的预期实现方式合理选择折旧方法，固定资产的折旧方法一经确定，不得随意变更。

固定资产在其使用过程中，因其所处经济环境及其他环境均有可能发生很大变化，企业至少应当于每年终了对固定资产的使用寿命、预计净残值和折旧方法进行复核。固定资产使用寿命、预计净残值和折旧方法的改变，应当作为会计估计变更。

相关链接：固定资产加速折旧法

固定资产加速折旧法包括双倍余额递减法和年数总和法。

双倍余额递减法是指在不考虑固定资产净残值的情况下，根据每期期初固定资产账面净值和双倍的直线法折旧率计算固定资产折旧的一种方法，其计算公式如下：

（1）年折旧率=2÷预计使用年限×100%

（2）年折旧额=固定资产账面净值×年折旧率

（3）月折旧额=年折旧额÷12

采用双倍余额递减法计提固定资产折旧，一般应在固定资产使用寿命到期前 2 年，将固定资产账面净值扣除净残值后的余额平均摊销。

【例 5-22】 弘毅公司一设备原值为 400 000 元，预计使用 5 年，预计净残值为 16 000 元，采用双倍余额递减法计提折旧。

（1）年折旧率=2÷5×100%=40%

（2）各年的折旧额为：

第一年应计提的折旧额=400 000×40%=160 000（元）

第二年应计提的折旧额=（400 000−160 000）×40%=96 000（元）

第三年应计提的折旧额=（400 000−160 000−96 000）×40%=57 600（元）

从第四年起改用平均年限法（直线法）计提折旧：

第四、第五年折旧额=（400 000−160 000−96 000−57 600−16 000）÷2=35 200（元）

年数总和法又称年限合计法，是指将固定资产的原价减去预计净残值后的余额，乘以一个逐年递减的分数计算每年折旧额的方法。这个分数的分子代表固定资产尚可使用寿命，分母代表固定资产预计使用寿命年数总和。

（1）年折旧率=尚可使用年限÷预计使用寿命的年数总和×100%

（2）年折旧额=（固定资产原值-预计净残值）×年折旧率

（3）月折旧额=年折旧额÷12

【例 5-23】 承【例 5-22】，若采用年数总和法，计算结果如下：

各年的折旧率：

第一年的折旧率=5÷15=5/15　第一年的折旧额=（400 000−16 000）×5/15=128 000（元）

第二年的折旧率=4÷15=4/15　第二年的折旧额=（400 000−16 000）×4/15=102 400（元）

第三年的折旧率=3÷15=3/15　第三年的折旧额=（400 000−16 000）×3/15=76 900（元）

第四年的折旧率=2÷15=2/15　第四年的折旧额=（400 000−16 000）×2/15=51 200（元）

第五年的折旧率=1÷15=1/15　第五年的折旧额=（400 000−16 000）×1/15=25 600（元）

四、账户设置

1. “在建工程”账户

（1）账户的性质：资产类账户。

（2）账户的用途：用于核算企业基建、更新改造等在建工程发生的支出。

（3）账户的结构：如图 5-9 所示。

借方	在建工程 贷方
企业各项在建工程支出	工程达到预定可使用状态时转出的成本
余额：在建工程的成本	

图 5-9 “在建工程”账户的结构

（4）明细账户：可按“建筑工程”“安装工程”及单项工程等进行明细核算。

2．“工程物资”账户

（1）账户的性质：资产类账户。

（2）账户的用途：用于核算企业为“在建工程”准备的各种物资的成本。

（3）账户的结构：如图 5-10 所示。

借方	工程物资 贷方
购入的工程物资成本	领用工程物资的成本
余额：为在建工程准备的各种物资	

图 5-10 “工程物资”账户的结构

（4）明细账户：可按“专用材料”“专用设备”“工器具”等进行明细核算。

3．“固定资产”账户

（1）账户的性质：资产类账户。

（2）账户的用途：用于核算企业持有的固定资产原价。

（3）账户的结构：如图 5-11 所示。

借方	固定资产 贷方
固定资产原价的增加	固定资产原价的减少
余额：期末固定资产的原价	

图 5-11 “固定资产”账户的结构

（4）明细账户：可按固定资产类别和项目进行明细核算。

4．“累计折旧”账户

（1）账户的性质：资产类备抵账户。

（2）账户的用途：用于核算企业固定资产计提的累计折旧。

（3）账户的结构：如图 5-12 所示。

借方	累计折旧 贷方
转出固定资产而转出的折旧额	按月提取的折旧额
	余额：固定资产的累计折旧额

图 5-12 “累计折旧”账户的结构

（4）明细账户：可按固定资产的类别或项目进行明细核算。

五、账务处理

（一）固定资产的购入

1．企业购入不需要安装的固定资产

企业购入不需要安装的固定资产，应按计入固定资产成本的金额，借记“固定资产”“应交税费——应交增值税（进项税额）”科目，贷记“银行存款”等科目。

【例 5-24】 弘毅公司购入一台设备，取得的增值税专用发票上注明的设备价款为 85 000 元，增值税税额为 13 600 元，另外发生运输费 2 600 元，包装费 1 100 元，上述款项共计 102 300 元，已通过银行转账支付。弘毅公司应根据增值税专用发票和转账支票存根编制如下会计分录：

借：固定资产　　88 700
　　应交税费——应交增值税（进项税额）　　13 600
　　贷：银行存款　　102 300

2．企业购入需要安装的固定资产

企业购入需要安装的固定资产的支出及发生的安装费用等均应通过“在建工程”科目核算，待安装完毕达到预定可使用状态时，按其实际成本由“在建工程”科目转入“固定资产”科目。

【例 5-25】 弘毅公司用银行存款购入一台需要安装的设备，增值税专用发票上注明的价款为 300 000 元，增值税税额为 48 000 元，以银行存款支付安装费 60 000 元，设备安装完毕达到预定可使用状态。弘毅公司应分别根据相关凭证编制如下会计分录：

（1）购入设备待安装时：

借：在建工程　　300 000
　　应交税费——应交增值税（进项税额）　　48 000
　　贷：银行存款　　348 000

（2）支付安装费时：

借：在建工程　　60 000
　　贷：银行存款　　60 000

（3）设备安装完毕交付使用时：

该设备成本=300 000+60 000=360 000（元）

借：固定资产　　360 0000
　　贷：在建工程　　360 000

相关链接：自建固定资产业务的处理

企业自行建造的固定资产是指自行建造房屋、建筑物、各种设施及进行大型机器申报的安装工程等，按实施的方式不同分为自营工程和出包工程两种。以下仅介绍自营工程的核算。

自营工程是指企业自行组织工程物资采购、自行组织施工人员施工的兼职工程和安装工程，主要通过“工程物资”和“在建工程”科目进行核算，自营工程达到预定可使用状态时，按其成本，再从“在建工程”科目转入“固定资产”科目。

【例 5-26】 弘毅公司以自营方式建造生产设备，购入建造设备各种物资 400 000 元，增值税税额为 64 000 元，款项以银行存款支付；购入的物资全部用于工程建设；工程人员应计薪酬 14 000 元，另以银行存款支付工程其他支出 3 600 元，自营工程完工达到使用状态并办理了竣工决算手续。其账务处理如下。

（1）购入工程物资时：

借：工程物资　　400 000
　　应交税费——应交增值税（进项税额）　　64 000
　　贷：银行存款　　464 000

（2）工程领用物资时：
借：在建工程　　400 000
　贷：工程物资　　400 000
（3）结转工程人员薪酬时：
借：在建工程　　14 000
　贷：应付职工薪酬　　14 000
（4）支付其他支出时：
借：在建工程　　3 600
　贷：银行存款　　3 600
（5）达到预定可使用状态时：
固定资产成本=400 000+ 14 000+3 600=417 600（元）
借：固定资产　　417 600
　贷：在建工程　　417 600

（二）固定资产折旧

在实际工作中，折旧的计算是通过编制折旧计算表进行的，在上月应计提折旧额的基础上根据上月固定资产变动情况进行调整，其计算公式为：

当月应计提折旧额=上月固定资产计提的折旧额+上月增加固定资产应计提的折旧额-上月减少固定资产应计提的折旧额

企业按月计提的固定资产折旧额，计提的折旧额应当记入“累计折旧”科目的贷方，并根据固定资产的用途计入相关资产成本或当期损益：基本生产车间所使用的固定资产，其计提的折旧额应记入“制造费用”科目的借方；管理部门所使用的固定资产，其计提的折旧额应记入“管理费用”科目的借方；销售部门使用的固定资产，其计提的折旧额应记入“销售费用”科目的借方；经营出租的固定资产，其计提的折旧额应记入“其他业务成本”科目的借方；研发部门使用的固定资产，其折旧额应记入“研发支出”科目的借方。

【例 5-27】 弘毅公司 2019 年 6 月份固定资产折旧计算表如表 5-1 所示。

表 5-1　固定资产折旧计算表

单位：元

部　门	5 月份折旧额	5 月份增加固定资产应提折旧额	5 月份减少固定资产应提折旧额	6 月份固定资产计提折旧额
生产车间	6 000	1 200		7 200
行政管理	8 000		700	7 300
销售部门	1 000			1 000
经营出租	800			800
合　计	15 800	1 200	700	16 300

弘毅公司应根据“固定资产折旧计算表”编制如下会计分录：
借：制造费用　　7 200
　　管理费用　　7 300
　　销售费用　　1 000
　　其他业务成本　　800
　贷：累计折旧　　16 300

相关链接：固定资产处置的账务处理

企业在生产经营过程中，可能将不适用或不需用的固定资产对外出售，或者因磨损、技术进步等原因对固定资产进行报废，或者因遭受自然灾害而对毁损固定资产进行处理。对于上述事项进行会计处理时，应按照规定程序办理有关手续，结转固定资产的账面价值，计算有关清理收入、清理费用及结转净收益或净支出。

固定资产处置应通过“固定资产清理”科目进行核算，具体包括以下几个环节。

（1）固定资产转入清理。企业因固定资产出售、报废、毁损等转出的固定资产，按该项固定资产的账面价值，借记“固定资产清理”科目，按已计提的累计折旧，借记“累计折旧”科目，按已计提的减值准备，借记“固定资产减值准备”科目，按其账面价值，贷记“固定资产”科目。

（2）发生的清理费用等。固定资产清理过程中应支付的相关税费及其他费用，借记“固定资产清理”科目，贷记“银行存款”等科目。

（3）取得的清理收入。固定资产清理过程中取得的出售价款、残料价值、保险公司赔偿的损失等，分别借记“银行存款”“原材料”“其他应收款”等科目，贷记“固定资产清理”科目。

（4）清理净损益的处理。固定资产清理完成后，固定资产清理科目若为借方余额，属于清理净损失，借记“营业外支出”科目，贷记“固定资产清理”科目；固定资产清理若为贷方余额，属于清理净收益，借记“固定资产清理”科目，贷记“营业外收入”科目。

【例 5-28】 弘毅公司出售一台不需用的设备，原值为 96 000 元，已提折旧 54 000 元；清理过程中以银行存款支付清理费用 1 200 元，出售收入为 35 000 元，增值税销项税额为 5 600 元，款项存入银行。其账务处理如下。

（1）固定资产转入清理时：

借：固定资产清理　　42 000
　　累计折旧　　54 000
　　贷：固定资产　　96 000

（2）支付清理费时：

借：固定资产清理　　1 200
　　贷：银行存款　　1 200

（3）收到出售固定资产价款时：

借：银行存款　　40 600
　　贷：固定资产清理　　35 000
　　　　应交税费——应交增值税（销项税额）　　5 600

（4）结转出售固定资产净损失时：

借：营业外支出　　8 200
　　贷：固定资产清理　　8 200

【例 5-29】 （计算分析题）某公司 2019 年 9 月份发生下列业务：

（1）购入不需要安装的甲设备，取得的增值税专用发票上注明的价款为 200 000 元，增值税税额为 32 000 元，另支付包装费 5 000 元，款项以商业承兑汇票支付，设备投入使用。甲设备预计使用 10 年，预计净残值率为 4%，按年限平均法计提折旧。

（2）企业乙设备原值为 78 000 元，预计总工作工时为 50 万工时，预计净残值率为 5%，本月工作 4 500 工时，按工作量法计提折旧。

（3）出售不需用的丙设备，该设备原值为 65 000 元，已提折旧 52 000 元；乙设备出售所得收入 25 000 元及增值税税额 4 000 元已存入银行，发生清理费 2 000 元以银行存款支付。

（4）月末，计提固定资产折旧 45 000 元，其中生产车间 25 000 元，行政管理部门 20 000 元。

要求：

（1）编制甲设备购入的会计分录；

（2）计算甲设备 2019 年计提的折旧额；

（3）计算乙设备 9 月份折旧额；

（4）计算丙设备处置净收益；

（5）编制月末计提折旧的会计分录。

【答案】

（1）借：固定资产　　205 000

　　应交税费——应交增值税（销项税额）　　32 000

　　贷：应付票据　　239 000

（2）205 000×（1-4%）÷10×3/12=4 920（元）。

（3）780 000×（1-5%）÷500 000×4 500=666.90（元）。

（4）25 000-（65 000-52 000）-2 000=10 000（元）。

（5）借：制造费用　　25 000

　　管理费用　　20 000

　　贷：累计折旧　　45 000

模块四　材料采购业务的账务处理

材料采购业务所指的材料一般称为原材料。原材料是指企业在生产过程中经过加工改变其形态或性质并构成产品实体的各种原料、主要材料和外购半成品，以及不构成产品实体但有助于产品形成的辅助材料。原材料具体包括原料及主要材料、辅助材料、外购半成品、修理用备件、包装物、燃料等。

一、材料的采购成本

材料的采购成本是指企业物资从采购到入库前所发生的全部支出，包括购买价款、运输费、装卸费、保险费及其他可归属于采购成本的费用。

其他可归属于采购成本的费用是指采购成本中除上述各项以外的可归属于材料采购的费用，如在材料采购过程中发生的仓储费、包装费、运输途中的合理损耗、入库前的挑选整理费等。

在实务中，企业也可以将发生的运输费、装卸费、保险费及其他可归属于采购成本的费用等先进行归集，期末按照所购材料的存销情况进行分摊。

【例 5-30】 2019 年 4 月 10 日，弘毅公司从长江公司购入 A 材料 1 000 千克，增值税专用发票上标明 A 材料的买价为 45 000 元，增值税税额为 7 200 元，另外，发生运输费 500 元、保险费 50 元、包装费 314 元，款项通过银行转账支付，A 材料运达企业，实际收到 A 材料 980 千克，短少 20 千克为途中合理损耗。A 材料采购成本和单位成本分别为：

A 材料采购成本=45 000（买价）+500（运输费）+50（保险费）+314（装卸费）

=45 864（元）

A 材料单位成本=45 864÷（1 000–20）=45.80（元/千克）

（注：途中的合理损耗只影响 A 材料的单位成本，而不影响总成本。）

【例 5-31】 2019 年 4 月 15 日，弘毅公司从三元公司购入 A、B 两种材料，增值税专用发票上标明 A 材料的买价为 60 000 元，B 材料的买价为 40 000 元，增值税税额为 16 000 元，同时发生运杂费 2 000 元，企业规定按 A、B 材料的买价比例分配运杂费用。款项通过银行转账支付，材料验收入库。

（1）运杂费用分配

分配率=2 000÷（60 000+40 000）=0.02

A 材料负担的运杂费用=60 000×0.02=1 200（元）

B 材料负担的运杂费用=40 000×0.02=800（元）

（2）材料的采购成本

A 材料的采购成本=60 000+1 200=61 200（元）

B 材料的采购成本=40 000+800=40 800（元）

（注：购入材料的运杂费可以按材料的买价、重量、体积等比例进行分配。）

二、账户设置

1. “原材料”账户

（1）账户的性质：资产类账户。

（2）账户的用途：用来核算企业库存的各种材料，包括原料及主要材料、辅助材料、外购半成品、修理用备件、包装材料、燃料等的计划成本或实际成本。

（3）账户的结构：如图 5-13 所示。

借方　　　　原材料	贷方
已验收入库材料的成本	发出材料的成本
余额：库存材料的计划成本或实际成本	

图 5-13 “原材料”账户的结构

（4）明细账的设置：该账户应按材料的保管地点及材料的类别、品种、规格分别进行明细核算。

2. “材料采购”账户

（1）账户的性质：资产类账户。

（2）账户的用途：用来核算企业采用计划成本进行材料日常核算而购入材料的采购成本。

（3）账户的结构：如图 5-14 所示。

借方　　　　材料采购	贷方
采购材料的实际成本 结转实际成本小于计划成本的节约差异	验收入库材料的计划成本 结转实际成本大于计划成本的超支差异
余额：在途材料的采购成本	

图 5-14 “材料采购”账户的结构

（4）明细账的设置：该账户可按供应单位和材料品种进行明细核算。

3. “材料成本差异”账户

（1）账户的性质：资产类账户。

（2）账户的用途：用来核算企业采用计划成本进行材料日常核算的材料计划成本与实际成本的差异额。

（3）账户的结构：如图 5-15 所示。

借方 材料成本差异	贷方
入库材料实际成本大于计划成本的超支差异 转出的发出材料应负担的材料节约差异	入库材料实际成本小于计划成本的节约差异 转出的发出材料应负担的超支差异
余额：库存材料的超支差额	余额：库存材料的节约差额

图 5-15 “材料成本差异”账户的结构

（4）明细账的设置：该账户可以分“原材料”“周转材料”等，按照类别或品种进行明细核算。

4. “在途物资”账户

（1）账户的性质：资产类账户。

（2）账户的用途：用来核算企业材料已采购但尚未到达验收入库的材料采购成本。

（3）账户的结构：如图 5-16 所示。

借方 在途物资	贷方
购入材料的采购成本	已验收入库材料的采购成本
余额：尚未验收入库的在途材料的采购成本	

图 5-16 “在途物资”账户的结构

（4）明细账的设置：该账户可按供货单位和物资的品种进行明细核算。

5. “应付账款”账户

（1）账户的性质：负债类账户。

（2）账户的用途：用来核算企业因购买材料、商品和接受劳务供应而应付给供货单位的款项。

（3）账户的结构：如图 5-17 所示。

借方 应付账款	贷方
应付账款的偿还数	应付未付的款项数
	余额：企业尚未偿还的款项

图 5-17 “应付账款”账户的结构

（4）明细账的设置：该账户应按债权人进行明细核算。

6. “应付票据”账户

（1）账户的性质：负债类账户。

（2）账户的用途：用来核算企业购买材料、商品和接受劳务等开出、承兑的商业汇票，包括银行承兑汇票和商业承兑汇票。

（3）账户的结构：如图 5-18 所示。

应付票据

借方	贷方
已经支付或者到期无力支付的商业汇票款	开出、承兑的商业汇票款
	余额：尚未到期的商业汇票的票面金额

图 5-18 “应付票据”账户的结构

（4）明细账的设置：该账户应按债权人进行明细核算。

7. “预付账款”账户

（1）账户的性质：资产类账户。

（2）账户的用途：用来核算企业按照合同规定预付的款项。

（3）账户的结构：如图 5-19 所示。

预付账款

借方	贷方
因购入等业务预付的款项	收到货物后应支付的款项
余额：业务的预付款	余额：企业尚需补付的款项

图 5-19 “预付账款”账户的结构

（4）明细账的设置：该账户一般按照供货单位进行明细核算。

8. “应交税费”账户

（1）账户的性质：负债类账户。

（2）账户的用途：用来核算企业按照税法等规定计算应缴纳的各种税费。

（3）账户的结构：如图 5-20 所示。

应交税费

借方	贷方
实际缴纳的各种税费	各种应交未交税费的增加额
余额：企业多交或尚未抵扣的税费	余额：企业期末尚未缴纳的税费

图 5-20 “应交税费”账户的结构

（4）明细账的设置：该账户可按应交的税费项目进行明细核算。

三、账务处理

（一）实际成本法核算的账务处理

材料采用实际成本核算时，材料的收发及结存，无论是总分类核算还是明细分类核算，均按照实际成本计价。使用的会计科目有“原材料”“在途物资”等。采用实际成本核算，日常反映不出材料成本是节约还是超支，从而不能反映和考核物资采购业务的经营成果。因此这种方法通常适用于材料收发业务较少的企业。

由于支付方式不同，原材料入库的时间与付款的时间可能一致，也可能不一致，其账务处理也有所不同。

1. 货款已经支付，同时材料验收入库

【例 5-32】 弘毅公司 2019 年 4 月 3 日从解放公司购入甲材料 5 000 千克，买价为 125 000 元，增值税进项税额为 20 000 元，另供货方代垫运杂费 750 元，款项已通过银行转账支票支付，甲材料收到并验收入库。弘毅公司应根据增值税专用发票、运费单据、转账支票存根和材料入库单编制如下会计分录：

借：原材料——甲材料　125 750
　　应交税费——应交增值税（进项税额）　20 000
　　贷：银行存款　145 750

2．货款以商业汇票支付，同时材料验收入库

【例 5-33】 弘毅公司 2019 年 4 月 5 日从梁溪公司购入乙材料 3 000 千克，买价为 135 000 元，增值税进项税额为 21 600 元，梁溪公司代垫运杂费 800 元，乙材料收到并验收入库，货款以银行承兑汇票支付。弘毅公司应根据增值税专用发票、运费单据和材料入库单编制如下会计分录：

借：原材料——乙材料　135 800
　　应交税费——应交增值税（进项税额）　21 600
　　贷：应付票据——梁溪公司　157 400

注：【例 5-33】中，如果货款尚未支付，则应通过“应付账款”科目核算。

【例 5-34】 弘毅公司 2019 年 7 月 5 日以转账支票支付到期的银行承兑汇票款 157 400 元。

弘毅公司应根据支票存根编制如下会计分录：

借：应付票据——梁溪公司　157 400
　　贷：银行存款　157 400

3．货款已经支付，材料尚未验收入库

【例 5-35】 弘毅公司 2019 年 4 月 9 日从胜利公司购入甲材料 4 000 千克，买价为 104 000 元，购入乙材料 6 000 千克，买价为 258 000 元，增值税进项税额为 57 920 元；发生运杂费 1 800 元，款项通过银行转账支付，材料尚未收到，该企业规定按材料重量比例分配采购费用。

（1）确定材料采购成本：

该笔业务发生的运杂费是为购进甲、乙材料而共同发生的，因而需要在甲、乙材料之间进行分配，采用材料的重量作为分配标准。

材料运杂费分配率=1 800÷（4 000+6 000）=0.18

甲材料应负担的运杂费=4 000×0.18=720（元）

乙材料应负担的运杂费=6 000×0.18=1 080（元）

甲材料采购成本=104 000+720=104 720（元）

乙材料采购成本=258 000+1 080=259 080（元）

（2）账务处理：

弘毅公司应根据增值税专用发票、运费单据和支票存根编制如下会计分录：

借：在途物资——甲材料　104 720
　　　　　　——乙材料　259 080
　　应交税费——应交增值税（进项税额）　57 920
　　贷：银行存款　421 720

【例 5-36】 2019 年 4 月 16 日，弘毅公司上述从胜利公司购进的甲、乙材料到达企业并验收入库。弘毅公司应根据材料入库单编制如下会计分录：

借：原材料——甲材料　104 720
　　　　　——乙材料　259 080

贷：在途物资——甲材料　　104 720

——乙材料　　259 080

4. 货款已经预付，材料尚未验收入库

【例 5-37】 2019 年 4 月 18 日，弘毅公司按购销协议，以转账支票预付从新明公司采购的丙材料货款 50 000 元。弘毅公司应根据支票存根编制如下会计分录：

借：预付账款——新明公司　　50 000

贷：银行存款　　50 000

【例 5-38】 承【例 5-37】，弘毅公司 2019 年 4 月 20 日收到新明公司发来的丙材料，增值税专用发票标明的价款为 75 000 元，增值税进项税额为 12 000 元，丙材料验收入库。弘毅公司应根据增值税专用发票、材料入库单编制如下会计分录：

借：原材料——丙材料　　75 000

应交税费——应交增值税（进项税额）　　12 000

贷：预付账款——新明公司　　87 000

【例 5-39】 2019 年 4 月 23 日，弘毅公司开出转账支票补付新明公司的货款 37 750 元。弘毅公司应根据转账支票存根编制如下会计分录：

借：预付账款——新明公司　　37 750

贷：银行存款　　37 750

在不设置“预付账款”科目的企业，发生的“预付账款”通过“应付账款”科目进行核算。

5. 材料验收入库，发票账单尚未收到

【例 5-40】 2019 年 4 月 30 日，弘毅公司从江南公司购入丙材料 2 000 千克，已验收入库，但发票账单尚未收到。每千克合同价格为 60 元。

材料验收入库，但发票账单尚未收到，平时可暂不进行账务处理。如果到了月末仍未收到结算凭证和发票账单的入库材料，可暂估入账，下月初做相反分录冲回，收到相关发票账单再按正常程序编制会计分录。

借：原材料——丙材料　　120 000

贷：应付账款——暂估应付款　　120 000

下月初做相反分录予以冲回：

借：应付账款——暂估应付款　　120 000

贷：原材料——丙材料　　120 000

【例 5-41】 （计算分析题）某公司材料采用实际成本核算，2019 年 6 月发生下列经济业务：

（1）6 月 3 日，从甲公司购入 A 材料，增值税专用发票上注明价款 150 000 元，增值税税额 24 000 元，款项以银行承兑汇票支付，材料已验收入库。

（2）6 月 5 日，从乙公司购入 B 材料，增值税专用发票上注明价款 200 000 元，增值税税额 32 000 元，乙公司代垫运费 1 500 元；款项通过银行转账支付，材料尚未收到。

（3）6 月 8 日，收到乙公司发来的 B 材料，验收入库。

（4）6 月 10 日，收到丙公司发来的 C 材料，增值税专用发票上注明价款 100 000 元，增值税税额 16 000 元。该笔货款在上月已预付 80 000 元。

（5）6 月 12 日，通过银行转账支付丙公司余款。

要求：根据上述经济业务编制会计分录。

【解析】

(1) 借：原材料——甲材料　150 000
　　应交税费——应交增值税（进项税额）　24 000
　　贷：应付票据——甲公司　174 000

(2) 借：在途物资——B 材料　201 500
　　应交税费——应交增值税（进项税额）　32 000
　　贷：银行存款　233 500

(3) 借：原材料——B 材料　201 500
　　贷：在途物资——B 材料　201 500

(4) 借：原材料——C 材料　100 000
　　应交税费——应交增值税（进项税额）　16 000
　　贷：预付账款——丙公司　116 000

(5) 借：预付账款——丙公司　37 000
　　贷：银行存款　37 000

（二）计划成本法核算的账务处理

材料采用计划成本核算时，材料的收发及结存，无论是总分类核算还是明细分类核算，均按照计划成本计价。使用的会计科目有“原材料”“材料采购”“材料成本差异”等。材料实际成本与计划成本的差异，通过“材料成本差异”科目核算。采用计划成本核算，日常可以反映材料成本是节约还是超支，从而能反映和考核物资采购业务的经营成果。因此这种方法通常适用于存货品种繁多、收发频繁的企业。

由于支付方式不同，原材料入库的时间与付款的时间可能一致，也可能不一致，其账务处理也有所不同。

1. 货款已经支付，同时材料已入库

【例 5-42】 甲公司购入 M 材料一批，增值税专用发票上注明的价款为 300 000 元，增值税税额为 48 000 元，发票账单已收到，计划成本为 310 000 元，已验收入库，全部款项以银行存款支付。

注意：在计划成本法下，购入的材料无论是否验收入库，都要首先通过“材料采购”科目进行核算，以反映企业所购材料的实际成本，从而与“原材料”科目相比较，计算确定材料成本差异。

(1) 购入材料时，弘毅公司应根据发票和银行支付凭证编制如下会计分录（按实际成本）：

借：材料采购——M 材料　300 000
　　应交税费——应交增值税（进项税额）　48 000
　　贷：银行存款　348 000

(2) 验收入库时，弘毅公司应根据材料入库单编制如下会计分录（按计划成本）：

借：原材料——M 材料　310 000
　　贷：材料采购——M 材料　310 000

(3) 结转材料成本差异时，弘毅公司应根据材料成本差异编制如下会计分录（按差异）：

借：材料采购——M 材料　10 000
　　贷：材料成本差异——M 材料　10 000

2. 货款已支付，材料尚未到达

【例 5-43】 甲公司购入 N 材料一批，增值税专用发票上注明的价款为 400 000 元，增值税税额为 64 000 元，发票账单已收到，全部款项以银行存款支付，材料尚未收到。弘毅公司应根据发票和银行支付凭证编制如下会计分录（按实际成本）：

借：材料采购——M 材料　　400 000
　　应交税费——应交增值税（进项税额）　　64 000
　　贷：银行存款　　464 000

【例 5-44】 甲公司收到上述 N 材料，以计划成本 380 000 元验收入库。弘毅公司应根据材料入库单编制如下会计分录（材料入库与差异结转可以合起来编制会计分录）：

借：原材料——M 材料　　380 000
　　材料成本差异——M 材料　　20 000
　　贷：材料采购——M 材料　　400 000

3. 货款尚未支付，材料验收入库

【例 5-45】 甲公司购入 K 材料一批，增值税专用发票上注明的价款为 500 000 元，增值税税额为 80 000 元，发票账单已收到，计划成本为 510 000 元，已验收入库，款项通过银行承兑汇票支付。

（1）购入材料时，弘毅公司应根据发票编制如下会计分录（按实际成本）：

借：材料采购——M 材料　　500 000
　　应交税费——应交增值税（进项税额）　　80 000
　　贷：应付票据　　580 000

（2）验收入库时，弘毅公司应根据材料入库单编制如下会计分录（按计划成本）：

借：原材料——M 材料　　510 000
　　贷：材料采购——M 材料　　510 000

（3）结转材料成本差异时，弘毅公司应根据材料成本差异编制如下会计分录（按差异）：

借：材料采购——M 材料　　10 000
　　贷：材料成本差异——M 材料　　10 000

注：材料验收入库，发票账单尚未收到的情形，与实际成本处理一致。

【例 5-46】 （计算分析题）某公司材料采用计划成本法核算，2019 年 8 月发生如下经济业务：

（1）8 月 5 日，购入 A 材料一批，增值税专用发票上注明的价款为 250 000 元，增值税税额为 40 000 元，供货单位代垫运杂费 3 500 元，款项通过银行转账支付，材料尚未收到。

（2）8 月 10 日，购入 B 材料一批，增值税专用发票上注明的价款为 170 000 元，增值税税额为 27 200 元，款项上月已预付 150 000 元，材料按计划成本 165 000 元验收入库。

（3）8 月 22 日，收到上述 A 材料，以计划成本 260 000 元验收入库。

（4）8 月 28 日，收到 C 材料 4 000 千克，验收入库，但发票账单尚未收到，该批材料合同价款为 200 000 元。

要求：根据业务编制 8 月 5 日、10 日、22 日、28 日、31 日的会计分录。

8 月 5 日：

借：材料采购——A 材料　　253 500
　　应交税费——应交增值税（进项税额）　　40 000
　　贷：银行存款　　293 500

8 月 10 日：

借：材料采购——B 材料　　170 000

　　应交税费——应交增值税（进项税额）　　27 200

　　贷：预付账款　　197 200

借：原材料——B 材料　　165 000

　　材料成本差异　　5 000

　　贷：材料采购——B 材料　　170 000

8 月 22 日：

借：原材料——A 材料　　260 000

　　贷：材料采购——A 材料　　253 500

　　　　材料成本差异　　6 500

8 月 28 日：

不做账务处理。

8 月 31 日：

借：原材料——C 材料　　200 000

　　贷：应付账款——暂估应付款　　200 000

模块五　生产业务的账务处理

企业产品的生产过程同时也是生产资料的消耗过程。企业在生产过程中发生的各种生产费用，是企业为获得收入而预先垫支并需要得到补偿的资金消耗。这些费用最终都要归集、分配给特定的产品，形成产品的成本。

产品成本的核算是指把一定时期内企业生产过程中所发生的费用，按其性质和发生地点分类归集、汇总、核算，计算出该时期内生产费用发生总额，并按适当方法分别计算出各种产品的实际成本和单位成本。

一、生产费用的构成

生产费用是指与企业日常生产经营活动有关的费用，按其经济用途可分为直接材料、直接人工和制造费用。

直接材料：构成产品实体的原材料及有助于产品形成的主要材料和辅助材料。

直接人工：直接从事产品生产的工人的职工薪酬。

制造费用：企业为了生产产品和提供劳务而发生的各项间接费用，包括企业生产部门（如生产车间）发生的水电费、固定资产折旧、无形资产摊销、管理人员薪酬、劳动保护费、国家规定的有关环保费用、季节性和修理期间的停工损失等。

二、账户设置

1. “生产成本”账户

（1）账户的性质：成本类账户。

（2）账户的用途：用来核算企业生产各种产品（产成品、自制半成品）、自制材料、自制工具、自制设备等发生的各项成本。

（3）账户的结构：如图 5-21 所示。

借方	贷方
应计入产品成本的各项生产费用	完工入库产品的生产成本
余额：尚未完工产品（在产品）的实际成本	

图 5-21 “生产成本”账户的结构

（4）明细账的设置：该账户可按基本生产成本和辅助生产成本进行明细核算。基本生产成本应当分别按照基本生产车间和成本核算对象（如产品品种、类别、订单、批别、生产阶段等）设置明细账，并按照规定的成本项目设置专栏。

2．“制造费用”账户

（1）账户的性质：成本类账户。

（2）账户的用途：用来核算企业生产车间（部门）为生产产品和提供劳务而发生的各项间接费用。

（3）账户的结构：如图 5-22 所示。

借方　　　制造费用	贷方
生产过程中发生的各项制造费用	月末分配结转的应由各种产品承担的制造费用

图 5-22 “制造费用”账户的结构

“制造费用”账户期末结转后一般无余额，但在季节性生产企业，期末有余额，余额可能在借方，也可能在贷方。

（4）明细账的设置：该账户应按不同的生产车间、部门和费用项目进行明细核算。

3．“应付职工薪酬”账户

（1）账户的性质：负债类账户。

（2）账户的用途：用来核算企业根据有关规定应付给职工的各种薪酬。

（3）账户的结构：如图 5-23 所示。

借方　　　应付职工薪酬	贷方
本月实际支付的职工薪酬数额	本月计算的应付给职工的薪酬总额
	余额：企业应付而未付的职工薪酬

图 5-23 “应付职工薪酬”账户的结构

（4）明细账的设置：该账户可按薪酬的类别或项目进行明细核算，如按“工资”“职工福利”“社会保险”“住房公积金”“工会经费”“职工教育经费”“非货币性福利”“辞退福利”“股份支付”等进行明细核算。

4．“库存商品”账户

（1）账户的性质：资产类账户。

（2）账户的用途：用来核算企业库存的各种商品的实际成本（或进价）或计划成本（或售价），包括库存产成品、外购商品、存放在门市部准备出手的商品、发出展览的商品及寄放在外的商品等。

（3）账户的结构：如图 5-24 所示。

借方	库存商品 贷方
验收入库商品的成本	发出商品的成本
余额：期末库存商品的成本	

图 5-24 “库存商品”账户的结构

（4）明细账的设置：该账户应按库存商品的种类、品种和规格进行明细核算。

三、账务处理

（一）材料费用的归集与分配

在确定材料费用时，应根据领料凭证区分车间、部门和不同用途后，按照确定的结果将发出材料的成本借记“生产成本”“制造费用”“管理费用”等科目，贷记“原材料”等科目。

对于直接用于某种产品生产的材料费用，应直接计入该产品生产成本明细账中的直接材料费用项目；对于由多种产品共同耗用、应由这些产品共同负担的材料费用，应选择适当的标准在这些产品之间进行分配，按分担的金额计入相应的成本计算对象（生产成品的品种、类别等）；对于为提供生产条件等间接消耗的各种材料费用，应通过“制造费用”科目进行归集，期末再同其他间接费用一起按照一定的标准分别计入有关产品成本；对于行政管理部门领用的材料费用，应计入“管理费用”科目。

【例 5-47】 2019 年 4 月 30 日，弘毅公司根据本月的领料单编制“发料凭证汇总表”，如表 5-2 所示。

表 5-2 发料凭证汇总表 附件：124 张

2019 年 4 月 单位：元

领用部门及用途	甲 材 料	乙 材 料	丙 材 料	合 计
生产车间生产 A 产品耗用	160 000	120 000		280 000
生产车间生产 B 产品耗用	60 000	80 000		140 000
小 计	220 000	200 000		420 000
生产车间一般耗用	5 000		4 000	9 000
行政管理部门耗用			1 200	1 200
合 计	225 000	200 000	5 200	430 200

弘毅公司应根据上述发料凭证汇总表编制如下会计分录：

借：生产成本——A 产品 280 000
　　　　　　——B 产品 140 000
　　制造费用 9 000
　　管理费用 1 200
　　贷：原材料 430 200

相关链接：材料发出的计价方法

（一）实际成本法下存货发出的计价方法

实际成本法下存货发出的计价方法包括先进先出法、月末一次加权平均法、移动加权平均法和个别计价法等。

1．先进先出法

先进先出法是以先入库的材料先发出这种实物流转假设为前提，对发出存货进行计价的一种方法。具体做法：收到有关存货时，逐笔登记每一批存货的数量、单价和金额；发出存货时，按照先进先出的原则计价，逐笔登记存货的发出成本和结存成本。

采用先进先出法，在物价上涨或下跌时，期末存货的成本比较接近现行市价；能比较真实地反映期末存货的实际价值。

【例 5-48】 弘毅公司采用先进先出法计算发出材料和期末结存存货的成本，2019 年 8 月原材料（甲材料）明细账如表 5-3 所示。

表 5-3　原材料明细账

材料名称：甲材料　　　　计量单位：千克；元

2019 年		摘　要	收　入			发　出			结　存		
月	日		数　量	单　价	金　额	数　量	单　价	金　额	数　量	单　价	金　额
8	1	期初结存							800	10	8 000
	5	购入	1 500	11	16 500				800 1 500	10 11	8 000 16 500
	10	发出				800 200	10 11	8 000 2 200	1 300	11	14 300
	15	购入	2 700	12	32 400				1 300 2 700	11 12	14 300 32 400
	20	发出				1 300 1 700	11 12	14 300 20 400	1 000	12	12 000
	31	本月合计	4 200	—	48 900	4 000	—	44 900	1 000	12	12 000

2．月末一次加权平均法

月末一次加权平均法是指以材料期初结存数量和本期收入数量为权数，去除当月期初存货成本和本期收入存货成本，计算出存货的加权平均单位成本，以此为基础计算出当月发出存货成本和期末结存存货成本的一种方法。其计算公式如下：

（1）$加权平均单位成本=\dfrac{期初库存存货实际成本+本期收入存货实际成本}{期初库存存货数量+本期收入存货数量}$

（2）本月发出存货成本=本月发出存货数量×加权平均成本

（3）月末库存存货成本=月末库存存货数量×加权平均成本

采用月末一次加权平均法，平时只登记发出的数量，不登记金额，在月末一次计算加权平均成本，确定本期发出存货和期末库存存货的成本，比较简单；但是月末工作量比较大，平时企业无法掌握库存存货的金额，不利于加强存货管理。

【例 5-49】 弘毅公司采用月末一次加权平均法计算发出材料的成本，原材料（甲材料）的明细账如表 5-4 所示。

表 5-4　原材料明细账

材料名称：甲材料　　　　　　　　　　　　　　　　　　　　　　　　　　　计量单位：千克；元

2019 年		摘　要	收　入			发　出			结　存		
月	日		数　量	单　价	金　额	数　量	单　价	金　额	数　量	单　价	金　额
8	1	期初结存							800	10	8 000
	5	购入	1 500	11	16 500				2 300		
	10	发出				1 000			1 300		
	15	购入	2 700	12	32 400				4 000		
	20	发出				3 000			2 000		
	31	本月合计	4 200	—	48 900	4 000	11.38	45 520	1 000	11.38	11 380

（1）甲材料加权平均成本=（8 000+48 900）÷（800+4 200）=11.38（元/千克）；

（2）本月发出材料成本=3 000×11.38=34 140（元）；

（3）月末库存存货成本=2 000×11.38=22 760（元）。

3．移动加权平均法

移动加权平均法是指以每次进货的成本加上原有库存存货的成本，除以每次进货数量加上原有库存存货的数量之和，据以计算加权平均单位成本，作为在下次进货前计算各次发出存货的单位成本。其计算公式如下：

（1）$加权平均单位成本=\dfrac{原有库存存货实际成本+本次收入存货实际成本}{原有库存存货数量+本次收入存货数量}$

（2）本次发出存货的成本=本次发出存货的数量×存货加权平均成本

（3）本次发出后库存存货成本=本次发出后存货的库存数量×存货加权平均成本

采用移动加权平均法，能随时掌握库存存货的单位成本和金额，便于实物管理，而且计算的存货成本也比较客观。但是每次购进一次存货，均要重新计算一次加权平均单价，计算工作量比较大，不适用于存货收发频繁的企业。

【例 5-50】　弘毅公司假定采用移动加权平均法计算发出存货成本，承【例 5-49】的数据，计算方法如下：

（1）5 日购入后材料的单位成本=（8 000+16 500）÷（800+1 500）≈10.65（元/千克）；

（2）10 日发出后结存材料成本=1 300×10.65=13 845（元）；

（3）10 日发出材料成本=（8 000+16 500−13 845）=10 655（元）。

注：因为单位成本不是整数，为了保证账面数字的平衡关系，一般采用倒挤成本法计算发出存货的成本。

（4）15 日购入后材料的单位成本=（13 845+32 400）÷（1 300+2 700）≈11.56（元/千克）；

（5）20 日发出后材料的结存成本=1 000×11.56=11 560（元）；

（6）20 日发出材料成本=（13 845+32 400−11 560）=34 685（元）。

4．个别计价法

个别计价法是假设存货具体项目的实际实物流转与成本流转相一致，按照各种存货逐一辨认各批发出存货和期末存货所属的购进或生产批别，分别按其购入或生产时所确定的单位成本计算各批发出存货成本和期末库存成本的一种方法。在这种方法下，把每一种存货的实际成本作为计算发出存货成本和期末存货成本的基础。

采用个别计价法，成本计算准确，符合实际情况，但在存货收发频繁的情况下，其发出成本辨认工作量较大。因此，这种方法适用于一般不能替代使用的存货，如贵重物品、船舶、飞机、珠宝等。

（二）计划成本法下存货发出的计价方法

企业采用计划成本核算时，发出存货应分别按发出材料的计划成本和应负担的材料成本差异结转，将发出材料的成本调整为实际成本。

（1）$\text{材料成本差异率}=\dfrac{\text{期初结存材料的成本差异}+\text{本期验收入库材料的成本差异}}{\text{期初结存材料的计划成本}+\text{本期验收入库材料的计划成本}}\times 100\%$

（2）发出材料应负担的成本差异=发出材料的计划成本×材料成本差异率

发出材料应负担的差异必须按月分摊，不得在季末或年末一次分摊。

【例 5-51】 甲公司 2019 年 4 月月初结存材料的计划成本为 250 000 元，材料成本差异账户贷方余额为 7 500 元，本月购入材料的计划成本为 750 000 元，实际成本为 735 000 元；本月发出材料如下：生产车间生产产品领用材料计划成本 620 000 元，生产车间一般耗用材料计划成本 50 000 元，企业行政管理部门一般耗用材料计划成本 30 000 元。

（1）弘毅公司按发料凭证汇总表编制发出材料计划成本的会计分录：

借：生产成本	620 000	
制造费用	50 000	
管理费用	30 000	
贷：原材料		700 000

（2）弘毅公司根据材料差异率计算表编制结转差异的会计分录：

材料成本差异率=（−7 500−15 000）÷（250 000+750 000）×100%=−2.25%

借：材料成本差异	15 750	
贷：生产成本		13 950
制造费用		1 125
管理费用		675

（二）职工薪酬账务处理

职工薪酬是指企业为获得职工提供的服务或解除劳动合同关系而给予的各种形式的报酬或补偿。具体包括短期薪酬、离职后福利、辞退福利和其他长期职工福利。企业提供给职工配偶、子女、受赡养人、已故员工遗属及其他收益人等福利，也属于职工薪酬。

1．计提应付职工薪酬的账务处理

对于当期职工薪酬，企业应当在职工为其提供服务的会计期间，按实际发生额确认为负债，并计入当期损益或相关资产成本。企业应当根据职工提供的受益对象，按下列情况分别处理。

（1）应由生产产品、提供劳务负担的当期职工薪酬，计入产品成本或劳务成本。其中，生产车间的当期职工薪酬应借记“生产成本”科目，贷记“应付职工薪酬”科目；生产车间管理人员的当期职工薪酬属于间接费用，应借记“制造费用”科目，贷记“应付职工薪酬”科目。

当企业采用计件工资时，生产工人的当期职工薪酬属于直接费用，应直接计入有关产品成本；当企业采用计时工资制时，对于只生产一种产品的生产工人的当期职工薪酬也属于直接费用，应当直接计入产品成本，对于同时生产多种产品的生产工人的当期职工薪酬，则需采用一定的分配标准（实际生产工时或定额生产工时等）分配计入产品成本。

（2）应由在建工程、无形资产负担的当期职工薪酬，计入建造固定资产或无形资产成本。

（3）除上述两种情况之外的其他当期职工薪酬应计入当期损益。如企业行政管理部门人员和专设销售机构销售人员的当期职工薪酬均属于期间费用，应分别借记“管理费用”“销售费用”等科目，贷记“应付职工薪酬”科目。

【例 5-52】 2019 年 4 月 30 日，弘毅公司根据考勤记录和有关资料计算分配职工工资，编制“职工工资分配汇总表”，如表 5-5 所示。

表 5-5 职工工资分配汇总表

2019 年 4 月 单位：元

项　目	应 付 工 资
生产 A 产品工人	45 000
生产 B 产品工人	24 000
小　计	69 000
生产车间管理人员	16 000
企业行政管理人员	28 000
专设销售机构人员	14 000
合　计	127 000

弘毅公司应根据“职工工资分配汇总表”编制如下会计分录：

借：生产成本——A 产品　　45 000
　　　　　　——B 产品　　24 000
　　制造费用　　16 000
　　管理费用　　28 000
　　销售费用　　14 000
　　贷：应付职工薪酬——职工工资　　127 000

2．提取“五险一金”的账务处理

企业职工薪酬除了职工工资分配外，还应按工资总额的一定比例计提法定的职工养老保险、医疗保险、失业保险、工伤保险、生育保险五项社会保险费和非法定的住房公积金等。

【例 5-53】 2019 年 4 月 30 日，弘毅公司根据国家有关规定，按照应付工资总额的 20%计提职工养老保险费，编制“职工养老保险费计算分配表”，如表 5-6 所示。

表 5-6 职工养老保险费计算分配表

2019 年 4 月 单位：元

项　目	应 付 工 资	应提取的职工养老保险费（20%）
生产 A 产品工人	45 000	9 000
生产 B 产品工人	24 000	4 800
小　计	69 000	13 800
生产车间管理人员	16 000	3 200
企业行政管理人员	28 000	5 600
专设销售机构人员	14 000	2 800
合　计	127 000	25 400

弘毅公司应根据“职工养老保险费计算分配表”编制如下会计分录：

借：生产成本——A 产品　　9 000

　　　　　　——B 产品　　4 800

　　制造费用　　3 200

　　管理费用　　5 600

　　销售费用　　2 800

　　贷：应付职工薪酬——社会保险费　　25 400

3．发放职工薪酬的账务处理

【例 5-54】 2019 年 4 月 12 日，弘毅公司通过银行转账形式发放职工 4 月份工资 127 000 元。弘毅公司应根据“职工工资发放汇总表”及银行付款通知编制如下会计分录：

借：应付职工薪酬——职工工资　　127 000

　　贷：银行存款　　127 000

（三）相关业务的账务处理

弘毅公司 2019 年 4 月有关经济业务如下所述。

【例 5-55】 2 日，开出现金支票，从银行提取现金 20 000 元作为备用金。弘毅公司应根据支票存根编制如下会计分录：

借：库存现金　　20 000

　　贷：银行存款　　20 000

【例 5-56】 3 日，业务员张海因公出差，预借差旅费 3 000 元，出纳员以现金支付。弘毅公司应根据业务员填制的借款单编制如下会计分录：

借：其他应收款——张海　　3 000

　　贷：库存现金　　3 000

【例 5-57】 12 日，业务员张海回单位报销差旅费 2 800 元，交回现金 200 元。弘毅公司应根据差旅费报销单及收款收据编制如下会计分录：

借：管理费用　　2 800

　　库存现金　　200

　　贷：其他应收款——张海　　3 000

【例 5-58】 15 日，以银行存款支付下季度财产保险费 9 000 元。弘毅公司应根据保险费发票和银行付款单据编制如下会计分录：

借：预付账款——财产保险费　　9 000

　　贷：银行存款　　9 000

【例 5-59】 28 日，以银行存款支付本月电费 4 200 元，其中生产车间发生 3 000 元，行政管理部门发生 1 200 元。弘毅公司应根据电费发票和银行付款单据编制如下会计分录：

借：制造费用　　3 000

　　管理费用　　1 200

　　贷：银行存款　　4 200

【例 5-60】 30 日，摊销本月应负担的财产保险费 2 800 元，其中生产车间 1 600 元，企业管理部门 1 200 元（本月摊销的保险费系 3 月份预付）。弘毅公司应根据保险费摊销计算表编制如下会计分录：

借：制造费用　　　　　　　　　　　　1 600
　　管理费用　　　　　　　　　　　　1 200
　贷：预付账款——财产保险费　　　　　　2 800

（四）制造费用的分配

企业发生的制造费用，应当按照合理的分配标准按月计入各成本核算对象的生产成本。企业可以采用的分配标准包括生产工人工时、机器工时、计划分配率等。结转或分摊时，借记“生产成本”等科目，贷记“制造费用”科目。

【例 5-61】 2019 年 4 月 30 日，弘毅公司汇总本月发生的制造费用为 41 600 元，假定弘毅公司按生产工人工时比例在 A、B 两种产品之间分配制造费用。本月统计的两种产品发生的生产工时为：A 产品 14 000 小时，B 产品 12 000 小时。

（1）弘毅公司应根据本期制造费用账户归集的金额编制制造费用分配表分配制造费用，如表 5-7 所示。

表 5-7　制造费用分配表

2019 年 4 月

产品名称	生产工人工时（小时）	分配率	分配金额（元）
A 产品	14 000		22 400
B 产品	12 000		19 200
合　计	26 000	1.60	41 600

弘毅公司负责人：凌云　　　　制表：成园

注：制造费用分配率=41 600÷（14 000+12 000）=1.60；
A 产品负担的制造费用=14 000×1.60=22 400（元）；
B 产品负担的制造费用=12 000×1.60=19 200（元）。

（2）进行账务处理。

弘毅公司应根据制造费用分配表编制如下会计分录：

借：生产成本——A 产品　　　　　　22 400
　　　　　　——B 产品　　　　　　19 200
　贷：制造费用　　　　　　　　　　　41 600

（五）完工产品成本的计算与结转

产品成本计算是指将企业生产过程中为制造产品所发生的各种费用按照成本计算对象进行归集和分配，以便计算各种产品的总成本和单位成本。有关成本信息是进行库存商品计价和确定销售成本的依据，产品生产成本计算是会计核算的一项重要内容。

企业应设置生产成本明细账，用来归集应计入各种产品的生产费用。通过对材料费用、职工薪酬和制造费用的归集和分配，将企业各月生产产品所发生的生产费用记入“生产成本”科目中。

如果月末某种产品全部完工，该种产品生产成本明细账所归集的费用总额就是该种完工产品的总成本，用完工产品总成本除以该种产品的完工产量即可计算出该种产品的单位成本。如果月末某种产品全部未完工，该种产品生产成本明细账所归集的费用总额就是该种产品在产品的总成本。

如果月末某种产品一部分完工、一部分未完工，这时归集在产品明细账中的费用总额还要采取适当的分配方法在完工产品和在产品之间进行分配，然后才能计算出完工产品的总成本和单位成本。完工产品成本的基本计算公式为：

完工产品成本=期初在产品的成本+本月生产费用−期末在产品的成本

【例 5-62】 假设弘毅公司 A 产品 4 月初在产品成本为 6 950 元（其中直接材料为 4 800 元、直接人工为 1 400 元、制造费用为 750 元）；B 产品 4 月初无在产品成本。

本月发生的相关生产费用如下。

A 产品：领用原材料 280 000 元，生产工人工资 45 000 元，制造费用 22 400 元。

B 产品：领用原材料 140 000 元，生产工人工资 24 000 元，制造费用 19 200 元。

4 月末，A 产品完工入库 560 件，完工产品成本为 348 920 元，期末还有 5 件尚未完工的在产品，在产品成本为 5 430 元，其中直接材料为 3 600 元、直接人工为 1 200 元、制造费用为 630 元；生产的 B 产品投产 350 件全部完工并验收入库，完工产品成本为 183 200 元。A、B 产品生产成本明细账如表 5-8、表 5-9 所示。

表 5-8　A 产品生产成本明细账

2019 年 4 月　　产品名称：A 产品

单位：元

摘　要	成 本 项 目			成 本 合 计
	直 接 材 料	直 接 人 工	制 造 费 用	
月初在产品成本	4 800	1 400	750	6 950
本月生产成本	280 000	45 000	22 400	347 400
合 计	284 800	46 400	23 150	354 350
完工产品成本	281 200	45 200	22 520	348 920
月末在产品成本	3 600	1 200	630	5 430

表 5-9　B 产品生产成本明细账

2019 年 4 月　　产品名称：B 产品

单位：元

摘　要	成 本 项 目			成 本 合 计
	直 接 材 料	直 接 人 工	制 造 费 用	
本月生产成本	140 000	24 000	19 200	183 200
完工产品成本	140 000	24 000	19 200	183 200

弘毅公司应根据 A、B 产品生产成本明细账编制如下会计分录：

借：库存商品——A 产品　　348 920

　　　　　——B 产品　　183 200

　贷：生产成本——A 产品　　348 920

　　　　　　——B 产品　　183 200

【例 5-63】（计算分析题）2019 年 9 月，甲公司某车间生产完成 A 产品 200 件和 B 产品 300 件，月末完工产品全部入库。

（1）领用原材料 6 000 吨，其中 A 产品耗用 4 000 吨、B 产品耗用 2 000 吨，该原材料单价为每吨150元。

（2）生产A产品发生的直接生产工人工时5 000小时，B产品3 000小时，每工时的标准工资为20元。

（3）生产车间发生管理人员工资、折旧费、水电费等100 000元，该车间本月仅生产A产品和B产品，甲公司采用生产工人工时比例法对制造费用进行分配，月末均不存在在产品。

要求：

（1）计算A产品应分配的制造费用；

（2）计算B产品应分配的制造费用；

（3）计算A产品当月生产成本；

（4）计算B产品当月生产成本；

（5）编制完工产品入库的会计分录。

【答案】

制造费用分配率=100 000÷（5 000+3 000）=12.5

（1）A产品应分配的制造费用=5 000×12.5=62 500（元）；

（2）B产品应分配的制造费用=3 000×12.5=37 500（元）；

（3）A产品当月生产成本=4 000×150+5 000×20+62 500=762 500（元）；

（4）B产品当月生产成本=2 000×150+3 000×20+37 500=397 500（元）；

（5）借：库存商品　　　　　　　　1 160 000

　　　贷：生产成本　　　　　　　　1 160 000

【例5-64】（计算分析题）某公司生产甲、乙两种产品，6月初甲产品在产品成本5 800元，乙产品无月初在产品成本。6月份发生相关业务如下：

（1）月末发出材料汇总如下：甲产品领用材料54 000元，乙产品领用材料26 000元，生产车间一般耗用材料5 000元。

（2）月末分配本月职工工资如下：甲产品生产工人工资28 000元，乙产品生产工人工资12 000元，车间管理人员工资8 000元。

（3）月末计提固定资产折旧5 000元，其中生产车间3 000元，行政管理部门2 000元。

（4）月末按生产工人工时比例分配本月制造费用，甲产品生产工人工时1 200工时，乙产品生产工人工时800工时。

（5）本月甲产品全部没有完工，乙产品全部完工。

要求：

（1）根据业务（1）～（4）编制会计分录；

（2）计算甲产品月末在产品成本和乙产品完工产品成本。

【答案】

（1）借：生产成本——甲　　　　　54 000

　　　　　　　　——乙　　　　　26 000

　　　制造费用　　　　　　　　　5 000

　　　贷：原材料　　　　　　　　　85 000

（2）借：生产成本——甲　　　　　28 000

　　　　　　　　——乙　　　　　12 000

　　　制造费用　　　　　　　　　8 000

　　　贷：应付职工薪酬——职工工资　　48 000

（3）借：制造费用　　3 000
　　　管理费用　　2 000
　　　贷：累计折旧　　5 000

（4）（5 000+8 000+3 000）÷（1 200+800）=8（元/工时）

甲产品应负担的制造费用=1 200×8=9 600（元）

乙产品应负担的制造费用=800×8=6 400（元）

借：生产成本——甲　　9 600
　　　　　　——乙　　6 400
　贷：制造费用　　16 000

（5）甲产品在产品成本=5 800+（54 000+28 000+9 600）=97 400（元）

乙产品完工产品成本=26 000+12 000+6 400=44 400（元）。

模块六　销售业务账务处理

销售业务账务处理涉及商品销售、其他销售等业务收入、成本、费用和相关税费的确认与计量等内容。

一、商品销售收入的确认

企业销售商品收入的确认，必须同时符合以下条件。

（1）企业已将商品所有权上的主要风险和报酬转移给购货方。企业已将商品所有权上的主要风险和报酬转移给购货方，是指与商品所有权有关的主要风险和报酬同时转移给了购货方。其中，与商品所有权有关的风险，是指商品可能发生减值或毁损等形成的损失；与商品所有权有关的报酬，是指商品价值增值或通过使用商品等形成的经济利益。

（2）企业既没有保留通常与所有权相联系的继续管理权，也没有对已售出的商品实施有效控制。在通常情况下，企业售出商品后不再保留与商品所有权相联系的继续管理权，也不再对售出商品实施有效控制。如果对售出商品实施继续管理，既可能源于仍拥有商品的所有权，也可能与商品的所有权没有关系。如果商品出售后，企业仍保留与商品所有权相联系的继续管理权或对商品实施有效控制，则说明此项销售交易没有完成，销售不能成立。

（3）收入的金额能够可靠地计量，是指收入的金额能够合理地估计，如果收入的金额不能够合理估计，则无法确认收入。

（4）相关的经济利益很可能流入企业，是指销售商品的价款收回的可能性大于不能收回的可能性，即销售商品价款收回的可能性超过 50%。

（5）相关的已发生或将发生的成本能够可靠地计量。

在通常情况下，销售商品相关成本的发生或将要发生的成本能够合理地估计，如库存商品的成本、商品运输费用等。有时，销售商品相关的已发生的或将发生的成本不能够合理地估计，此时企业不能确认收入，已收到的价款应确认为负债。

相关链接　销售实现的具体确定时间与商业折扣、现金折扣、销售折让

（一）销售收入确认的时间

企业判断销售商品收入满足确认条件的，应当提供确凿证据。在通常情况下，交款提货销售商品的，在开出发票账单收到货款时确认为收入；销售商品采用托收承付方式的，在办妥托收手续时确认为收入；采用预收货款方式的，在发出商品时确认为收入；采用委托代销商品方式的，在收到受托方开出的代销清单时确认为收入。

（二）商业折扣、现金折扣和销售折让

1．商业折扣

商业折扣是指企业为促进商品销售而给予的价格扣除。例如，企业为鼓励客户多买商品，可能规定客户购买 10 件以上给予 10%的折扣，或者客户购买 10 件送 1 件。商业折扣在销售时即已发生，并不构成最终成交价格的一部分。企业销售商品涉及商业折扣的，应当按照扣除商业折扣后的金额确定商品销售收入金额。

2．现金折扣

现金折扣是指债权人为鼓励债务人在规定时间内付款而向债务人提供的债务扣除。现金折扣一般用“折扣率/付款期限”来表示。例如，“2/10”“1/20”“*n*/30”表示：销货方允许客户最长的付款期限为 30 天，如果客户在 10 天内付款，销货方可按商品价格给予客户 2%的折扣；如果客户在 11—20 天内付款，销货方可按商品价格给予客户 1%的折扣；如果客户在 21—30 天内付款，将不能享受现金折扣。企业销售商品涉及现金折扣的，应当按照扣除现金折扣前的金额确定销售商品收入金额，现金折扣发生时，作为理财费用计入财务费用。

3．销售折让

销售折让是指销货企业因售出商品的质量不合格等原因在售价上给予的减让。发生销售折让时应冲减当期的商品销售收入，如按规定允许扣减增值税税额的，还应冲减已确认的应交增值税销项税额。

二、账户设置

1．“主营业务收入”账户

（1）账户的性质：损益类账户。

（2）账户的用途：用来核算企业销售商品、提供劳务等主营业务的收入。

（3）账户的结构：如图 5-25 所示。

借方　　　　　　主营业务收入	贷方
销售退回和销售折让冲减的主营业务收入 期末转入“本年利润”账户的主营业务收入	实现的主营业务收入

图 5-25 “主营业务收入”账户的结构

（4）明细账的设置：该账户应按照主营业务的种类进行明细核算。

2．“其他业务收入”账户

（1）账户的性质：损益类账户。

（2）账户的用途：用来核算确认的除主营业务收入以外的其他经营活动实现的收入，包括出租固定资产、出租无形资产、出租包装物、销售材料等。

（3）账户的结构：如图 5-26 所示。

借方　　　　　　其他业务收入	贷方
期末转入“本年利润”账户的其他业务收入	实现的其他业务收入

图 5-26 “其他业务收入”账户的结构

（4）明细账的设置：该账户应按其他业务种类设置明细账，进行明细分类核算。

3. “应收账款”账户

（1）账户的性质：资产类账户。

（2）账户的用途：用来核算企业因销售商品、提供劳务等经营活动应收取的款项。

（3）账户的结构：如图 5-27 所示。

借方　　　　　　应收账款	贷方
销售商品及提供劳务等方式的应收款项，包括应收取的价款、税款和代垫款等	已经收回的应收款项
余额：期末尚未收回的应收账款	

图 5-27 “应收账款”账户的结构

（4）明细账的设置：该账户应按不同的债务人进行明细分类核算。

4. “应收票据”账户

（1）账户的性质：资产类账户。

（2）账户的用途：用来核算企业因销售商品、提供劳务等而收到的商业汇票。

（3）账户的结构：如图 5-28 所示。

借方　　　　　　应收票据	贷方
企业收到的应收票据	票据到期收回的应收票据
余额：企业持有的商业汇票的票面金额	

图 5-28 “应收票据”账户的结构

（4）明细账的设置：该账户可按开出、承兑商业汇票的单位进行明细核算。

5. “预收账款”账户

（1）账户的性质：负债类账户。

（2）账户的用途：用来核算企业按照合同规定预收的款项。预收账款情况不多的，也可以不设置本账户，将预收账款直接记入“应收账款”账户。

（3）账户的结构：如图 5-29 所示。

借方　　　　　　预收账款	贷方
销售实现时按实现的收入转销的预收账款	向购货单位预收的款项等
余额：企业已转销但尚未收取的款项	余额：企业预收的款项

图 5-29 “预收账款”账户的结构

（4）明细账的设置：该账户可按购货单位进行明细核算。

6．“主营业务成本”账户

（1）账户的性质：损益类账户。

（2）账户的用途：用来核算企业因销售商品、提供劳务等主营业务收入时应结转的成本。

（3）账户的结构：如图5-30所示。

借方	主营业务成本 贷方
主营业务方式的实际成本	期末转入“本年利润”账户的主营业务成本

图5-30 “主营业务成本”账户的结构

（4）明细账的设置：该账户应按产品的类别进行明细核算。

7．“其他业务成本”账户

（1）账户的性质：损益类账户。

（2）账户的用途：用来核算企业确认的除主营业务活动以外的其他经营活动而发生的支出，包括销售材料成本、出租固定资产折旧、出租无形资产的摊销额、出租包装物的成本或摊销额等。

（3）账户的结构：如图5-31所示。

借方	其他业务成本 贷方
其他业务的支出额	期末转入“本年利润”账户的其他业务支出额

图5-31 “其他业务成本”账户的结构

（4）明细账的设置：该账户应按其他业务的种类进行明细核算。

8．“税金及附加”账户

（1）账户的性质：损益类账户。

（2）账户的用途：用来核算企业经营活动应负担的相关税费，包括消费税、城市维护建设税、教育费附加、资源税、房产税、城镇土地使用税、车船税、印花税等。

（3）账户的结构：如图5-32所示。

借方	税金及附加 贷方
企业应负担的与经营活动有关的相关税费	期末转入“本年利润”账户的与经营活动相关的税费

图5-32 “税金及附加”账户的结构

（4）明细账设置：该账户应按应交的税费项目进行明细核算。

三、账务处理

（一）主营业务收入的账务处理

企业销售商品或提供劳务实现的收入，应按实际收到、应收或预收的金额，借记“银行存款”“应收账款”“应收票据”“预收账款”等科目，按确认的营业收入，贷记“主营业务收入”，对于增值税销项税额，一般纳税人应贷记“应交税费——应交增值税（销项税额）”科目；小规模纳税人应贷记“应交税费——应交增值税”科目。

【例 5-65】 2019 年 4 月 5 日，弘毅公司销售给新明公司 A 产品 50 件，每件售价 850 元，计 42 500 元，增值税 6 800 元，款项已收存银行存款账户。弘毅公司应根据销售发票和银行进账单编制如下会计分录：

借：银行存款　　49 300
　贷：主营业务收入　　42 500
　　应交税费——应交增值税（销项税额）　　6 800

【例 5-66】 2019 年 4 月 10 日，弘毅公司销售给南方公司 B 产品 200 件，每件售价 800 元，计 160 000 元，增值税 25 600 元，收到南方公司开来的银行承兑汇票。弘毅公司应根据销售发票编制如下会计分录：

借：应收票据——南方公司　　185 600
　贷：主营业务收入　　160 000
　　应交税费——应交增值税（销项税额）　　25 600

【例 5-67】 2019 年 4 月 23 日，弘毅公司按购销协议收到茂源公司预付 B 产品货款 50 000 元，款项存入银行。弘毅公司应根据银行进账单编制如下会计分录：

借：银行存款　　50 000
　贷：预收账款——茂源公司　　50 000

【例 5-68】 弘毅公司 2019 年 4 月 25 日，向茂源公司发出 B 产品 60 件，每件售价 800 元，计 48 000 元，增值税销项税额 7 680 元。弘毅公司应根据销售发票编制如下会计分录：

借：预收账款——茂源公司　　55 680
　贷：主营业务收入　　48 000
　　应交税费——应交增值税（销项税额）　　7 680

【例 5-69】 2019 年 4 月 27 日，弘毅公司收到茂源公司补付余款 5 680 元，款项存入银行。弘毅公司应根据银行进账单编制如下会计分录：

借：银行存款　　5 680
　贷：预收账款——茂源公司　　5 680

在不设置“预收账款”科目的企业，发生的预收账款通过“应收账款”科目核算。

（二）主营业务成本的账务处理

期末，企业应根据本期销售各种商品、提供各种劳务等实际成本，计算应结转的主营业务成本，借记“主营业务成本”科目，贷记“库存商品”“劳务成本”等科目。

采用计划成本或售价核算库存商品的，平时的营业成本按计划成本或售价结转，月末还应结转本月销售商品应分摊的商品成本差异或商品进销差价。

【例 5-70】 31 日，结转本月已销售产品的生产成本：A 产品销售数量 450 件，每件生产成本 623 元，计 280 350 元；B 产品销售数量 320 件，每件成本 524 元，计 167 680 元。弘毅公司应根据产品销售成本计算单编制如下会计分录：

借：主营业务成本——A 产品　　280 350
　　　　　　　　——B 产品　　167 680
　贷：库存商品——A 产品　　280 350
　　　　　　　——B 产品　　167 680

（三）其他业务收入与成本的账务处理

主营业务和其他业务的划分并不是绝对的，一个企业的主营业务可能是另外一个企业的其他业务，即便在同一个企业，不同期间的主营业务和其他业务的内容也不是固定不变的。

当企业发生其他业务收入时，借记“银行存款”“应收账款”“应收票据”等科目，按确定的收入金额，贷记“其他业务收入”科目，同时确认有关税金；在结转其他业务收入的同一会计期间，企业应根据本期应结转的其他业务成本金额，借记“其他业务成本”科目，贷记“原材料”“累计折旧”“应付职工薪酬”等科目。

【例 5-71】 15 日，销售给民光公司甲材料 100 千克，每千克售价 200 元，计 20 000 元，增值税 3 200 元，贷款收到存入银行。弘毅公司应根据销售发票和银行进账单编制如下会计分录：

借：银行存款　　23 200

　贷：其他业务收入　　20 000

　　　应交税费——应交增值税（销项税额）　　3 200

【例 5-72】 30 日，结转本月已销售甲材料的成本：甲材料销售数量 100 千克，每千克成本 150 元，计 15 000 元。弘毅公司应根据材料销售成本计算单编制如下会计分录：

借：其他业务成本　　15 000

　贷：原材料——甲材料　　15 000

【例 5-73】 30 日，收到出租的厂房租金 50 000 元，存入银行。同时计提出租厂房折旧费用 4 000 元。弘毅公司应根据银行收账通知、折旧计算表编制如下会计分录：

借：银行存款　　50 000

　贷：其他业务收入　　50 000

借：其他业务成本　　4 000

　贷：累计折旧　　4 000

（四）税金及附加的账务处理

税金及附加是指企业经营活动应负担的相关税费，包括消费税、城市维护建设税、教育费附加、资源税、房产税、城镇土地使用税、车船税、印花税等。

城市维护建设税和教育费附加是对从事生产经营活动的单位和个人，以其实际缴纳的增值税、消费税等为依据，按照纳税人所在地使用不同税率计算征收的一种税。按规定计算确定的与经营活动相关的城市维护建设税和教育费附加，企业应借记“税金及附加”科目，贷记“应交税费”科目。

【例 5-74】 （计算分析题）甲公司 2019 年 6 月发生下列业务：

（1）7 日，向 A 公司销售商品一批，开具的增值税专用发票上注明的售价为 150 000 元，增值税税额为 24 000 元，款项尚未收到。该批商品成本为 115 000 元。

（2）9 日，根据与 B 公司签订的协议，预收 B 公司货款 50 000 元，款项存入银行。

（3）10 日，向 C 公司销售多余材料一批，开具的增值税专用发票上注明的售价为 80 000 元，增值税税额为 12 800 元，款项存入银行，该批材料成本为 52 000 元。

（4）15 日，收到 D 公司到期承兑的银行承兑汇票款 145 000 元，存入银行。

（5）30 日，计算应交城市维护建设税 7 000 元，教育费附加 3 000 元。

要求：根据上述经济业务编制会计分录。

【答案】

（1）借：应收账款——A公司　　174 000

　　贷：主营业务收入　　150 000

　　　　应交税费——应交增值税（销项税额）　　24 000

　借：主营业务成本　　115 000

　　贷：库存商品　　115 000

（2）借：银行存款　　50 000

　　贷：预收账款——B公司　　50 000

（3）借：预收账款　　92 800

　　贷：其他业务收入　　80 000

　　　　应交税费——应交增值税（销项税额）　　12 800

　借：其他业务成本　　52 000

　　贷：原材料　　52 000

（4）借：银行存款　　145 000

　　贷：应收票据　　145 000

（5）借：税金及附加　　10 000

　　贷：应交税费——应交城市维护建设税　　7 000

　　　　　　　　——应交教育费附加　　3 000

模块七　期间费用的账务处理

一、期间费用的构成

期间费用是指企业日常活动中不能直接归属于某个特定产品成本核算对象的，在发生时应直接计入当期损益的各种费用。期间费用包括管理费用、销售费用和财务费用。

管理费用是指企业为组织管理企业生产经营活动所发生的各种费用，包括企业在筹建期间发生的开办费、董事会和行政部门在企业的经营管理过程中发生的或应由企业统一承担的公司经费（包括行政管理部门职工薪酬、物料消耗、低值易耗品、办公费和差旅费）、董事会费（包括董事会成员津贴、会议费和差旅费等）、聘请中介机构费、咨询费、诉讼费、业务招待费、技术转让费、矿产资源补偿费、研究费用、排污费及企业车间、行政管理部门发生的固定资产修理费等。

销售费用是指企业销售商品和材料、提供劳务的过程中发生的各种费用，包括企业在销售商品过程中发生的包装费、保险费、展览费、广告费、商品维修费、预计产品质量保障损失、运输费、装卸费等，以及企业发生的为销售商品而专设销售机构的职工薪酬、业务费、折旧费、固定资产维修费等费用。

财务费用是指企业为筹集生产经营所需资金等而发生的筹资费用，包括利息支出（减利息收入）、汇兑损失及相关的手续费、企业发生或收到的现金折扣。

二、账户设置

1．“管理费用”账户

（1）账户的性质：损益类账户。

（2）账户的用途：用来核算企业为组织和管理企业生产经营活动所发生的费用。

（3）账户的结构：如图 5-33 所示。

借方　　　　管理费用　　　　贷方

发生的各项管理费用	期末转入“本年利润”账户的管理费用额

图 5-33　“管理费用”账户的结构

（4）明细账的设置：该账户可按费用项目设置明细项目，进行明细分类核算。

2．“销售费用”账户

（1）账户的性质：损益类账户。

（2）账户的用途：用来核算企业发生各项销售费用。

（3）账户的结构：如图 5-34 所示。

借方　　　　销售费用　　　　贷方

发生的各项销售费用	期末转入“本年利润”账户的销售费用额

图 5-34　“销售费用”账户的结构

（4）明细账的设置：该账户可按费用项目设置明细项目，进行明细分类核算。

3．“财务费用”账户

（1）账户的性质：损益类账户。

（2）账户的用途：用来核算企业为筹集生产经营资金等而发生的筹资费用。为购建或生产满足资本化条件的资产发生的应予资本化的借款费用，通过“在建工程”等账户核算。

（3）账户的结构：如图 5-35 所示。

借方　　　　财务费用　　　　贷方

发生的各项财务费用	期末转入“本年利润”账户的财务费用额

图 5-35　“财务费用”账户的结构

（4）明细账的设置：该账户可按费用项目设置明细项目，进行明细分类核算。

三、账务处理

（一）管理费用的账务处理

企业在筹建期间内发生的开办费，包括人员工资、办公费、培训费、差旅费、印刷费、注册费及不计入成本的借款费用等在实际发生时，借记“管理费用”科目，贷记“应付利息”“银行存款”等科目。

行政管理部门人员的职工薪酬，借记“管理费用”科目，贷记“应付职工薪酬”科目。

行政管理部门计提的固定资产折旧，借记“管理费用”科目，贷记“累计折旧”科目。

行政管理部门发生的办公费用、水电费、业务招待费、聘请中介机构费、咨询费、诉讼费、技术转让费、企业研究费用，借记“管理费用”科目，贷记“银行存款”等科目。

【例 5-75】 2019 年 4 月 19 日，弘毅公司以银行存款支付生产车间设备维修费 6 000 元，行政管理部门设备维修费 3 000 元。弘毅公司应根据修理费发票和银行付款单编制如下会计分录：

借：管理费用　　9 000

　贷：银行存款　　9 000

（二）销售费用账务处理

企业在销售过程中发生的包装费、保险费、展览费和广告费、运输费、装卸费等费用，借记“销售费用”科目，贷记“库存现金”“银行存款”科目。

企业发生的为销售本企业商品而专设的销售机构的职工薪酬、业务费等费用，借记“销售费用”科目，贷记“应付职工薪酬”“银行存款”“累计折旧”等科目。

【例 5-76】 2019 年 4 月 18 日，弘毅公司以银行存款支付产品广告费 1 500 元。弘毅公司应根据销售费用发票和银行付款单编制如下会计分录：

借：销售费用　　1 500

　贷：银行存款　　1 500

【例 5-77】 2019 年 4 月 20 日，弘毅公司以现金支付销售商品的运输费（送货制）320 元。弘毅公司应根据销售费用发票编制如下会计分录：

借：销售费用　　320

　贷：库存现金　　320

（三）财务费用的账务处理

企业发生的财务费用，借记“财务费用”科目，贷记“银行存款”“应付利息”等科目。发生的应冲减财务费用的利息收入、汇兑损益、购货现金折扣，借记“银行存款”“应付账款”科目。

【例 5-78】 2019 年 4 月 25 日，弘毅公司以银行存款支付银行承兑汇票手续费 260 元。弘毅公司应根据手续费发票和银行付款单编制如下会计分录：

借：财务费用　　260

　贷：银行存款　　260

【例 5-79】 2019 年 6 月 30 日，弘毅公司收到银行存款利息收入 2 560 元。弘毅公司应根据利息收入单和银行收款单编制如下会计分录：

借：银行存款　　2 560

　贷：财务费用　　2 560

【例 5-80】 （判断题）企业支付行政管理人员的职工薪酬应借记“管理费用”科目。

【答案】 ×

【解析】 企业支付的职工工资均应通过“应付职工薪酬”科目核算；期末计提的行政管理人员薪酬记入“管理费用”科目。

【例 5-81】 （多选题）下列记入“管理费用”科目的项目有（　　）。

A．生产车间固定资产修理费　　B．业务招待费
C．手续费　　D．坏账损失

【答案】AB

【解析】手续费记入“财务费用”科目，坏账损失记入“坏账准备”科目。

【例 5-82】 （单选题）企业取得的银行存款利息收入应贷记（　　）科目。

A．“营业外收入”　　B．“其他业务收入”　　C．“财务费用”　　D．“投资收益”

【答案】C

【解析】企业取得的银行存款利息收入应冲减财务费用。

相关链接：应收账款减值（坏账准备）的账务处理

企业的各项应收款项，可能会因购货人拒付、破产、死亡等原因而无法收回。这类无法收回的应收账款就是坏账。企业因坏账而遭受的损失为坏账损失。企业在资产负债表日应当对应收款项进行减值测试，对可能收不回的应收款项计提坏账准备。确定应收账款减值有两种方法，即直接转销法和备抵法。我国《企业会计准则》规定，确定应收款项的减值只能采用备抵法。

1．计提坏账准备的账务处理

当期应计提的坏账准备=当期按应收款项余额×坏账计提比例-（或+）“坏账准备”科目的贷方（或借方）余额

计算出来当期应提取的坏账准备若为正数，表示应当补提的坏账准备金额；若为负数，则表示应当冲减的坏账准备金额。

计提坏账准备时，应借记“资产减值损失”科目，贷记“坏账准备”科目；冲减多计提的坏账准备时，应借记“坏账准备”科目，贷记“资产减值损失”科目。

【例 5-83】 2019 年 12 月 31 日，弘毅公司对甲公司应收账款进行减值测试，应收账款余额为 400 000 元，并根据甲公司的资信情况确定按 5%计提坏账准备，坏账准备科目贷方余额为 14 000 元。弘毅公司应根据坏账准备计提表编制会计分录如下：

当期应计提的坏账准备=400 000×5%-14 000=6 000（元）

借：资产减值损失　　6 000
　　贷：坏账准备　　6 000

2．发生坏账的账务处理

企业实际发生坏账时，应借记“坏账准备”科目，贷记“应收账款”“其他应收款”等科目。

【例 5-84】 2019 年 5 月，弘毅公司确认甲公司的应收账款 8 000 元因该公司破产无法收回，经批准确认为坏账损失。弘毅公司应根据相关坏账确认报告编制如下会计分录：

借：坏账准备　　8 000
　　贷：应收账款——甲公司　　8 000

3．已确认并转销的应收款项又收回的账务处理

已确认并转销的应收款项又收回的，应按照实际收回的金额增加坏账准备的账面金额，借记“应收账款”“其他应收款”等科目，贷记“坏账准备”科目；同时，借记“银行存款”科目，贷记“应收账款”“其他应收款”科目。

【例 5-85】 2019 年 3 月 20 日，弘毅公司收回 2018 年已做坏账转销的乙公司的应收账款 15 000 元，已存入银行。弘毅公司应根据银行收款单编制如下会计分录：

（1）恢复应收账款时：

借：应收账款——乙公司 15 000

贷：坏账准备 15 000

（2）收回应收款时：

借：银行存款 15 000

贷：应收账款——乙公司 15 000

【例 5-86】 某公司 2019 年 12 月 31 日“应收账款——丙公司”账户借方余额为 500 000 元，计提坏账准备前，“坏账准备”科目的实际金额为贷方 30 000 元，经减值测试应按应收账款的 5%提取坏账准备金，则正确的会计分录为（　　）。

A. 借：资产减值损失 5 000

贷：坏账准备 5 000

B. 借：坏账准备 5 000

贷：资产减值损失 5 000

C. 借：资产减值损失 5 000

贷：应收账款 5 000

D. 借：应收账款 5 000

贷：资产减值损失 5 000

【答案】 B

【解析】 500 000×5%−30 000=−5 000（元）。

模块八　利润形成和分配的账务处理

一、利润形成的账务处理

（一）利润的形成

利润是指企业在一定会计期间的经营成果，包括收入减去费用后的净额、直接计入当期损益的利得和损失等。利润由营业利润、利润总额、净利润三个层次构成。

1．营业利润

营业利润这一指标能够比较恰当地反映企业管理者的经营业绩，其计算公式如下：

营业利润=营业收入−营业成本−税金及附加−销售费用−管理费用−财务费用−资产减值损失+公允价值变动收益（−公允价值变动损失）+投资收益（−投资损失）

其中：营业收入=主营业务收入+其他业务收入

营业成本=主营业务成本+其他业务成本

2．利润总额

利润总额，又称税前利润，是营业利润加上营业外收入减去营业外支出后的金额。利润总额的计算公式如下：

利润总额=营业利润+营业外收入–营业外支出

3．净利润

净利润，又称税后利润，是利润总额减去所得税费用后的净额。其计算公式为：

净利润=利润总额–所得税费用

【例5-87】 弘毅公司2019年4月份实现主营业务收入12 450 000元、其他业务收入1 284 000元、营业外收入200 770元、投资收益78 000元；发生主营业务成本8 764 000元、其他业务成本823 000元，税金及附加176 000元、销售费用480 000元、管理费用750 000元、财务费用346 000元、营业外支出396 000元，所得税费用569 442.50元。弘毅公司2015年经营成果的计算如下：

（1）营业利润=（12 450 000+1 284 000）+78 000–（8 764 000+823 000）–176 000–480 000–750 000–346 000）=2 743 000（元）；

（2）利润总额=2 743 000+200 770–396 000=2 277 770（元）；

（3）净利润=2 277 770–569 442.50=1 708 327.50（元）。

（二）账户设置

1．“本年利润”账户

（1）账户的性质：所有者权益类账户。

（2）账户的用途：用来核算企业实现的净利润（或发生的净亏损）。

（3）账户的结构：如图5-36所示。

借方　　本年利润	贷方
期末转入的各项费用额	期末转入的各项收入额
平时期末余额：发生的累计亏损额	平时期末余额：实现的累计净利润
年末结转入“利润分配”账户的净利润	年末结转入“利润分配”账户的亏损额

图5-36 “本年利润”账户的结构

2．“投资收益”账户

（1）账户的性质：损益类账户。

（2）账户的用途：用来核算企业确认的投资收益或投资损失。

（3）账户的结构：如图5-37所示。

借方　　投资收益	贷方
发生的投资损失 期末转入“本年利润”账户的投资净损失	实现的投资收益 期末转入“本年利润”账户的投资净收益

图5-37 “投资收益”账户的结构

（4）明细账的设置：该账户可按投资项目设置明细账，进行明细分类核算。

3．“营业外收入”账户

（1）账户的性质：损益类账户。

（2）账户的用途：用来核算企业发生的各项营业外收入。

（3）账户的结构：如图5-38所示。

借方 营业外收入 贷方	
期末转入“本年利润”账户的营业外收入	营业外收入的增加额

图 5-38 “营业外收入”账户的结构

（4）明细账的设置：该账户可按营业外收入项目设置明细账，进行明细分类核算。

4. “营业外支出”账户

（1）账户的性质：损益类账户。

（2）账户的用途：用来核算企业发生的各项营业外支出。

（3）账户的结构：如图 5-39 所示。

借方 营业外支出 贷方	
营业外支出的增加额	期末转入“本年利润”账户的营业外支出

图 5-39 “营业外支出”账户的结构

（4）明细账的设置：该账户可按营业外支出项目设置明细账，进行明细分类核算。

5. “所得税费用”账户

（1）账户的性质：损益类账户。

（2）账户的用途：用来核算企业确认的应当从当期利润总额中扣除的所得税费用。

（3）账户的结构：如图 5-40 所示。

借方 所得税费用 贷方	
企业发生的所得税费用	期末转入“本年利润”账户的所得税费用

图 5-40 “所得税费用”账户的结构

（三）账务处理

1. 营业外收入和营业外支出的账务处理

营业外收入是指企业实现的各项营业以外的收入，主要包括非流动资产处置利得、非货币性资产交换利得、债务重组利得、政府补助、盘盈利得、捐赠利得、无法支付的应付款利得等。

营业外支出是指企业发生的各项营业以外的支出，主要包括非流动资产处置损失、非货币性资产交换损失、债务重组损失、公益性捐赠、非常损失、盘亏损失、罚款支出等。

【例 5-88】 某公司收到政府补助收入 50 000 元，款项已存入银行。弘毅公司应根据银行收款单编制如下会计分录：

借：银行存款　　　　50 000

　　贷：递延收益　　　　50 000

【例 5-89】 某公司经确认前欠童童公司货款 1 400 元，因童童公司破产无法支付，经批准结转。弘毅公司应根据应付账款核销单编制如下会计分录：

借：应付账款　　　　1 400

　　贷：营业外收入　　　　1 400

【例 5-90】 某公司将取得固定资产报废清理的净收益 12 000 元转作营业外收入。弘毅公司根据固定资产清理计算单编制如下会计分录：

借：固定资产清理　　12 000

　　贷：营业外收入　　12 000

【例 5-91】 某公司以银行存款支付灾区捐款 60 000 元。弘毅公司应根据银行付款单编制如下会计分录：

借：营业外支出　　60 000

　　贷：银行存款　　60 000

【例 5-92】 某公司发生原材料意外灾害净损失 130 000 元，经批准全部转作营业外支出。弘毅公司应根据相关审批表编制如下会计分录：

借：营业外支出　　130 000

　　贷：待处理财产损失　　130 000

【例 5-93】 某企业以银行存款支付税款滞纳金 23 000 元。弘毅公司应根据滞纳金支付通知和银行付款单编制如下会计分录：

借：营业外支出　　23 000

　　贷：银行存款　　23 000

2. 期末结转各项收入类科目和费用类科目的账务处理

会计期末，企业应将计入当期损益的各项收入类科目的发生额转入“本年利润”科目的贷方，借记“主营业务收入”“其他业务收入”“投资收益”“营业外收入”等科目，贷记“本年利润”科目；将应计入当期损益的各费用类科目的发生额转入“本年利润”科目的借方，借记“本年利润”科目，贷记“主营业务成本”“其他业务成本”“税金及附加”“销售费用”“管理费用”“财务费用”“资产减值损失”“营业外支出”等科目。

【例 5-94】 假定弘毅公司 2019 年度损益类账户发生额汇总表如表 5-10 所示。

表 5-10　2019 年度损益类账户发生额汇总表

单位：元

科目名称	借或贷	发生额
主营业务收入	贷	12 450 000
其他业务收入	贷	1 284 000
营业外收入	贷	200 770
投资收益	贷	78 000
主营业务成本	借	8 764 000
其他业务成本	借	823 000
税金及附加	借	176 000
管理费用	借	750 000
销售费用	借	480 000
财务费用	借	346 000
资产减值损失	借	100 000
营业外支出	借	296 000

弘毅公司应根据损益类账户的发生额汇总表编制如下会计分录。

（1）将本期收入类账户的发生额转入“本年利润”账户的贷方。

借：主营业务收入　　　　12 450 000
　　其他业务收入　　　　1 284 000
　　营业外收入　　　　　200 770
　　投资收益　　　　　　78 000
　　贷：本年利润　　　　14 012 770

（2）将本期费用类账户的发生额转入“本年利润”账户的借方。

借：本年利润　　　　　　11 735 000
　　贷：主营业务成本　　8 764 000
　　　　其他业务成本　　823 000
　　　　税金及附加　　　176 000
　　　　销售费用　　　　480 000
　　　　管理费用　　　　750 000
　　　　财务费用　　　　346 000
　　　　资产减值损失　　100 000
　　　　营业外支出　　　296 000

企业 2019 年实现的利润总额= 14 012 770 – 11 735 000=2 277 770（元）。

3．企业所得税费用的账务处理

企业所得税是对企业和经营单位的生产经营所得和其他所得征收的一种税。

（1）应缴纳所得税的计算。企业当期应缴纳所得税税额计算公式为：

应纳所得税税额=应纳税所得额×所得税税率

应纳税所得额=税前会计利润+纳税调整增加额−纳税调整减少额

在不存在纳税调整事项的情况下，应纳税所得额等于税前会计利润。

（2）所得税的账务处理。

【例 5-95】 弘毅公司本年度实现的利润总额为 2 277 770 元，假定不存在纳税调整事项，所得税税率为 25%，应缴纳所得税 569 442.50 元。弘毅公司应根据所得税计算表编制如下会计分录：

借：所得税费用　　　　　　569 442.50
　　贷：应交税费——应交所得税　　569 442.50

同时，还需将所得税费用结转入“本年利润”账户，应编制如下会计分录：

借：本年利润　　　　　　569 442.50
　　贷：所得税费用　　　　569 442.50

弘毅公司本年度实现的净利润=2 277 770−569 442.50=1 708 327.50（元）。

缴纳所得税时，弘毅公司应根据纳税缴款单和银行付款单编制如下会计分录：

借：应交税费——应交所得税　　569 442.50
　　贷：银行存款　　　　569 442.50

【例 5-96】 （多选题）下列影响营业利润计算的因素有（　　）。

A. 财务费用　　B. 税金及附加

C. 营业外支出　　D. 资产减值损失

【答案】 ABD

【解析】 营业外支出是影响利润总额计算的因素。

【例 5-97】 （判断题）企业的所得税费用是根据利润总额计算的。

【答案】 ×

【解析】 企业的所得税费用是根据应纳税所得额计算的。

【例 5-98】 （计算分析题）弘毅公司 2019 年 4 月营业收入为 600 万元，适用的消费税税率为 10%，城市维护建设税税率为 7%，教育附加费为 3%。弘毅公司应根据税金计算表编制如下会计分录：

应交消费税=6 000 000×10%=600 000（元）

应交城市维护建设税=6 000 000×7%=42 000（元）

应交教育费附加=6 000 000×3%=18 000（元）

借：税金及附加　　660 000

　贷：应交税费——应交消费税　　600 000

　　　　——应交城市维护建设税　　42 000

　　　　——应交教育费附加　　18 000

【例 5-99】 （计算分析题）弘毅公司 2019 年有关损益类账户的累计发生额如表 5-11 所示。

表 5-11　2019 年有关损益类账户的累计发生额

单位：元

科 目 名 称	累计发生额	科 目 名 称	累计发生额
主营业务收入	4 500 000（贷）	主营业务成本	3 450 000（借）
其他业务收入	525 000（贷）	税金及附加	60 000（借）
投资收益	450 000（贷）	销售费用	375 000（借）
营业外收入	37 500（贷）	管理费用	450 000（借）
		财务费用	75 000（借）
		营业外支出	15 000（借）

弘毅公司适用所得税税率为 25%，假定当年不存在纳税调整事项。

弘毅公司按当年净利润的 10%提取法定盈余公积，按当年净利润的 5%提取任意盈余公积，并决定向投资者分配利润 500 000 元，要求：

（1）编制将年末结转各损益类科目余额的会计分录；

（2）计算公司 2019 年应交所得税金额；

（3）编制公司确认并结转所得税的会计分录；

（4）编制公司将“本年利润”科目余额转入“利润分配”科目的会计分录；

（5）编制公司提取盈余公积和分配利润的会计分录。

【答案】

（1）借：主营业务收入　　4 500 000

　　　其他业务收入　　525 000

　　　投资收益　　450 000

　　　营业外收入　　37 500

　　　贷：本年利润　　5 512 500

借：本年利润　　4 522 500
　　贷：主营业务成本　　3 450 000
　　其他业务成本　　300 000
　　税金及附加　　60 000
　　销售费用　　375 000
　　管理费用　　450 000
　　财务费用　　75 000
　　营业外支出　　15 000

（2）（5 512 500−4 522 500）×25%=247 500（元）。

（3）借：所得税费用　　247 500
　　贷：应交税费——应交所得税　　247 500
借：本年利润　　247 500
　　贷：所得税费用　　247 500

（4）借：本年利润　　742 500
　　贷：利润分配——未分配利润　　742 500

（5）借：利润分配　　611 375
　　贷：盈余公积　　111 375
　　　　应付利润　　500 000

相关链接：交易性金融资产账务处理

一、交易性金融资产的内容

交易性金融资产主要是企业为了近期内出售而持有的金融资产，如企业以赚取差价为目的从二级市场购入的股票、债券、基金等。

二、账户设置

1．“交易性金融资产”账户

（1）账户的性质：资产类账户。

（2）账户的用途：用来核算企业为交易目的而持有的债券投资、股票投资、基金投资等交易性金融资产的公允价值。

（3）账户的结构：如图 5-41 所示。

借方　　交易性金融资产	贷方
交易性金融资产取得成本 资产负债表日其公允价值高于账面的金额	资产负债表日其公允价值低于账面的金额 出售时结转的成本和公允价值变动损益
余额：交易性金融资产的实际价值	

图 5-41 “交易性金融资产”账户的结构

（4）明细账户设置：该账户可按“成本”“公允价值变动损益”等设置明细账，进行明细分类核算。

2．“公允价值变动损益”账户

（1）账户的性质：损益类账户。

（2）账户的用途：用来核算企业交易性金融资产等的公允价值变动而形成的应计入当期损益的利得或损失。

（3）账户的结构：如图 5-42 所示。

借方	公允价值变动损益 贷方
资产负债表日企业持有的交易性金融资产等的公允价值低于账面余额的差额	资产负债表日企业持有的交易性金融资产等的公允价值高于账面余额的差额

图 5-42 “公允价值变动损益”账户的结构

三、账务处理

1. 取得交易性金融资产

企业将款项划入证券户时，应借记“其他货币资金——存出投资款”科目，贷记“银行存款”科目；企业取得交易性金融资产时，应当按照该交易性金融资产取得时的公允价值作为初始入账金额，记入“交易性金融资产——成本”科目；取得交易性金融资产支付价款中包含了已宣告但尚未发放的现金股利或已到计息期但尚未领取的债券利息的，应当作为应收项目，记入“应收股利”或“应收利息”科目；取得交易性金融资产所发生的相关交易费用应当在发生时记入“投资收益”科目。交易费用是指可直接归属于购买、发行或处置金融工具新增的外部费用，包括支付给代理机构、券商等的手续费和佣金及其他必要支出；收到购入时含有的现金股利或到期利息时，应借记“其他货币资金——存出投资款”科目，贷记“应收股利”或“应收利息”科目。

【例 5-100】 2019 年 1 月 5 日，弘毅公司从银行存款中向 A 证券公司划出 5 000 000 元。1 月 10 日购入丙上市公司股票 500 000 股，并将其划分为交易性金融资产；该笔股票在购买日公允价值为 3 020 000 元（含已宣告但尚未发放的现金股利 20 000 元），另支付相关交易费用 4 500 元。1 月 26 日，收到购买价款中含有的现金股利，存入证券户。弘毅公司应根据相关凭证编制如下会计分录：

（1）1 月 5 日，将款项划入证券公司：

借：其他货币资金——存出投资款　　5 000 000

　　贷：银行存款　　5 000 000

（2）1 月 10 日，购入股票：

借：交易性金融资产——成本　　3 000 000

　　应收股利　　20 000

　　投资收益　　4 500

　　贷：其他货币资金——存出投资款　　3 024 500

（3）1 月 26 日，收到价款中含有的现金股利：

借：其他货币资金——存出投资款　　20 000

　　贷：应收股利　　20 000

2. 交易性金融资产持有期间的账务处理

企业持有交易性金融资产期间对于被投资单位宣告发放的现金股利或利息收入，应当确认为应收项目，并计入投资收益，即借记“应收股利”或“应收利息”科目，贷记“投资收益”科目；待收到现金股利或利息时，借记“其他货币资金”科目，贷记“应收股利”或“应收利息”科目。

【例 5-101】 承【例 5-100】，2018 年 3 月 20 日，丙公司宣布分派现金股利，弘毅公司应分得现金股利 100 000 元。2018 年 3 月 28 日，弘毅公司收到现金股利，存入证券户。

（1）2018 年 3 月 20 日，丙公司宣布分派现金股利时：

借：应收股利　　100 000

　　贷：投资收益　　100 000

（2）2018 年 3 月 28 日，收到现金股利时：

借：其他货币资金——存出投资款　　100 000

　　贷：应收股利　　100 000

3．交易性金融资产的期末计量

交易性金融资产在资产负债表日应按公允价值计量，公允价值与账面价值之间的差额计入当期损益，借记或贷记“交易性金融资产——公允价值变动”科目，贷记或借记“公允价值变动损益”科目。

【例 5-102】 2018 年 6 月 30 日，丙公司股票当日市价为每股 6.25 元，弘毅公司应编制如下会计分录：

借：交易性金融资产——公允价值变动　　125 000

　　贷：公允价值变动损益　　125 000

【例 5-103】 2018 年 12 月 31 日，丙公司股票当日市价为每股 5.90 元，弘毅公司应编制如下会计分录：

借：公允价值变动损益　　175 000

　　贷：交易性金融资产——公允价值变动　　175 000

4．交易性金融资产的出售

企业出售交易性金融资产时，将实际收到的金额与交易性金融资产账面价值的差额计入“投资收益”科目的借方或贷方，同时结转累计公允价值变动损益。

【例 5-104】 2019 年 2 月 12 日，弘毅公司将上述丙公司股票 500 000 股全部出售，实际收到金额为 325 000 元。弘毅公司应编制如下会计分录：

借：其他货币资金——存出投资款　　325 000

　　交易性金融资产——公允价值变动　　50 000

　　贷：交易性金融资产——成本　　300 000

　　　　投资收益　　75 000

同时：

借：投资收益　　50 000

　　贷：公允价值变动损益　　50 000

【例 5-105】 （单选题）企业购入交易性金融资产时发生的交易费用应记入（　　）科目。

A.“营业外支出”　　B.“财务费用”

C.“管理费用”　　D.“投资收益”

【答案】D

【解析】企业取得交易性金融资产所发生的交易费用应当在发生时记入“投资收益”科目。

二、利润分配的账务处理

利润分配是指企业根据国家有关规定和企业章程、投资者协议等，对企业当年可供分配的利润指定其特定用途和分配给投资者的行为。利润分配的过程和结果不仅关系到每个股东的合法权益是否得到保障，还关系到企业的未来发展。

（一）利润分配的顺序

企业向投资者分配利润，应按一定的顺序进行。按照《中华人民共和国公司法》的有关规定，利润分配应按下列顺序进行。

1．计算可供分配的利润

企业在利润分配前，应根据本年净利润（或亏损）与年初未分配利润（或亏损）、其他转入的金额（如盈余公积弥补亏损）等项目，计算可供分配的利润，即：

可供分配的利润=净利润（或亏损）+年初未分配利润-弥补以前年度的亏损+其他转入的金额

如果可供分配的利润为负数（累计亏损），则不能进行后续分配；如果可供分配的利润为正数（累计盈利），则可进行后续分配。

2．提取法定盈余公积

根据《中华人民共和国公司法》的有关规定，公司应当按照当年税后净利润（抵减年初累计亏损后）10%的比例提取法定盈余公积，提取的法定盈余公积累计超过注册资本50%以上的，可以不再提取。

3．提取任意盈余公积

公司提取法定盈余公积后，经股东会或股东大会决议，还可以从净利润中提取任意盈余公积。

4．向投资者分配利润（或股利）

企业可供分配的利润扣除提取的盈余公积后，形成可供投资者分配的利润，即：

可供投资者分配的利润=可供分配的利润-提取的盈余公积

企业可采用现金股利、股票股利和财产股利等形式向投资者分配利润（或股利）。

（二）账户设置

1．“利润分配”账户

（1）账户的性质：所有者权益类账户。

（2）账户的用途：用来核算企业利润的分配（或亏损的弥补）和历年分配（或弥补）后的余额。

（3）账户的结构：如图5-43所示。

借方　　　　利润分配	贷方
自“本年利润”账户转入的全年发生的净亏损 当年实际分配的利润	自“本年利润”账户转入的全年实现的净利润 用盈余公积弥补的亏损等其他转入
余额：历年累计未弥补的亏损	余额：历年累计未分配的利润

图5-43 “利润分配”账户的结构

（4）明细账的设置：该账户应当分别按“提取法定盈余公积”“提取任意盈余公积”“应付现金股利或利润”“转作股本的股利”“未分配利润”等进行明细核算。

2. “盈余公积”账户

（1）账户的性质：所有者权益类账户。

（2）账户的用途：用来核算企业从净利润中提取的盈余公积。

（3）账户的结构：如图 5-44 所示。

借方	盈余公积 贷方
盈余公积转增资本数	企业提取的盈余公积
	年末企业的盈余公积

图 5-44 “盈余公积”账户的结构

（4）明细账的设置：该账户应当分别按“法定盈余公积”“任意盈余公积”进行明细核算。

3. “应付股利”账户

（1）账户的性质：所有者权益类账户。

（2）账户的用途：用来核算企业分配的现金股利或利润。

（3）账户的结构：如图 5-45 所示。

借方	应付股利 贷方
实际支付的现金股利或利润	应付给投资者的股利或利润
	余额：尚未支付的现金股利或利润

图 5-45 “应付股利”账户的结构

（4）明细账的设置：该账户可按投资者进行明细核算。

（三）账务处理

1. 净利润转入利润分配的账务处理

会计期末，企业应将当年实现的净利润转入“利润分配——未分配利润”科目，即借记“本年利润”科目，贷记“利润分配——未分配利润”科目，如为亏损，则编制相反的会计分录。

【例 5-106】 弘毅公司 2019 年年末结转 2019 年度净利润 1 708 327.50 元；2019 年年初“利润分配——未分配利润”科目的贷方余额为 460 000 元。弘毅公司应根据净利润计算表编制如下会计分录：

借：本年利润　　1 708 327.50

　贷：利润分配——未分配利润　　1 708 327.50

2. 提取盈余公积

企业提取的法定盈余公积，借记“利润分配——提取法定盈余公积”科目，贷记“盈余公积——法定盈余公积”科目；提取的任意盈余公积，借记“利润分配——提取任意盈余公积”科目，贷记“盈余公积——任意盈余公积”科目。

【例 5-107】 弘毅公司按 2019 年度净利润 1 708 327.50 元的 10% 提取法定盈余公积 170 832.75 元。弘毅公司应根据法定盈余公积计算表编制如下会计分录：

借：利润分配——提取法定盈余公积　　170 832.75

　贷：盈余公积——法定盈余公积　　170 832.75

【例 5-108】 弘毅公司董事会决定按 2019 年度实现净利润的 5%提取任意盈余公积 85 416.38 元。弘毅公司应根据任意盈余公积计算表编制如下会计分录：

借：利润分配——提取任意盈余公积　　　　　　85 416.38

　　贷：盈余公积——任意盈余公积　　　　　　　85 416.38

3．向投资者分配利润

企业根据股东大会或类似机构审议批准的利润分配方案，按应支付的现金股利或利润，借记“利润分配——应付现金股利”科目，贷记“应付股利”等科目；以股票股利转作股本的金额，借记“利润分配——转作股本股利”科目，贷记“股本”科目。

董事会或类似机构通过的利润分配方案中拟分配的现金股利或利润，不做账务处理，但应在附注中披露。

【例 5-109】 弘毅公司董事会宣布向股东分配 2019 年度现金股利 865 000 元。弘毅公司应根据董事会决议和利润分配清单编制如下会计分录：

借：利润分配——应付现金股利　　　　　　865 000

　　贷：应付股利　　　　　　　　　　　　　　865 000

以银行存款向投资者支付股利时，弘毅公司应根据发放清单和银行付款单编制如下会计分录：

借：应付股利　　　　　　　　　　　　　　865 000

　　贷：银行存款　　　　　　　　　　　　　　865 000

4．盈余公积的使用

盈余公积的主要用途是弥补亏损和转增资本。

（1）弥补亏损。企业发生的亏损应由企业自行弥补。弥补亏损的渠道主要有三条：一是用以后年度的税前利润弥补；二是用以后年度的税后净利润弥补；三是用盈余公积弥补。

用盈余公积补亏时，应按法定盈余公积和任意盈余公积补亏的金额，分别借记“盈余公积——法定盈余公积”“盈余公积——任意盈余公积”科目，贷记“利润分配——盈余公积补亏”科目。

（2）转增资本。为了满足扩大再生产对资本的需求，经股东大会决议，企业可将盈余公积转增资本或股本。

盈余公积转增资本时，应按法定盈余公积和任意盈余公积补亏的金额，分别借记“盈余公积——法定盈余公积”“盈余公积——任意盈余公积”科目，贷记“实收资本”或“股本”科目。

5．未分配利润的形成

年度终了，企业应将“利润分配”科目所属明细科目的余额转入该科目“未分配利润”明细科目，即借记“利润分配——未分配利润”“利润分配——盈余公积补亏”科目，贷记“利润分配——提取法定盈余公积”“利润分配——提取任意盈余公积”“利润分配——应付现金股利”“利润分配——转账股本股利”等科目。

结转后，“利润分配”科目中除“未分配利润”明细科目外，所属其他明细科目无余额。“未分配利润”明细科目的贷方余额表示累积未分配的利润，该科目如果出现借方余额，则表明累积未弥补的亏损。

【例 5-110】 承【例 5-107】、【例 5-108】、【例 5-109】，利润分配结束后，应将“利润分配”账户其他明细账户的余额结清，转入“利润分配——未分配利润”明细账户。弘毅公司编制会计分录如下：

借：利润分配——未分配利润　　　　　　　　1 121 249.13
　　贷：利润分配——提取法定盈余公积　　　　　170 832.75
　　　　　　　　——提取任意盈余公积　　　　　85 416.38
　　　　　　　　——应付股利　　　　　　　　　865 000

则 2019 年年末未分配利润科目余额=460 000（年初贷方余额）+ 1 708 327.50（本年实现的净利润）−1 121 249.13（本年已分配利润）=1 047 078.37（元）

【例 5-111】（计算分析题）某公司 2019 年年初"利润分配——未分配利润"科目贷方余额为 580 000 元。2019 年实现利润 2 800 000 元，所得税税率为 25%（假定无纳税调整项目）。

（1）2019 年年末结转全年净利润；

（2）按 2019 年净利润的 10%提取法定盈余公积金；

（3）根据董事会决议，向投资者分配现金股利 1 200 000 元；

（4）结转利润分配各明细账；

（5）计算年末未分配利润。

【答案】

（1）借：本年利润　　　　　　　　　　　　2 100 000
　　　　贷：利润分配——未分配利润　　　　　2 100 000

（2）借：利润分配——提取法定盈余公积　　　210 000
　　　贷：盈余公积——法定盈余公积　　　　　210 000

（3）借：利润分配——应付现金股利　　　　1 200 000
　　　　贷：应付股利　　　　　　　　　　　1 200 000

（4）借：利润分配——未分配利润　　　　　1 410 000
　　　　贷：利润分配——提取法定盈余公积　　　210 000
　　　　　　　　　　——应付现金股利　　　1 200 000

（5）未分配利润=580 000+2 100 000−1 410 000=1 270 000（元）。

综合训练

一、单项选择题

1. 某公司 2019 年 1 月初"应付账款"科目贷方余额为 30 000 元，当月应收购货单位货款 1 000 元，欠供货商货款 23 400 元（含增值税税额 3 400 元），已归还原欠货款 20 000 元，当月应付账款科目期末余额为（　　）元。

A．33 400　　B．31 000　　C．34 400　　D．29 000

2. 年终决算时，"本年利润"账户在结转前为贷方余额 65 550 元，则结转时应编制的会计分录为（　　）。

A．借：本年利润　65 550
　　　贷：实收资本　65 550

B．借：本年利润　65 550
　　　贷：利润分配　65 550

C．借：实收资本　65 550
　　　贷：利润分配　65 550

D．借：利润分配　65 550
　　　贷：本年利润　65 550

3. 在计划成本法下，已经付款购买但尚未入库的材料，应通过（　　）账户核算。

A．"原材料"　　B．"材料采购"　　C．"工程物资"　　D．"在途物资"

4. 有一笔分录：借方登记“生产成本”账户，贷方登记“制造费用”账户，该分录涉及的经济业务是（　　）。

A. 车间发生生产性质的共同耗费　　B. 生产耗用工程用材料

C. 月末分配本期发生的制造费用　　D. 发生车间管理人员的薪酬

5. 2019 年 1 月 1 日，大华公司因生产经营需要向银行借入一笔 3 年期、年利率为 6%、到期一次还本付息的借款 1 000 000 元，会计部门按规定在每季度末计提短期借款利息时，应编制的会计分录是（　　）。

A. 借：财务费用　15 000
　　贷：应付利息　15 000

B. 借：管理费用　15 000
　　贷：应付利息　15 000

C. 借：财务费用　15 000
　　贷：长期借款——应计利息　15 000

D. 借：管理费用　15 000
　　贷：长期借款——应计利息　15 000

6. 某企业 8 月份一车间生产 A、B 两种产品，本月一车间发生制造费用 24 000 元，要求按照生产工人的工资比例分配制造费用，本月 A 产品生产工人工资为 80 000 元，B 产品生产工人工资为 40 000 元，则 B 产品应负担的制造费用为（　　）元。

A. 24 000　　B. 16 000　　C. 8 000　　D. 12 000

7. 某企业为小规模纳税人，2019 年 5 月 20 日向甲公司销售 A 产品一批，开具的普通发票中注明的货款为 20 600 元（含税），产品已发出，货款已收到。则下列分录正确的是（　　）。

A. 借：银行存款　20 600
　　贷：主营业务收入　20 600

B. 借：银行存款　20 600
　　贷：主营业务收入　20 000
　　　　应交税费——应交增值税　600

C. 借：银行存款　20 600
　　贷：主营业务收入　20 000
　　　　应交税费——应交增值税（销项税额）　600

D. 借：银行存款　20 600
　　贷：主营业务收入　20 000
　　　　应交增值税　600

8. 大华公司 2018 年 12 月 31 日“本年利润”账户的借方余额为 50 万元，表明（　　）。

A. 大华公司 2018 年 1—12 月的净利润为 50 万元

B. 大华公司 2018 年 1—12 月的净亏损为 50 万元

C. 大华公司 2018 年 12 月份的净利润为 50 万元

D. 大华公司 2018 年 12 月份的净亏损为 50 万元

9. “本年利润”账户属于（　　）类账户。

A. 费用　　B. 损益　　C. 资产　　D. 所有者权益

10. 下列账户中，期末结转后可能有余额的是（　　）。

A. 本年利润　B. 管理费用　C. 财务费用　D. 生产成本

11. 下列应当计入产品成本的是（　　）。

A. 厂房的折旧费　B. 短期借款利息

C. 产品宣传广告费　D. 生产设备的折旧费

12. 下列各项中，不应计入产品成本的是（　　）。

A. 直接材料　B. 直接人工　C. 制造费用　D. 管理费用

13. 某企业 2019 年利润总额为 200 万元，假设没有纳税调整因素，若企业所得税税率为 25%，则该企业的净利润为（　　）万元。

A. 155　B. 150　C. 50　D. 175

14. 某公司购入原材料一批，价值为 1 万元，合同约定货款于 2 个月后支付，原材料已验收入库（不考虑增值税），应编制的会计分录为（　　）。

A. 借：原材料　10 000
　　贷：短期借款　10 000

B. 借：材料采购　10 000
　　贷：银行存款　10 000

C. 借：原材料　10 000
　　贷：应付账款　10 000

D. 借：原材料　10 000
　　贷：银行存款　10 000

15. 外购需要安装的设备支付的增值税应记入（　　）科目。

A. “管理费用”

B. “固定资产成本”

C. “应交税费——应交增值税（进项税额）”

D. “在建工程”

16. 某企业某车间月初在产品成本为 2 000 元，本月耗用材料为 40 000 元，生产工人工资为 8 000 元，该车间管理人员工资为 4 000 元，车间水电费为 4 000 元，月末在产品成本为 4 400 元，则该车间本月完工产品成本总额为（　　）元。

A. 58 200　B. 53 800　C. 56 200　D. 53 600

17. 某公司同时购进 A、B 两种材料，A 材料为 3 000 千克，单价为 25 元，价款为 75 000 元，增值税税额为 12 000 元，B 材料为 2 000 千克，单价为 40 元，价款为 80 000 元，增值税税额为 12 800 元，发生运杂费 1 500 元（不考虑增值税），所有款项均以银行存款支付，运杂费按材料的重量比例进行分配，则 A 材料的采购成本为（　　）元。

A. 75 900　B. 80 600　C. 87 750　D. 88 650

18. 企业出售材料的成本应通过（　　）账户核算。

A. “营业外支出”　B. “低值易耗品”

C. “其他业务成本”　D. “主营业务成本”

19. 生产成本的期末余额表示（　　）。

A. 应计入产品成本的各项费用　B. 完工产品成本

C. 在产品成本　D. 库存产品成本

20. 外购设备的成本不应包括（　　）。

A. 安装费　B. 运输费　C. 增值税　D. 买价

21. 利润总额减去所得税费用等于（　　）。

A. 应纳税所得额　B. 可供分配利润

C. 未分配利润　D. 净利润

22. 下列关于“生产成本”账户的表述，正确的是（　　）。
A. “生产成本”账户期末无余额
B. “生产成本”账户的余额表示本期发生的生产费用总额
C. “生产成本”账户期末若有余额一定在贷方
D. “生产成本”账户的余额表示在产品成本

23. 某企业税前会计利润为2 000万元，其中营业外收入为80万元，假设不存在纳税调整事项，所得税税率为25%，则应缴纳的所得税为（　　）万元。
A. 480　B. 510　C. 500　D. 520

24. 企业出售无形资产时，所取得的价款与该无形资产账面价值的差额，应记入（　　）账户。
A. “营业外收入”　B. “其他业务收入”
C. “投资收益”　D. “主营业务收入”

25. 企业本期发生的下列支出中，不能直接或间接计入生产成本，而是直接计入期间费用的是（　　）。
A. 业务招待费　B. 生产车间水电费
C. 生产设备折旧费　D. 车间管理人员工资

26. 《中华人民共和国增值税暂行条例》规定小规模纳税人适用的增值税税率为（　　）。
A. 16%　B. 10%　C. 3%　D. 6%

27. 制造费用是指企业制造部门为生产产品和提供劳务而发生的（　　）。
A. 期间费用　B. 直接费用　C. 管理费用　D. 间接费用

28. 下列说法正确的是（　　）。
A. 赊购商品会导致资产和负债同时减少
B. 车间管理人员工资能计入产品成本，企业管理人员的工资和在建工程人员的工资不能计入产品成本
C. 期间费用应当分期计入产品成本
D. 银行汇票和银行承兑汇票属于企业的其他货币资金

29. 企业接受固定资产投资，除了应计入“固定资产”账户和“实收资本”账户外，还可能涉及的账户有（　　）。
A. “盈余公积”　B. “资本公积”
C. “累计折旧”　D. “其他业务收入”

30. “预收账款”账户期末（　　）。
A. 无余额　B. 有借方余额
C. 有借方余额或贷方余额　D. 有贷方余额

二、多项选择题

1. 甲公司主营业务是生产并销售产品，该公司某月销售一批原材料，共500千克，单位成本每千克30元（未计提减值），单价为每千克40元，不考虑增值税，款项已经收到，应编制会计分录为（　　）。

A. 借：其他业务成本　15 000
　　贷：原材料　15 000

B. 借：银行存款　20 000
　　贷：主营业务收入　20 000

C. 借：主营业务成本　15 000
　　贷：原材料　15 000

D. 借：银行存款　20 000
　　贷：其他业务收入　20 000

2. 下列项目中，属于“销售费用”账户核算内容的是（　　）。

A. 产品展览费　　B. 业务招待费

C. 预计产品质量保证损失　　D. 销售部门人员工资

3. 下列各种税费中，不通过“税金及附加”科目核算的有（　　）。

A. 增值税　　B. 消费税　　C. 企业所得税　　D. 教育费附加

4. 南京某塑料厂为购置生产线取得长期借款，到期一次还本付息，则企业在所购置的固定资产达到预定可使用状态之后发生的借款利息，应做的会计处理为（　　）。

A. 借记“财务费用”　　B. 借记“长期借款”

C. 贷记“长期借款”　　D. 贷记“长期费用”

5. 期末，（　　）账户不应转入“本年利润”账户。

A. “生产成本”　　B. “预付账款”　　C. “资产减值损失”　　D. “投资收益”

6. 下列费用不应记入“制造费用”科目的是（　　）。

A. 行政管理人员的工资　　B. 车间机器/物料消耗

C. 车间设备折旧费　　D. 车间生产人员福利费

7. 关于企业缴纳的所得税，下列说法不正确的是（　　）。

A. 应纳所得税额应该直接记入“本年利润”账户的借方

B. 应纳税所得额就是税前会计利润

C. “所得税费用”账户期末无余额

D. 应纳所得税额=应纳税所得额×所得税税率

8. 下列各项中，属于无形资产的是（　　）。

A. 土地使用权　　B. 商标权　　C. 专利权　　D. 房屋

9. 下列说法不正确的是（　　）。

A. “生产成本”归集的生产费用就是本期在产品的生产成本

B. 期初在产品成本+本期完工产品成本=本期生产费用+期末在产品成本

C. “生产成本”归集的生产费用就是本期完工产品的生产成本

D. 期末既有完工产品又有在产品时，需要将归集到某产品的生产费用在完工产品和在产品间进行分配

10. 下列各项费用中，应计入管理费用的有（　　）。

A. 广告费用　　B. 董事会费

C. 行政部门办公费　　D. 银行借款利息支出

11. 一般纳税企业购入生产用固定资产（取得增值税专用发票）过程发生的下列支出中，应计入固定资产成本的是（　　）。

A. 增值税　　B. 运杂费　　C. 安装费　　D. 购买价款

12. 2018 年 12 月，A 公司预付 2019 年报纸杂志费、财产保险费等共 6 万元，则 2019 年每月摊销的分录应为（　　）。

A. 借记“管理费用”0.5 万元　　B. 贷记“预付账款”0.5 万元

C. 贷记“预收账款”0.5 万元　　D. 借记“营业外支出”0.5 万元

13. 企业购入材料 6 000 元，以银行存款支付 3 000 元，余额未付，材料已入库，这一经济业务涉及的账户有（　　）。

A. “银行存款”　　B. “应收账款”　　C. “应付账款”　　D. “原材料”

14. “利润分配——未分配利润”账户借方登记（　　）。

A. 累计未分配的利润　　B. 全年分配的利润数额

C. 转入的亏损数额　　D. 转入的全年实现的利润数额

15. 某家公司年末组织人员对固定资产进行清理时，发现丢失 1 台设备，该设备原价为 10 万元，已计提折旧 5 万元，经查，设备丢失的原因在于设备管理员保管不当，经董事会批准，由设备管理员赔偿 1 万元，则下列账务处理正确的是（　　）。

A. 借：其他应收款　　10 000
　　营业外支出——盘亏损失　　40 000
　　贷：待处理财产损溢　　50 000

B. 借：待处理财产损溢　　50 000
　　累计折旧　　50 000
　　贷：固定资产　　100 000

C. 借：其他应收款　　10 000
　　管理费用　　40 000
　　贷：待处理财产损溢　　50 000

D. 借：固定资产清理　　50 000
　　累计折旧　　50 000
　　贷：固定资产　　100 000

16. 领用材料的会计分录通常涉及的借方科目有（　　）。

A. “生产成本”　B. “管理费用”　C. “财务费用”　D. “制造费用”

17. 乙企业从天地公司购进丙材料 8 吨，发生运输费 400 元，支付材料价款 10 000 元，增值税税费为 1 600 元，材料已验收入库，款项已用银行存款支付，则下列说法正确的是（　　）。

A. 该业务账务处理为：
　借：原材料——丙材料　　10 400
　　应交税费——应交增值税（进项税额）　　1 600
　　贷：银行存款　　12 100

B. 该业务账务处理为：
　借：原材料——丙材料　　10 000
　　销售费用　　400
　　贷：银行存款　　10 400

C. 入库后该批材料的实际单价为 1 300 元/吨

D. 入库后该批材料的实际单价为 1 250 元/吨

18. 某企业转让 1 台旧设备，取得价款 56 万元，发生清理费用 2 万元，该设备原值 60 万元，已计提折旧 10 万元，转让款未收到，假定不考虑其他因素，下列会计分录正确的是（　　）。

A. 借：固定资产清理　　60 000
　　贷：营业外支出　　60 000

B. 借：固定资产清理　　20 000
　　贷：银行存款　　20 000

C. 借：固定资产清理　　500 000
　　累计折旧　　100 000
　　贷：固定资产　　600 000

D. 借：应收账款　　560 000
　　贷：固定资产清理　　560 000

19. 下列各项中，不应计入产品生产成本的是（　　）。
A. “财务费用”　B. “销售费用”　C. “制造费用”　D. “管理费用”
20. 2019年2月10日，为扩大经营规模，经批准，甲公司注册资本增加500万元，通过吸收新投资者实现。新投资者投入货币资金400万元及一项专利技术，专利权账面价值为150万元，公允价值为200万元。则下列表述正确的是（　　）。
A. “实收资本”科目应反映贷方发生额500万元
B. “资本公积”科目应反映贷方发生额100万元
C. “无形资产”科目应反映借方发生额150万元
D. “银行存款”科目应反映借方发生额400万元

三、判断题（正确的打“√”，错误的打“×”）

1. （　　）“其他业务收入”账户期末结转后无余额。
2. （　　）“本年利润”账户属于损益类账户，期末结转后应无余额。
3. （　　）专利权、非专利技术、商标权、商誉权等都属于企业的无形资产。
4. （　　）企业分配的股票股利不通过“应付股利”账户核算。
5. （　　）企业的资本主要包括实收资本和资本公积。
6. （　　）收入是指企业在日常活动中形成的、会导致所有者权益增加的经济利益的总流入。
7. （　　）在实际工作中，企业发出存货的成本也可以采用后进先出法计算。
8. （　　）企业购入需要安装的固定资产应先记入“在建工程”账户，安装完工后再转入“固定资产”账户。
9. （　　）企业发生的销售退回应记入“主营业务收入”账户的借方。
10. （　　）“主营业务成本”账户属于成本类账户。
11. （　　）当“应付账款”账户的余额在贷方时，为债务结算账户；余额在借方时，为债权结算账户。
12. （　　）“利润分配”账户属于所有者权益类账户，期末分配后应无余额。
13. （　　）企业列入工资表发放给职工个人的各种款项，都应通过“应付职工薪酬”科目核算。
14. （　　）小规模纳税人购货时发生的增值税计入购货成本。
15. （　　）直接人工是指直接或间接从事产品生产人员的工资及提取的其他职工薪酬。
16. （　　）企业生产车间（部门）和行政管理部门等发生的固定资产修理费用等后续支出，应在发生时计入管理费用。
17. （　　）企业因解除与职工的劳动关系给予的补偿，不通过“应付职工薪酬”核算。
18. （　　）“资产减值损失”账户是资产类账户的调整账户。
19. （　　）为简化核算，对那些发票账单未到的入库材料，月末暂不进行会计处理。
20. （　　）当月增加的固定资产，当月计提折旧。

四、分析计算题

1. 有关资料如下：

（1）2018年6月1日，甲、乙、丙3家企业共同投资成立了长江有限责任公司，该公司的注册资本为3 000 000元，甲、乙、丙各占1/3，按照章程规定，甲企业以厂房投资，该厂房原值为 3 000 000 元，已提折旧 2 400 000 元，投资各方确认的价值为 1 000 000 元；乙企业和丙企业各以货币资金 1 000 000 元投资，已存入长江公司的开户银行。

（2）1 年后，丁企业有意投资，经与甲、乙、丙 3 家企业协商，注册资本增加到 4 000 000 元，四方各占 1/4。丁企业以货币资金 1 300 000 元出资，以取得 25%的股份，已存入长江有限责任公司开户银行。

要求：

（1）编制甲企业投资长江有限责任公司的会计分录。

（2）编制乙企业投资长江有限责任公司的会计分录。

（3）编制丙企业投资长江有限责任公司的会计分录。

（4）编制丁企业投资长江有限责任公司的会计分录。

（5）计算丁企业投资后，长江有限责任公司增加的所有者权益的金额。

2．春光公司有关借款情况如下：

（1）春光公司于 2015 年 1 月 1 日从银行借入资金 3 000 000 元，期限为 3 年，年利率为 6%，按照借款协议，按季计提利息，到期一次还本付息。

（2）春光公司于 2016 年 1 月 1 日从银行借入资金 120 000 元，期限为 3 个月，年利率为 5%。根据借款协议，利息按月预提、按季支付，本金到期后一次性归还。

要求：

（1）根据资料一，编制 2015 年 1 月 1 日借入借款的会计分录。

（2）根据资料一，编制 2015 年 3 月 31 日计提利息的会计分录。

（3）根据资料一，编制 2015 年 12 月 31 日还本付息的会计分录。

（4）根据资料二，编制 2016 年 1 月 1 日借入借款的会计分录。

（5）根据资料二，编制 2016 年 3 月 31 日还本付息的会计分录。

3．2019 年 6 月 8 日，红旗工厂购入一辆运输用汽车，取得增值税专用发票上注明的价款为 50 000 元，增值税税额为 8 000 元，另支付保险费等 1 000 元，以上款项均以银行存款支付。该设备预计使用年限为 10 年，预计净残值率为 5%，预计该车行驶总里程数为 100 000 千米，2019 年 9 月行驶了 1 500 千米。

要求：

（1）计算该设备的入账价值。

（2）编制 2019 年 6 月 8 日购入该设备的会计分录。

（3）计算采用年限平均法 9 月份该设备应计提的折旧额。

（4）编制采用年限平均法计提 9 月份折旧额的会计分录。

（5）计算采用工作量法 9 月份该设备应计提的折旧额。

4．某企业为增值税一般纳税人，2019 年 6 月份发生的有关经济业务如下：

（1）2019 年 6 月 1 日，甲公司库存 A 材料实际成本为 100 000 元。

（2）2019 年 6 月 3 日，甲公司购入 A 材料一批，取得的增值税专用发票上记载的价款为 400 000 元，增值税税额为 64 000 元。材料已运到并验收入库，款项尚未支付。

（3）2019 年 6 月 10 日，甲公司以银行存款支付上述款项。

（4）根据甲公司“发料凭证汇总表”的记录，2019 年 6 月份，生产车间生产产品直接领用 A 材料 220 000 元，车间管理部门领用 A 材料 30 000 元，企业行政管理部门领用 A 材料 20 000 元。

（5）此外，甲公司于 2019 年 6 月 25 日对外销售 A 材料，开具的增值税专用发票上注明的售价为 20 000 元，增值税税额为 3 200 元，款项已由银行收讫。该批 A 材料的实际成本为 17 000 元。

要求：

（1）编制甲公司赊购A材料的会计分录。

（2）编制甲公司支付货款的会计分录。

（3）编制甲公司内部领用A材料的会计分录。

（4）编制甲公司对外销售A材料的会计分录。

（5）计算甲公司2019年6月末结存A材料的实际成本。

5．甲公司的生产车间生产甲、乙两种产品。2019年9月份，车间发生的相关业务如下。

（1）车间为生产甲产品向仓库领用A材料1 000千克，共计15 000元，B材料500千克，共计5 000元；为生产乙产品领用A材料500千克，共计7 500元，B材料300千克，共计3 000元。

（2）王某出差，预借差旅费2 000元，以现金付讫。

（3）分配工资，其中行政管理人员6 000元，车间管理人员3 500元，生产甲产品工人工资12 000元，生产乙产品工人工资8 000元。

（4）计提本月单位负担的社会保险费，其中行政管理人员1 500元，车间管理人员875元，生产甲产品工人和乙产品工人分别为3 000元和2 000元。

（5）王某出差回来，报销差旅费1 800元，余款退回。

要求：根据以上资料，逐笔编制相应的会计分录。

6．某企业为增值税一般纳税人，2019年5月份发生的有关经济业务如下。

（1）预收购货单位的货款450万元，存入银行。

（2）向购货单位发出产品一批，开出的增值税专用发票所列价款为500万元，增值税税额为80万元，共计580万元。原已向购货单位预收货款450万元，不足部分购货单位以银行存款补付。该批产品实际成本为300万元。

（3）以银行存款650万元支付本月职工工资。

（4）以银行存款支付广告费3万元。

要求：根据以上资料，逐笔编制相应的会计分录（答案中的金额单位均用万元表示）。

7．长城公司2019年11月发生如下经济业务：

（1）11月5日，收到合作企业的合同违约金50 000元，款项已存入银行。

（2）11月10日，以银行存款30 000元向灾区捐款。

（3）11月29日，提前报废一台设备，该设备原价为100 000元，已提折旧90 000元。报废清理过程中发生的清理费用为5 000元，取得残料变价收入12 000元，存入银行。假定不考虑相关税收影响。

要求：

（1）编制11月5日的会计分录。

（2）编制11月10日的会计分录。

（3）编制11月29日转入清理状态的会计分录。

（4）编制11月29日清理过程发生的清理费用、取得变价收入的会计分录。

（5）编制11月29日结转清理净损益的会计分录。

8．胜利工厂2019年12月有关损益类账户的年末余额如下：

单位：元

账户名称	借或贷	结账前余额
主营业务收入	贷	1 115 000
其他业务收入	贷	50 000

续表

账户名称	借或贷	结账前余额
投资收益	贷	30 000
营业外收入	贷	80 000
主营业务成本	借	600 000
其他业务成本	借	25 000
税金及附加	借	10 000
管理费用	借	50 000
销售费用	借	70 000
财务费用	借	10 000
营业外支出	借	20 000

假设胜利工厂不存在纳税调整因素，所得税税率为25%。

按净利润的10%提取法定盈余公积，按5%提取任意盈余公积。经董事会讨论，决定向投资者分配利润150 000元。

要求：

（1）结转损益类账户余额。

（2）计算并结转所得税。

（3）计算并结转净利润。

（4）编制提取盈余公积的会计分录。

（5）编制向投资者分配利润的会计分录。

9．甲公司3月份发生如下经济业务。

（1）基本生产车间生产产品领用原材料6 000元。

（2）分配本月工资费用21 000元，其中，生产工人工资15 000元，车间管理人员工资6 000元。

（3）计提生产车间用固定资产折旧1 000元。

（4）结转本月制造费用7 000元，计入产品成本。

（5）结转本月完工产品成本18 000元。

要求：根据上述资料，逐笔编制相关会计分录。

10．某企业3月份发生如下经济业务。

（1）本月份生产A、B产品领用各种材料103 200元，其中：生产A产品领用60 000元，生产B产品领用40 000元，生产车间耗用3 200元。

（2）本月份发生水电费9 800元，款项已用银行存款支付。

（3）结转本月份应付职工工资32 000元，其中：制造A、B产品的生产工人工资分别为16 000元和12 000元，车间管理人员工资为4 000元。

（4）计提本月生产车间用固定资产折旧10 000元。

（5）以银行存款支付生产车间办公用品800元。

（6）根据A、B产品的生产工时分配制造费用，A产品本月份生产工时为7 500工时，B产品生产工时为5 000工时。

（7）本月份投产A产品1 000件已全部完工，验收入库，计算其总成本和单位成本。B产品全部未完工。

要求：

（1）根据资料（1）编制相应的会计分录。

（2）根据资料（2）编制相应的会计分录。

（3）根据资料（5）编制相应的会计分录。

（4）根据资料（6）编制相应的会计分录。

（5）根据资料（7）编制相应的会计分录。

11．甲公司 2019 年 7 月份和 8 月份各部门固定资产折旧增减变动情况如下表所示：

单位：元

部门	7 月份计提折旧额	7 月份增加固定资产应提折旧额	7 月份减少固定资产应提折旧额	8 月份增加固定资产应提折旧额	8 月份减少固定资产应提折旧额	8 月份计提折旧额	9 月份计提折旧额
生产车间	10 000	5 000	3 000	6 000	7 000	（1）	
机修车间	15 000	（2）	4 500	（3）	3 500	16 000	17 000
行政管理	（4）	6 000	5 500	4 000	（5）	18 000	20 000

要求：根据固定资产折旧有关规定，在合适的空格填写正确的数字。

12．某企业根据“工资结算汇总表”列示，当月应付工资总额为 680 000 元，扣除企业已为职工代垫的医药费 2 000 元和受房管部门委托代扣的职工房租 26 000 元，实发工资总额为 652 000 元。上述工资总额中，根据“工资费用分配表”列示产品生产人员工资为 560 000 元，车间管理人员工资为 50 000 元，企业行政管理人员工资为 60 000 元。

要求：

（1）编制向银行提取现金的会计分录。

（2）编制发放工资的会计分录。

（3）编制代垫代扣款项的会计分录。

（4）编制将有关工资费用结转至生产成本的会计分录。

（5）编制将有关工资费用结转至制造费用的会计分录。

13．沪光厂 2019 年 11 月初资产期初余额为 150 000 元，负债期初余额为 100 000 元，本期发生的经济业务如下。

（1）向雨洁公司购入一批原材料，价款为 12 000 元，材料已办理入库手续，并签发了一张商业承兑汇票（不考虑增值税）。

（2）10 月购入 20 000 元的原材料，今运抵并验收入库。

（3）由于经营出现危机，无力偿还东华公司欠款 60 000 元，经协调同意将其债权转为股权。

（4）经批准签发支票代所有者甲以资本金 26 000 元偿还甲投资者所欠其他单位的款项。

要求：

（1）根据经济业务（1）编制相应的会计分录。

（2）根据经济业务（2）编制相应的会计分录。

（3）根据经济业务（3）编制相应的会计分录。

（4）根据经济业务（4）编制相应的会计分录。

（5）计算沪光厂 2019 年 11 月末所有者权益的金额。

14．甲企业为增值税一般纳税人，增值税税率为 17%，采用备抵法核算坏账。2019 年 12 月 1 日，甲企业“应收账款”科目借方余额为 200 万元，“坏账准备”科目贷方余额为 25 万元。

（1）12 月 5 日，向乙企业赊销商品一批，开具的增值税专用发票上注明的售价为 50 万元，增值税税额为 8 万元。甲企业已将商品运抵乙企业，货款尚未收到，该批商品的成本为 28 万元。

（2）12 月 9 日，一客户破产，根据清算程序，有应收账款 20 万元不能收回，确认为坏账损失。

（3）12 月 21 日，收到乙企业的销货款 30 万元，存入银行。

（4）12 月 31 日，甲企业对应收账款进行减值测试，预计其未来现金流量现值为 170 万元。

要求：

（1）根据业务（1）编制相应的会计分录。

（2）根据业务（2）编制相应的会计分录。

（3）根据业务（3）编制相应的会计分录。

（4）计算甲企业 12 月份应计提的坏账准备金额。

（5）编制甲企业计提坏账准备的会计分录。

15. 甲公司为增值税一般纳税人，适用的增值税税率为 17%，商品、原材料售价中均不含增值税。假定销售商品、原材料均符合收入确认条件，其成本在确认收入时逐笔结转，不考虑其他因素。2019 年 4 月，甲公司发生如下交易或事项。

（1）销售商品一批，开具的增值税专用发票上注明的售价为 200 万元，增值税税额为 32 万元。商品已发出，款项尚未收回。该批商品实际成本为 150 万元。

（2）销售一批原材料，开具的增值税专用发票上注明的售价为 80 万元，增值税税额为 12.8 万元。材料已发出，款项收到并存入银行，该批材料的实际成本为 59 万元。

（3）将不需用的设备出售给乙公司，售价为 20 万元，已通过银行收回价款。该设备原价为 30 万元，已计提累计折旧 8 万元。

（4）向乙公司销售 A 商品 1 600 件，标价总额为 800 万元（不含增值税），商品实际成本为 480 万元。为了促销，甲公司给予乙公司 15%的商业折扣并开具了增值税专用发票。甲公司已发出商品，并向银行办理了托收手续。

（5）以银行存款支付产品展览费 10 万元。

要求：（以万元为单位）

（1）根据经济业务（1）编制相应的会计分录。

（2）根据经济业务（2）编制相应的会计分录。

（3）根据经济业务（3）编制相应的会计分录。

（4）根据经济业务（4）编制相应的会计分录。

（5）根据经济业务（5）编制相应的会计分录。

16. 甲公司 2019 年 8 月份发生如下部分经济业务。

（1）8 月 3 日，以现金支付应由公司负担的销售 A 产品的运输费 800 元。

（2）8 月 7 日，以银行存款支付业务招待费 7 200 元。

（3）8 月 15 日，计算应交土地使用税 3 500 元。

（4）8 月 20 日，收到银行转来的存款利息 3 000 元。

（5）8 月 30 日，摊销无形资产 2 000 元。

要求：

（1）根据经济业务（1）编制相应的会计分录。

（2）根据经济业务（2）编制相应的会计分录。

（3）根据经济业务（3）编制相应的会计分录。

（4）根据经济业务（4）编制相应的会计分录。

（5）根据经济业务（5）编制相应的会计分录。

扫一扫

借贷记账法下主要经济业务账务处理——采购业务账务处理

借贷记账法下主要经济业务账务处理——期间费用的账务处理

借贷记账法下主要经济业务账务处理——利润形成的账务处理

借贷记账法下主要经济业务账务处理——利润分配的账务处理

企业的生产流程和经营业务

生产业务的账务处理

产品是怎样炼成的

销售业务账务处理

收获的季节

招兵买马囤粮求壮大

项目六

会 计 凭 证

基本要求

1. 了解会计凭证的概念与作用。
2. 了解会计凭证的传递。
3. 熟悉原始凭证与记账凭证的种类。
4. 熟悉会计凭证的保管。
5. 掌握原始凭证的填制。
6. 掌握记账凭证的填制。
7. 掌握原始凭证与记账凭证的审核。

模块一 会计凭证概述

一、会计凭证的概念与作用

（一）会计凭证的概念

会计凭证是记录经济业务事项发生或完成情况的书面证明，也是登记会计账簿的依据。

填制和审核会计凭证是会计核算的基本方法之一，也是会计核算工作的起点和基础。为了保证会计信息的客观、真实，任何单位在从事任何一项经济活动时，都必须由有关人员填制或取得会计凭证，对整个经济活动过程做出书面记录。会计凭证中必须详细记录经济业务的内容、数量、单价、金额等，注明经济业务发生或完成的日期，并在凭证上签名或盖章，以明确经济责任。会计人员必须对已取得的会计凭证进行严格审核，经确认无误后，才能作为登记会计账簿的依据。

（二）会计凭证的作用

合理地取得、正确地填制和审核会计凭证，在会计核算中具有重要的意义。

（1）记录经济业务，提供记账依据。通过填制会计凭证，可以正确地反映经济业务的发生和完成情况，保证会计信息的真实、可靠、及时；通过会计凭证的填制和审核，为登记账簿提供依据。

（2）明确经济责任，强化内部控制。会计凭证除记录有关经济业务的基本内容外，还必须由相关部门和有关人员签章，从而明确有关部门和人员的责任，这必然增强经办人员及其他有关人员的责任感，强化内部控制；同时，也有利于以后发现问题及时查明责任归属。

（3）监督经济活动，控制经济运行。通过对会计凭证的审核，可以检查各项经济业务是否符合国家有关法律、法规和制度的规定，是否符合计划、预算进度，是否存在违法乱纪行为等；监督经济活动的真实性、合法性、合理性，及时对经济活动进行事中控制；提高会计信息质量，改善经营管理，提高经济效益。

二、会计凭证的种类

会计凭证按照填制的程序和用途不同，分为原始凭证和记账凭证。

【例 6-1】 （单选题）会计凭证按其（　　）不同，分为原始凭证和记账凭证。

A. 填制的程序和用途　　B. 填制的手续　　C. 取得的来源　　D. 格式

【答案】 A

【解析】 会计凭证按其填制的程序和用途不同，分为原始凭证和记账凭证。

（一）原始凭证

原始凭证又称单据，是指在经济业务发生或完成时取得或填制的，用于记录或证明经济业务的发生或完成情况的原始凭据。常用的原始凭证有现金收据、购货发票、销货发票、银行进账单、差旅费报销单、产品入库单、领料单等。原始凭证是在经济业务发生的过程中直接产生的，是经济业务发生的最初证明，在法律上具有证明效力，所以也称为“证明凭证”。

值得注意的是，原始凭证主要起到证明属于会计事项的经济业务实际发生和完成情况的作用，因此，凡不能证明业务已执行或完成的书面文件，如经济合同、派工单、请购单等，均不能作为原始凭证，而只能作为主要原始凭证的附件。

【例 6-2】 （多选题）下列不属于原始凭证的是（　　）。

A. 购货发票　　B. 借款借据　　C. 请购单　　D. 派工单

【答案】 CD

【解析】 凡不能证明业务已执行或完成的书面文件，如经济合同、派工单、请购单，均不能作为原始凭证。

（二）记账凭证

记账凭证又称记账凭单，是会计人员根据审核无误的原始凭证，按照经济业务的内容加以归类，并据以确定会计分录后填制的会计凭证。它是登记账簿的直接依据。

记账凭证是根据复式记账的基本原理，确定了应借应贷的会计科目及其金额，将原始凭证的信息转化为会计语言，是介于原始凭证和账簿之间的中间环节。

虽然原始凭证与记账凭证均属于会计凭证，但其性质却大不相同。原始凭证记录的是经济信息，它是编制会计凭证的依据，是会计核算的基础；而记账凭证记录的是会计信息，它是会计核算的起点。

模块二　原 始 凭 证

一、原始凭证的种类

原始凭证可按照取得的来源、格式、填制的手续和内容进行分类。

（一）按取得的来源分类

原始凭证按取得的来源不同，可以分为自制原始凭证和外来原始凭证。

1．自制原始凭证

自制原始凭证是指由本单位有关部门和人员，在执行或完成某项经济业务时自行填制的，仅供本单位内部使用的原始凭证。例如，生产车间领用材料时填制的“领料单”（见表 6-1）、销售产品时由业务部门开出的“增值税专用发票”（见表 6-3）、材料入库时由仓库保管人员填制的“收料单”（见表 6-4）等。

表 6-1 领料单

领用部门：办公室　　2019 年 4 月 21 日　　领料编号：150432

领料用途：宣传用　　发料仓库：一号库

材料编号	名称	规格	计量单位	请领数量	实发数量	单位成本	金额	备注
098	打印纸	A4	盒	10	10	20.00	200.00	

审批人：张丽　　领料人：吴相　　发料人：李松　　领料部门负责人：张凯

【例 6-3】（单选题）下列原始凭证中，不属于单位自制原始凭证的有（　　）。

A．收料单　　B．限额领料单

C．购料收到的增值税专用发票　　D．领料单

【答案】 C

【解析】 增值税专用发票是外来原始凭证。

2．外来原始凭证

外来原始凭证是指在经济业务发生或完成时，从其他单位或个人直接取得的原始凭证。例如，职工出差取得的火车票和住宿发票、企业支付电费和水费取得的发票、企业收到的银行电汇凭证（见表 6-2）等。

表 6-2 银行电汇凭证

中国工商银行　电汇凭证（收款通知）　　1

☑普通　□加急　　委托日期：2019 年 4 月 22 日　　第 003425 号

<table>
<tr><td rowspan="3">汇款人</td><td>全　称</td><td>东海市海临公司</td><td rowspan="3">收款人</td><td>全　称</td><td colspan="10">江南市弘毅公司</td><td rowspan="8">此联汇出行给汇款人的回单</td></tr>
<tr><td>账　号</td><td>204315344532</td><td>账　号</td><td colspan="10">477334400845</td></tr>
<tr><td>汇出地点</td><td>山东省东海市/县</td><td>汇入地点</td><td colspan="10">江苏省江南市/县</td></tr>
<tr><td colspan="2">汇出行名称</td><td>中国工商银行东海市城中支行</td><td colspan="2">汇入行名称</td><td colspan="10">中国银行江南市新区支行</td></tr>
<tr><td rowspan="2">金额</td><td colspan="4" rowspan="2">人民币（大写）捌仟圆整</td><td>千</td><td>百</td><td>十</td><td>万</td><td>千</td><td>百</td><td>十</td><td>元</td><td>角</td><td>分</td></tr>
<tr><td></td><td></td><td></td><td>¥</td><td>8</td><td>0</td><td>0</td><td>0</td><td>0</td><td>0</td></tr>
<tr><td colspan="3" rowspan="2">中国工商银行
东海市城中支行
汇出行签章</td><td colspan="2">支付密码</td><td colspan="10"></td></tr>
<tr><td colspan="12">附加信息及用途：
付欠货款
复核：　　记账：</td></tr>
</table>

【例 6-4】 （多选题）下列各项中，属于外来凭证的有（　　）。

A. 飞机票　　B. 销货发票

C. 购货发票　　D. 从外单位取得的电汇凭证

【答案】 ACD

【解析】 外来原始凭证是指在经济业务发生或完成时，从其他单位或个人直接取得的原始凭证。销货发票是本单位在销售商品时填制的，属于自制凭证。

【例 6-5】 发票是企业的外来原始凭证。（　　）

【答案】 ×

【解析】 购货发票是企业的外来原始凭证，销货发票是企业的自制原始凭证。

（二）按照格式分类

原始凭证按照其格式不同，可以分为通用凭证和专用凭证。

1．通用凭证

通用凭证是指由有关部门统一印制、在一定范围内使用的具有统一格式和使用方法的原始凭证。例如，税务部门统一印制的“增值税专用发票”，中国人民银行统一印制的“转账支票”等。

2．专用凭证

专用凭证是指由各单位自行印制，仅在本单位内部使用的原始凭证。例如，“收料单”“固定资产折旧计算表”“制造费用分配表”等。

（三）按照填制的手续和内容分类

原始凭证按照填制的手续和内容不同，可以分为一次凭证、累计凭证和汇总凭证。

1．一次凭证

一次凭证是指在经济业务发生时一次填制完成的，只记录一笔经济业务且仅一次有效的原始凭证。一次凭证的特点是一次有效的原始凭证，其填制的手续是一次完成的。例如，企业提取现金时填制的“现金支票”、企业汇出款时填制的“电汇凭证”、企业购进材料时取得的“增值税专用发票”等。

2．累计凭证

累计凭证是指一定时期内多次记录发生的同类型经济业务且多次有效的原始凭证。其特点是在一张凭证内可以连续登记相同性质的经济业务，并随时结出累计数，期末按实际发生额记账。累计凭证是多次有效的原始凭证。例如“限额领料单”（见表 6-6）。

【例 6-6】 （单选题）下列各项中，属于累计凭证的是（　　）。

A. 差旅费报销单　　B. 限额领料单　　C. 收料凭证汇总表　　D. 发料单

【答案】 B

【解析】 累计凭证是指一定时期内多次记录发生的同类型经济业务且多次有效的原始凭证。“差旅费报销单”“收料凭证汇总表”“发料单”均是一次凭证。

3．汇总凭证

汇总凭证是指对一定时期内反映经济业务内容相同的若干张原始凭证，按照一定标准综合填制的原始凭证。例如“发料凭证汇总表”（见表 6-7）“工资结算汇总表”“收料凭证汇总表”等。汇总凭证汇总的内容只能是同类经济业务。

二、原始凭证的基本内容

由于各项经济业务的内容和经济管理的要求不同，各种原始凭证的名称、格式和内容也是多种多样的。但是，所有的原始凭证都是经济业务的原始证据，必须详细载明有关经济业务的发生或完成情况，必须明确经办单位和人员的经济责任。因此，各种原始凭证都应具备一些共同的基本内容。原始凭证所包括的基本内容，通常称为凭证基本要素，主要有：

（1）原始凭证的名称。

（2）填制凭证的日期。

（3）填制凭证单位名称或填制人姓名。

（4）经办人员的签名或盖章。

（5）接受凭证单位名称（抬头人）。

（6）经济业务内容。

（7）数量、单价和金额。

原始凭证基本要素在增值税专用发票中如表 6-3 所示。

表 6-3 增值税专用发票

江苏省增值税专用发票

记 账 联

（印章：江苏 国家税务总局监制）

开票日期：2019 年 4 月 11 日　　　　NO 03287311

购货单位	名 称：南海市华瑞公司 纳税人识别号：231254456127356 地址 、 电话：向阳路 12 号 025-42708458 开户行及账户：中国农业银行第二营业处 43564641166724	密码区					
货物或应税劳务名称	规格型号	单位	数量	单价	金额	税率	税额
打印机		台	200	400	80 000	17%	13 600
合计					80 000		13 600
价税合计（大写）	玖万叁仟陆佰圆整　（小写）￥93 600.00						
销货单位	名 称：无锡市弘毅公司 纳税人识别号：31244456307453 地址 、 电话：人民路 38 号 0510-85433576 开户行及账户：中国工商银行城南分理处 20431534454234312l2	备 注	无锡弘毅公司发票专用章				

第一联：记账联 销售方记账凭证

收款人：张敏　　复核人：王凯　　开票人：杨芳　　销货单位（章）

【例 6-7】（单选题）下列各项中，不属于原始凭证所具备的基本内容的是（　　）。

A. 经济业务内容　　B. 凭证名称、填写日期

C. 经办人员签名或盖章　　D. 会计科目

【答案】 D

【解析】 会计科目是记账凭证的基本内容。

三、原始凭证的填制要求

（一）原始凭证填制的基本要求

原始凭证作为经济业务的原始证明，是进行会计核算工作的原始资料和重要依据，也是有效提供会计信息资料的基础，其填制必须符合以下基本要求。

1．记录真实

原始凭证上所填列的经济业务内容和数字，必须真实可靠，符合实际情况，不得歪曲经济业务真相，弄虚作假。对实物的数量和金额的计算要正确无误，不得以估算和匡算填入。

2．内容完整

原始凭证所要求填列的项目必须逐项填写齐全，不得遗漏和省略。年、月、日要按照原始凭证的实际日期填写；名称要齐全，不能简化；品名或用途填写明确，不能含糊不清；需要填写一式数联的原始凭证，必须用复写纸套写，各联的内容必须完全相同，联次不得缺少；经办人员必须在原始凭证上签名或盖章，对凭证的真实性和正确性负责。

3．手续完备

单位自制原始凭证必须有经办单位负责人或其他指定人员的签名或盖章；对外开出的原始凭证必须加盖本单位公章；从外单位取得的原始凭证，必须盖有填制单位的公章；从个人取得的原始凭证，必须有填制人员的签名或盖章。

4．书写清楚、规范

原始凭证要按规范填写，文字要简要，字迹要清楚、易于辨认，不得使用未经国务院公布的简化字。相关填写应遵守以下技术要求。

（1）小写金额用阿拉伯数字逐个书写，不得连写。在金额小写前要填写人民币符号“¥”，人民币符号“¥”与阿拉伯数字之间不得留有空白。凡阿拉伯数字前写有人民币“¥”的，数字后面不再写“元”。所有以“元”为单位的阿拉伯数字，除表示单价等情况外，一律填写到角、分，无角分的，角位和分位写成“00”，或者用符号“—”表示；有角无分的，分位应当写“0”，不得用符号“—”代替。

（2）汉字大写金额数字，一律用正楷或行书书写，如壹、贰、叁、肆、伍、陆、柒、捌、玖、拾、佰、仟、万、亿、圆、角、分、零、整等。大写金额前未印有“人民币”字样的，应加写“人民币”三字。大写金额数字到元或角为止的，在“元”或“角”字之后一般应当写“整”字或“正”字；大写金额数字有分的，分字后面不写“整”字或“正”字。例如，小写金额¥1 520.38，大写金额应写成“人民币壹仟伍佰贰拾圆零叁角捌分”。又如，小写金额为¥103.60，大写金额应写成“人民币壹佰零叁圆陆角整”。阿拉伯金额数字中间有“0”或连续有几个“0”时，汉字大写金额中可以只写一个“零”，如小写金额¥6 004.50，大写金额应写成“人民币陆仟零肆圆伍角整”。

（3）重要原始凭证，如支票主体部分等，出票时间采用汉字大写，大写时，应注意月、日的书写。

① 大写月份时，壹月、贰月、壹拾月前需加“零”，如“零壹月”“零贰月”“零壹拾月”；

② 大写日时，壹至玖日、壹拾日、贰拾日、叁拾日前加“零”，如“零玖日”“零贰拾日”；另外，拾壹至拾玖日前应加“壹”，如“壹拾壹日”“壹拾玖日”。这样做是为了防止变造票据的出票日期。例如，2019 年 1 月 5 日大写为“贰零壹玖年零壹月零伍日”，2019 年 2 月 20 日大写为“贰零壹玖年零贰月零贰拾日”，2019 年 12 月 30 日大写为“贰零壹玖年壹拾贰月零叁拾日”。

5．编号连续

各种凭证都应连续编号，以便查核。如已预先印定编号，应按编号连续使用。在写坏作废时，应加盖“作废”戳记，并妥善保存，不得撕毁。

6．不得涂改、刮擦、挖补

原始凭证不得随意涂改、刮擦、挖补。发现原始凭证填制有错误，应当由开出单位重开或更正，更正处应当加盖开出单位公章。原始凭证金额有错误的，必须由开出单位重开，不得在原始凭证上更正。

7．填制及时

每项经济业务在发生或完成后，应由经办人员立即填制原始凭证，经签章后即递交会计部门，以便会计部门审核后及时据以编制记账凭证，保证会计工作的时效性。

【例 6-8】 以下项目中，属于原始凭证填制要求的有（　　）。

A. 记录真实　　B. 内容完整　　C. 书写清楚　　D. 填制及时

【答案】 ABCD

【解析】 原始凭证填制的基本要求：记录真实、内容完整、手续完备、书写清楚、连续编号、不得涂改刮擦挖补、填制及时。

（二）自制原始凭证的填制

1．一次凭证的填制

一次凭证包括所有外来凭证和大部分自制凭证。下面以“收料单”和“借款申请单”为例说明一次凭证的填制。

（1）收料单。收料单是企业购进材料验收入库时由仓库保管员根据购入材料的实际验收情况填制的一次原始凭证。

【例 6-9】 2019 年 4 月 24 日，弘毅公司从新明公司购进圆钢 15 吨，每吨 2 560 元。运杂费为 2 400 元。仓库保管员验收后填制“收料单”，其格式与内容如表 6-4 所示。

表 6-4　收料单

供应单位：新明公司　　2019 年 4 月 24 日　　编　号：0246

发票号码：0023658　　金额单位：元　　收料仓库：1 号库

材料类别	材料编号	材料名称	计量单位	数量		实际成本			
				应收	实收	单价	发票价格	运杂费	合计
钢材	3082	圆钢	吨	15	15	2 560.00	38 400.00	2 400.00	40 800.00
备注								合计	40 800.00

仓库负责人：王东　　仓库保管员：陆阳　　交料人：沈彪

（2）借款申请单。借款申请单是由企业内部员工向企业借款时填制的一次原始凭证。

【例 6-10】 2019 年 4 月 22 日，弘毅公司销售部门业务员徐刚因出差向单位借现金 5 000 元，填制“借款申请单”，其格式与内容如表 6-5 所示。

表 6-5　借款申请单　　　　**编号：0015256**

部门	销售科	姓名	徐刚	借款事由	上海交易会
借款金额（大写）人民币伍仟元整		¥5 000.00			
借款方式	现金		预计报销日期	2019 年 4 月 28 日	
备注					
单位负责人签字		部门负责人签字		借款人签字	徐刚

会计主管：　　　　　　　　　　　　出纳：

2．累计凭证的填制

累计凭证应在每次经济业务完成后，由相关人员在同一张凭证上重复填制完成。该凭证能在一定时期内不断重复地反映同类经济业务的完成情况。

【例 6-11】 2019 年 4 月份，弘毅公司第一生产车间生产 A 产品，扁钢的领用限额为 5 200 千克，每千克扁钢的单价为 30 元，生产计划部门下达“限额领料单”后，一车间在月份内领用扁钢数量如下：5 日领用 2 000 千克，15 日领用 2 100 千克，25 日领用 1 000 千克。领发料双方填制“限额领料单”，其格式与内容如表 6-6 所示。

表 6-6　限额领料单

领料部门：一车间　　　　　　　　　　　　　　　　领料编号：02291

用　　途：生产 A 产品　　　　2019 年 4 月　　　　金额单位：元　　　　发料仓库：1 号库

材料类别	材料编号	材料名称规格	计量单位	单价	全月领用限额	全月实际领用		备注
						数量	金额	
钢材	0316	扁钢	千克	30.00	5 200	5 100	153 000.00	

日期		请领		实发			结余限额
月	日	数量	领料部门负责人	数量	发料人	领料人	
4	5	2 000	张克强	2 000	陈涛	陆坚强	3 200
4	15	2 100	张克强	2 100	陈涛	陆坚强	1 100
4	25	1 000	张克强	1 000	陈涛	陆坚强	100
合计				5 100			

生产计划部门：陈亮　　　　供应部门负责人：肖志刚　　　　仓库负责人：黄松涛

3．汇总凭证的填制

汇总凭证应由相关人员汇总一定时期内反映同类经济业务的原始凭证后填制完成。该凭证只能将类型相同的经济业务进行汇总，不能汇总两类或两类以上的经济业务。

【例 6-12】 2019 年 4 月份，弘毅公司材料会计张群将各车间、部门的本月领料凭证（领料单、限额领料单）汇总，编制“发料凭证汇总表”，如表 6-7 所示。

表 6-7　发料凭证汇总表　　　　**附件：126 张**

2019 年 4 月　　　　单位：元

领用部门及用途	甲材料	乙材料	丙材料	合计
车间生产 A 产品耗用	160 000	120 000		280 000
车间生产 B 产品耗用	60 000	80 000		140 000

续表

领用部门及用途	甲材料	乙材料	丙材料	合计
小　计	220 000	200 000		420 000
车间一般耗用	5 000		4 000	9 000
行政管理部门耗用			1 200	1 200
销售部门			4 000	4 000
合　计	225 000	200 000	9 200	434 200

（三）外来原始凭证的填制要求

外来原始凭证应在企业同外单位发生经济业务时，由外单位的相关人员填制完成。外来原始凭证一般由税务局等部门统一印制，或经税务部门批准由经营单位印制，在填制时加盖出具凭证单位公章方为有效。对于一式多联的原始凭证必须用复写纸套写或打印机套打。

四、原始凭证的审核

（一）原始凭证审核的内容

原始凭证必须经过会计主管人员或指定人员进行认真严格的逐项审查核实后，方能作为编制记账凭证和登记账簿的依据。审核原始凭证主要从以下几方面进行。

（1）审核原始凭证的真实性。真实性审核主要包括经济业务内容、填制凭证的日期、数据是否真实等内容的审查。对自制原始凭证，必须有经办部门和人员的签名或盖章；对外来原始凭证，必须有填制单位公章和填制人员的签名；对通用原始凭证，还应审核凭证本身的真实性，以防假冒。

（2）审核原始凭证的合法性。合法性审核主要审核原始凭证所记录经济业务是否有违反国家法律法规的情况，是否履行了规定的凭证传递和审核程序，是否有贪污腐化行为。

（3）审核原始凭证的合理性。合理性审核主要审核原始凭证所记录的经济业务是否符合企业生产经营活动的需要，是否符合有关的计划和预算等。

（4）审核原始凭证的完整性。完整性审核主要是按原始凭证基本要素，审核原始凭证的内容是否完整，各项目是否按规定填写齐全，手续是否完备。

（5）审核原始凭证的正确性。正确性审核主要审核原始凭证中摘要的填写是否符合要求，数量、单价、金额、合计数的计算和填写是否正确，大小写金额是否相符，书写是否清楚。

（6）审核原始凭证的及时性。及时性审核主要包括原始凭证填制是否及时，是否按规定程序进行凭证的传递，审核时应注意审查凭证的填制日期，尤其是支票等时效性很强的原始凭证，应仔细验证其签发日期。

（二）原始凭证审核结果处理

原始凭证的审核是一项十分细致而严肃的工作，会计人员必须坚持原则，履行职责。经审核后的原始凭证应根据以下不同情况进行处理。

（1）对于完全符合要求的原始凭证，应及时据以编制记账凭证入账。

（2）对于真实、合法、合理但内容不够完整、填写有错误的原始凭证，应退回给有关经办人员，由其负责将有关凭证补充完整、更正错误或重开后，再补办正式会计手续。

（3）对于不真实、不合法的原始凭证，会计机构和会计人员有权不予接受，并向单位负责人报告。

模块三 记 账 凭 证

一、记账凭证的种类

记账凭证可按不同标准进行分类，按照用途可分为专用记账凭证和通用记账凭证；按照填列方式可分为单式记账凭证和复式记账凭证。

（一）按记账凭证的用途分类

记账凭证按凭证的用途不同，分为专用记账凭证和通用记账凭证两类。

1．专用记账凭证

专用记账凭证是指分类反映经济业务的记账凭证。专用记账凭证按其所记录的经济业务与现金和银行存款的收付有无关系，又分为收款凭证、付款凭证和转账凭证三种。

（1）收款凭证是指用于记录库存现金和银行存款收款业务的记账凭证。它根据有关现金和银行存款收入业务的原始凭证填制，是登记现金日记账、银行存款日记账及有关明细账和总账等账簿的依据，也是出纳人员收讫款项的依据。收款凭证格式如表 6-8 所示。

表 6-8 收款凭证

借方科目： 年 月 日 ___收字第 号

摘 要	贷方科目	明细科目	金 额								记账
			十	万	千	百	十	元	角	分	
合 计											

附单据 张

会计主管 记账 复核 出纳 制单

（2）付款凭证是指用于记录库存现金和银行存款付款业务的记账凭证。它根据有关现金和银行存款支付业务的原始凭证填制，是登记现金日记账、银行存款日记账及有关明细账和总账等账簿的依据，也是出纳人员付讫款项的依据。付款凭证格式如表 6-9 所示。

表 6-9 付款凭证

贷方科目： 年 月 日 ___付字 第 号

摘 要	借方科目	明细科目	金 额								记账
合 计											

附单据 张

会计主管 记账 复核 出纳 制单

（3）转账凭证是指用于记录不涉及库存现金和银行存款业务的记账凭证。它根据有关转账业务的原始凭证填制。转账凭证是登记总分类账及有关明细分类账的依据。转账凭证格式如表 6-10 所示。

表 6-10　转账凭证

年　月　日　　　　　　　　　　转字第　号

摘要	会计科目		借方金额								贷方金额								记账
	总账科目	明细科目	十	万	千	百	十	元	角	分	十	万	千	百	十	元	角	分	
合计																			

附单据　张

会计主管　　　　记账　　　　复核　　　　制单

【例 6-13】（单选题）接收外单位投资的汽车一辆，应填制（　　）。

A．收款凭证　　B．付款凭证　　C．转账凭证　　D．汇总凭证

【答案】 C

【解析】 此经济业务应记入固定资产的借方，记入实收资本的贷方，所以应填制转账凭证。

2．通用记账凭证

通用记账凭证是指用来反映所有经济业务的记账凭证，为各类经济业务所共同使用，其格式与转账凭证基本相同。

在经济业务比较简单的经济单位，为了简化凭证，可以使用通用记账凭证记录所发生的各种经济业务。通用记账凭证格式如表 6-11 所示。

表 6-11　通用记账凭证

年　月　日　　　　　　　　　　转字第　号

摘要	会计科目		借方金额								贷方金额								记账
	总账科目	明细科目	十	万	千	百	十	元	角	分	十	万	千	百	十	元	角	分	
合计																			

附单据　张

会计主管　　　　记账　　　　复核　　　　出纳　　　　制单

（二）按凭证的填列方式分类

记账凭证按其填制方式不同，分为复式记账凭证和单式记账凭证两类。

1．复式记账凭证

复式记账凭证是将每一笔经济业务事项所涉及的全部会计科目及其发生额均在同一张记

账凭证中反映的一种凭证。上述的收款凭证、付款凭证、转账凭证都是复式记账凭证。

优点：可以集中反映一项经济业务的科目对应关系，便于了解有关经济业务的全貌，减少凭证数量，节约纸张等。

缺点：不便于汇总计算每一个会计科目的发生额。

2．单式记账凭证

单式记账凭证是指每一张记账凭证只填列经济业务事项所涉及的一个会计科目及其金额的记账凭证。

优点：内容单一，便于汇总计算每一会计科目的发生额，便于分工记账。

缺点：制证工作量大，且不能在一张凭证上反映经济业务的全貌，内容分散，也不便于查账，还易出差错。

【例 6-14】 单式记账凭证是在单式记账法下使用，复式记账凭证是在复式记账法下使用。（ ）

【答案】 ×

【解析】 单式记账凭证和复式记账凭证都是在复式记账法下使用。

二、记账凭证的基本内容

记账凭证种类甚多，格式不一，但其主要作用都在于对原始凭证进行分类、整理，按照复式记账的要求，运用会计科目，编制会计分录，据以登记账簿。因此，各种记账凭证必须具备一些共同的基本内容。记账凭证所包括的基本内容，通常称为凭证基本要素，主要有：

（1）填制记账凭证的日期。

（2）记账凭证的编号。

（3）经济业务摘要。

（4）会计科目。

（5）金额。

（6）所附原始凭证的张数。

（7）填制凭证人员、稽核人员、记账人员、会计机构负责人、会计主管人员签名或盖章。

三、记账凭证的填制要求

（一）记账凭证填制的基本要求

记账凭证是登记账簿的依据，正确填制记账凭证是保证账簿记录正确的基础。填制记账凭证应符合以下基本要求。

（1）记账凭证各项内容必须完整。

（2）记账凭证的书写应当清楚、规范。

（3）除结账和更正错误的记账凭证可以不附原始凭证外，其他记账凭证都必须附有原始凭证。所附的原始凭证必须完整，并在记账凭证上注明原始凭证的张数。记账凭证后如附有汇总原始凭证，应按汇总的原始凭证填写张数。如职工报销差旅费，共有各种原始凭证 26 张，均应附在“差旅费报销单”后面，在“差旅费报销单”上填写附原始凭证 26 张，但在填写记账凭证附件数时，所附原始凭证张数应填 1 张。

（4）记账凭证的填制应以审核无误的原始凭证为依据。记账凭证可以根据每一张原始凭证填制，或者根据若干张同类原始凭证汇总填制，也可以根据原始凭证汇总表填制。但不得将不同内容和类别的原始凭证汇总填制在 1 张记账凭证上。

（5）记账凭证应连续编号。记账凭证在 1 个月内应按业务发生顺序并按不同种类的记账凭证采用“字号编号法”连续编号，以便查核。如果1笔经济业务需要编制2张以上（含2张）的记账凭证，可以采用“分数编号法”编号。例如，第5笔转账业务需要编制3张记账凭证，其编号分别为：“转字第$5\frac{1}{3}$号”“转字第$5\frac{2}{3}$号”“转字第$5\frac{3}{3}$号”。

（6）记账凭证在登记账簿前发现有错误应当重新编制；已登记入账的记账凭证发现填写错误时，应采用错账更正方法进行更正（参见项目七）。

（7）记账凭证填制完成后，如有空行，应当自金额栏最后一笔金额数字下的空行处至合计数上的空行处画线注销。

【例6-15】 （单选题）下列表述正确的是（　　）。

A. 记账凭证只能根据每一张原始凭证编制　　B. 记账凭证必须附有原始凭证

C. 某业务涉及几张记账凭证可采用分数编号法　　D. 记账凭证分数错误可以更正

【答案】 C

【解析】 记账凭证可以根据1张记账凭证编制，也可以根据若干张同类经济业务编制；结账和错账更正可以不附原始凭证；填制记账凭证发生错误，应当重新填制。

（二）收款凭证的填制要求

收款凭证左上角的“借方科目”按收款的性质填写“库存现金”或“银行存款”；“日期”填写的是填制本凭证的日期；右上角填写填制收款凭证的顺序号；“摘要”填写对所记录的经济业务的简要说明；“贷方科目”填写与收入“库存现金”或“银行存款”相对应的会计科目；“记账”是指该凭证已登记账簿的标记，防止经济业务重记或漏记；“金额”是指该项经济业务的发生额；该凭证右边“附件×张”是指本记账凭证所附原始凭证的张数；最下边分别由有关人员签章，以明确经济责任。

【例6-16】 2019年3月5日，弘毅公司收到明明公司预付的购货款20 000元。会计人员根据审核无误的银行收账通知单填制银行存款收款凭证，其凭证格式和内容如表6-12所示。

表6-12　收款凭证

借方科目：银行存款　　　　2019年3月5日　　　　银收字第8号

摘要	贷方科目		金额								记账
	总账科目	明细科目	十	万	千	百	十	元	角	分	
预收购货款	预收账款	明明公司		2	0	0	0	0	0	0	
合计			¥	2	0	0	0	0	0	0	

附单据1张

会计主管　　记账　　复核 于海　　出纳 赵芳　　制单 张敏

【例6-17】 2019年3月6日，弘毅公司业务员王涛报销差旅费，原预借3 000元，报销2 700元，交来多余现金300元。会计人员根据差旅费报销单和现金收款收据分别编制转账凭证和现金收款凭证，其凭证格式和内容如表6-13、表6-14所示。

表 6-13　转账凭证

2019 年 3 月 6 日　　　　转字第 16 号

摘要	会计科目		借方金额								贷方金额								记账
	总账科目	明细科目	十	万	千	百	十	元	角	分	十	万	千	百	十	元	角	分	
报销差旅费	管理费用	差旅费			2	7	0	0	0	0									
	其他应收款	备用金											2	7	0	0	0	0	
合　计				¥	2	7	0	0	0	0		¥	2	7	0	0	0	0	

附单据 1 张

会计主管　　记账　　复核 于海　　制单 张敏

需要注意的是，本业务应根据差旅费报销单填制转账凭证，应根据收款收据填制现金收款凭证。编制会计分录时，本业务可以编制 1 笔复合的会计分录，而填制专用记账凭证时必须填制 2 张记账凭证。

表 6-14　收款凭证

借方科目：库存现金　　　　2019 年 3 月 6 日　　　　现收字第 25 号

摘要	贷方科目		金额								记账
	总账科目	明细科目	十	万	千	百	十	元	角	分	
收多余差旅费	其他应收款	备用金				3	0	0	0	0	
合　计					¥	3	0	0	0	0	

附单据 1 张

会计主管　　记账　　复核 于海　　出纳 赵芳　　制单 张敏

（三）付款凭证的填制要求

付款凭证是根据审核无误的有关库存现金和银行存款的付款业务的原始凭证填制的。付款凭证的填制方法与收款凭证基本相同，不同的是在付款凭证的左上角应填制贷方科目，即“库存现金”或“银行存款”科目，“借方科目”栏应填写与“库存现金”或“银行存款”相对应的一级科目和明细科目。

【例 6-18】　2019 年 3 月 31 日，支付第 1 季度短期借款利息 4 625 元，其中 1 月、2 月份 3 000 元，会计人员根据银行付款通知单编制银行付款凭证，其格式和内容如表 6-15 所示。

表 6-15　付款凭证

贷方科目：银行存款　　　　2019 年　3 月 31 日　　　　银付字第 37 号

摘要	借方科目		金额								记账
	总账科目	明细科目	十	万	千	百	十	元	角	分	
支付利息	应付利息	中国工商银行			3	0	0	0	0	0	
	财务费用	利息			1	6	2	5	0	0	
合计				¥	4	6	2	5	0	0	

附单据 1 张

会计主管　　记账　　复核 于海　　出纳 赵芳　　制单 张敏

【例 6-19】 2019 年 4 月 18 日，从三阳公司购入甲材料，买价为 20 000 元，增值税税额为 3 200 元，材料验收入库，以转账支票支付货款 15 000 元，其余暂欠。会计人员根据购货发票、收料单和转账支票存根分别编制转账凭证和银行付款凭证，其格式和内容如表 6-16、表 6-17 所示。

表 6-16　转账凭证

2019 年　4 月　18 日　　　　转字第 23 号

摘要	会计科目		借方金额								贷方金额								记账
	总账科目	明细科目	十	万	千	百	十	元	角	分	十	万	千	百	十	元	角	分	
购材料款暂欠	原材料	甲材料		2	0	0	0	0	0	0									
	应交税费	应交增值税（进项税额）			3	2	0	0	0	0									
	应付账款	三阳公司										2	3	2	0	0	0	0	
合计			¥	2	3	2	0	0	0	0	¥	2	3	2	0	0	0	0	

附单据 2 张

会计主管　　记账　　复核 于海　　制单 张敏

表 6-17　付款凭证

贷方科目：银行存款　　　　2019 年 4 月 18 日　　　　银付字第 38 号

摘要	借方科目		金额								
	总账科目	明细科目	十	万	千	百	十	元	角	分	
付材料款	应付账款	三阳公司		1	5	0	0	0	0	0	
合计			¥	1	5	0	0	0	0	0	

附单据 1 张

会计主管　　记账　　复核 于海　　出纳 赵芳　　制单 张敏

需要注意的是，本业务应先根据增值税专用发票和材料入库单，按结算金额填制转账凭证，再根据转账支票存根，按实际支付金额编制付款凭证。

【例 6-20】 2019 年 4 月 20 日，签发现金支票从银行提取现金 5 000 元备用。会计人员应根据现金支票存根编制银行付款凭证，其格式和内容如表 6-18 所示。

表 6-18 付款凭证

贷方科目：银行存款　　　　2019 年 4 月 20 日　　　　银付字第 39 号

摘　要	借方科目		金　额								记账
	总账科目	明细科目	十	万	千	百	十	元	角	分	
提现备用	库存现金				5	0	0	0	0	0	
合　计				¥	5	0	0	0	0	0	

附单据 1 张

会计主管　　记账　　复核 于海　　出纳 赵芳　　制单 张敏

需要注意的是，对于涉及现金和银行存款之间的相互划转业务，如从银行提取现金或将现金存入银行，为了避免重复记账，一般只编制付款凭证。例如，从银行提取现金时，只编制银行付款凭证；将现金存入银行时，只编制现金付款凭证。

【例 6-21】 （多选题）下列表述正确的有（　　）。

A. 转账业务只涉及转账业务，不涉及收付款业务

B. 涉及库存现金和银行存款之间的划转业务应填制转账凭证

C. 付款凭证的贷方科目只能是库存现金或银行存款

D. 收款凭证的借方科目只能是库存现金或银行存款

【答案】 ACD

【解析】 涉及库存现金和银行存款之间的划转业务应填制付款凭证。

【例 6-22】 （多选题）涉及现金与银行存款之间的划转业务，可以编制的记账凭证有（　　）。

A. 银行存款收款凭证　　B. 银行存款付款凭证

C. 现金收款凭证　　D. 现金付款凭证

【答案】 BD

【解析】 涉及现金和银行存款之间的划转业务，一般只编制付款凭证。库存现金存入银行填制现金付款凭证；从银行提取现金编制银行付款凭证。

（四）转账凭证的填制要求

转账凭证通常是根据有关转账业务的原始凭证填制的。转账凭证中“总账科目”和“明细科目”栏应填写应借、应贷的总账科目和明细科目，借方科目应记金额应在同一行的“借方金额”栏填列，贷方科目应记金额应在同一行的“贷方金额”栏填列，“借方金额”栏合计数与“贷方金额”栏合计数应相等。

【例 6-23】 2019 年 4 月 30 日，计提短期借款利息 1 800 元。会计人员根据短期借款利息计算表编制转账凭证，其格式和内容如表 6-19 所示。

表 6-19　转账凭证

2019 年 4 月 30 日　　　　转字第　号

摘　要	会计科目		借方金额								贷方金额								记账
	总账科目	明细科目	十	万	千	百	十	元	角	分	十	万	千	百	十	元	角	分	
计提利息	财务费用	利息			1	8	0	0	0	0									
	应付利息												1	8	0	0	0	0	
合　计				¥	1	8	0	0	0	0		¥	1	8	0	0	0	0	

附单据　张

会计主管　　　　记账　　　　复核　　　　制单

四、记账凭证的审核

记账凭证是登记账簿的直接依据，为了保证账簿记录的准确性和会计信息的质量，在记账之前应由相关稽核人员对记账凭证进行严格的审核。审核的主要内容包括以下几点。

（1）内容是否真实。审核记账凭证是否附有原始凭证，所附原始凭证的内容是否与记账凭证的内容一致。

（2）项目是否齐全。审核记账凭证各项目的填写是否齐全，如日期、凭证编号、摘要、会计科目、金额、所附原始凭证张数及有关人员签章等。

（3）科目是否正确。审核记账凭证的应借、应贷科目是否正确，账户对应关系是否清楚，所使用的会计科目是否符合有关会计准则的规定。

（4）金额是否正确。审核记账凭证所记录的金额与原始凭证的有关金额是否一致。

（5）书写是否规范。审核记账凭证的记录文字是否工整、数字是否清晰，是否按规定使用蓝黑墨水，是否按规定进行更正等。

（6）手续是否完备。出纳人员在办理收款或付款业务后，应在凭证上加盖“收讫”或“付讫”的戳记，以免重收、重付。

【例 6-24】（多选题）记账凭证审核的内容有（　　）。

A. 内容是否真实　　　　B. 科目是否正确

C. 金额是否正确　　　　D. 经济业务的数量、单价和金额是否正确

【答案】 ABC

【解析】 选项 D 属于原始凭证审核的内容。

模块四　会计凭证的传递和保管

一、会计凭证的传递

会计凭证的传递是指从会计凭证的取得或填制时起到归档保管过程中，在单位内部各有关部门和人员之间的传递程序。

会计凭证的传递，应当满足内部控制制度的要求，使传递程序合理有效，同时尽量节约传递时间，减少传递的工作量。

各单位应根据具体情况制定每一种凭证的传递程序和方法。在制定会计凭证的传递程序、规定及传递时间时，应注意以下两个方面的问题。

（1）传递程序。各单位应根据经济业务的特点，结合内部机构和人员分工情况，以及满足经营管理和会计核算的需要，规定会计凭证的传递程序，并据此规定会计凭证的份数，使经办业务的部门和人员能及时地办理各种凭证手续，既符合内部牵制原则，又能加速业务处理过程，提高工作效率。

（2）传递时间。各单位要根据有关部门和人员办理经济业务的情况，恰当地规定凭证在各环节的停留时间和交接时间。

【例 6-25】（判断题）会计凭证传递是指从原始凭证的填制或取得起，到会计凭证归档保管止，在财会部门内部按规定的路线进行传递和处理的程序。（　　）

【解析】 ×

【解析】 会计凭证的传递是指从会计凭证的取得或填制时起到归档保管过程中，在单位内部各有关部门和人员之间的传递程序。

二、会计凭证的保管

会计凭证的保管是指会计凭证记账后的整理、装订、归档和存查工作。会计凭证作为记账的依据，是重要的会计档案和经济资料。本单位及其他有关单位可能因为各种需要查阅会计凭证，特别是发生贪污、盗窃、违法乱纪行为时，会计凭证还是依法处理的有效证据。因此，任何单位在完成经济业务手续和记账后，必须将会计凭证按规定的立卷归档制度形成会计档案资料，妥善保管，防止丢失，不得任意销毁，以便日后随时查阅。

会计凭证的保管要求主要有以下几点。

（1）会计凭证应定期装订成册，防止散失。会计部门在依据会计凭证记账以后，应定期（每天、每旬或每月）对各种会计凭证进行分类整理，将各种记账凭证按照编号顺序，连同所附的原始凭证一起加具封面和封底，装订成册，并在装订线上加贴封签，由装订人员在装订线封签处签名或盖章。

从外单位取得的原始凭证遗失时，应取得原签发单位盖有公章的证明，并注明原始凭证的号码、金额、内容等，由经办单位会计机构负责人、会计主管人员和单位负责人批准后，才能代作原始凭证。若确实无法取得证明的，如车票丢失，则应由当事人写明详细情况，由经办单位会计机构负责人、会计主管人员和单位负责人批准后，代作原始凭证。

（2）会计凭证封面（见表 6-20）应当注明单位名称、凭证种类、凭证张数、起止号数、年度、月份、会计主管人员和装订人员等有关事项，会计主管人员和保管人员应在封面上签章。

表 6-20　记账凭证封面

单位名称			
起讫时间	自　年　月　日至　年　月　日		
册　数	年　月第　册　本月共　册		
记账凭证编　号	自　字第　号至　字第　号		
附件张数		保管期限	

财务负责人　　　　　　　　　　　　装订人

（3）会计凭证应当加贴封条，防止抽换凭证。原始凭证不得外借，其他单位如有特殊原因确实需要使用时，经本单位会计机构负责人、会计主管人员批准，可以复制。向外单位提供的原始凭证复印件，应在专设的登记簿上登记，并由提供人员和收取人员共同签名、盖章。

（4）原始凭证较多时可单独装订。记账凭证所附的原始凭证较多，如发出材料编制的记账凭证，所附的领料单、限额领料单等可以单独装订。但应在记账凭证封面上注明所属记账凭证的日期、编号和种类，同时在所属的记账凭证上应注明“附件另订”及原始凭证的名称和编号，以便查阅。对各种重要的原始凭证，如押金收据、提货单等，以及各种需要随时查阅和退回的单据，应另编目录，单独保管，并在有关的记账凭证和原始凭证上分别注明和编号。

（5）存档的会计凭证应集中保管。会计凭证装订后，在年度终了时可由单位财务部门保管1年；期满后应当移交本单位档案部门统一保管。未设立档案机构的，应当在会计机构内部指定专人保管。出纳人员不得兼管会计档案。会计凭证存档以后，应集中保管并指定专人负责。保管人员应当按照会计档案管理的要求，对装订成册的会计凭证按年份、月份排列，以便查阅。查阅会计凭证应有一定手续。

（6）严格遵守会计凭证的保管期限要求，原始凭证、记账凭证、汇总凭证保管期限为15年，期满前不得任意销毁。

【例 6-26】（单选题）（　　）不得外借，其他单位如确实需要使用，经本单位会计机构负责人、会计主管人员批准，可以复印。

A. 记账凭证　　B. 会计凭证　　C. 会计账簿　　D. 原始凭证

【答案】 D

【解析】 原始凭证不得外借，其他单位如有特殊原因确实需要使用时，经本单位会计机构负责人、会计主管人员批准，可以复印。

综合训练

一、单项选择题

1. 在一定时期内连续记录若干项同类经济业务的会计凭证是（　　）。
A. 记账凭证　　B. 一次凭证　　C. 原始凭证　　D. 累计凭证

2. 付款凭证科目借贷对应方式正确的是（　　）。
A. 多借一贷　　B. 多贷一借　　C. 多借多贷　　D. 以上全部正确

3. 仓库保管人员填制的收料单，属于企业的（　　）。
A. 汇总原始凭证　　B. 累计原始凭证
C. 外来原始凭证　　D. 自制原始凭证

4. 登记账簿的直接依据是（　　）。
A. 记账凭证　　B. 原始凭证　　C. 经济业务　　D. 会计报表

5. 下列会计凭证中，只需反映价值量的是（　　）。
A. 限额领料单　　B. 实存账存对比表
C. 材料入库单　　D. 工资分配汇总表

6. 除了结账和更正错误以外，填制记账凭证的依据只能是（　　）。
A. 审核无误的原始凭证　　B. 原始凭证
C. 会计账簿　　D. 会计报表

7. 华达公司于 2019 年 10 月 12 日开出 1 张现金支票，对于支票日期正确的填写方法是（　　）。
A. 贰零壹玖年拾月壹拾贰日　　B. 贰零壹玖年壹拾月拾贰日
C. 贰零壹玖年零壹拾月壹拾贰日　　D. 贰零壹玖年零拾月壹拾贰日
8. 下列不属于原始凭证审核内容的是（　　）。
A. 会计科目使用是否正确
B. 凭证是否符合规定的审核程序
C. 凭证是否有填制单位的公章和填制人员的签章
D. 凭证是否符合有关计划和预算
9. 某企业根据一张发料凭证汇总表编制记账凭证，由于涉及项目较多，需填制两张记账凭证，则记账凭证编号为（　　）。
A. 收字第××1/2 号和收字第××2/2 号
B. 收字第××号
C. 转字第××号
D. 转字第××1/2 号和转字第××2/2 号
10. 记账凭证的填制是由（　　）完成的。
A. 主管人员　　B. 出纳人员　　C. 会计人员　　D. 经办人员
11. 限额领料单属于（　　）。
A. 通用凭证　　B. 累计凭证　　C. 一次凭证　　D. 汇总凭证
12. 企业出售产品一批，售价为 5 000 元，收到一张转账支票送存银行。这笔业务应编制的记账凭证为（　　）。
A. 转账凭证　　B. 付款凭证　　C. 收款凭证　　D. 以上均可
13. 4 月 15 日，行政管理人员王明将标明日期为 3 月 26 日的发票拿来报销，经审核后会计人员依据该发票编制记账凭证，则记账凭证的日期应为（　　）。
A. 3 月 26 日　　B. 4 月 1 日　　C. 3 月 31 日　　D. 4 月 15 日
14. 下列做法中，符合《会计基础工作规范》规定的是（　　）。
A. 外来原始凭证金额错误，可在原始凭证上更正但需签名或盖章
B. 自制原始凭证无须经办人签名或盖章
C. 凡是账簿记录金额错误，都可以采用划线更正法予以更正
D. 销售商品 1 000.84 元，销货发票大写金额：壹仟圆零捌角肆分
15. 职工张某出差归来，报销差旅费 200 元，交回多余现金 100 元，应编制的记账凭证是（　　）。
A. 转账凭证　　B. 收款凭证
C. 收款凭证和转账凭证　　D. 收款凭证和付款凭证
16. 一项经济业务所涉及的每个会计科目单独填制一张记账凭证，每一张记账凭证中只登记一个会计科目，这种凭证称为（　　）。
A. 一次凭证　　B. 单式记账凭证
C. 通用记账凭证　　D. 专用记账凭证
17. 对于一些经常重复发生的经济业务，可以根据同类原始凭证编制（　　）。
A. 原始凭证汇总表　　B. 发料汇总表
C. 收料汇总表　　D. 记账凭证

18．在填制会计凭证时，1 518.53 的大写金额数字为（　　）。
A．壹仟伍佰拾捌圆伍角叁分　　B．壹仟伍佰拾捌圆伍角叁分整
C．壹仟伍佰壹拾捌圆伍角叁分　　D．壹仟伍佰壹拾捌圆伍角叁分整

19．下列各项中，（　　）不属于记账凭证的基本要素。
A．应计会计科目、方向及金额　　B．交易或事项的内容摘要
C．凭证附件　　D．交易或事项的数量、单位和金额

20．某会计人员在审核记账凭证时，发现误将 1 000 元写成 100 元，尚未入账，一般应采用（　　）改正。
A．冲账法　B．补充登记法　C．红字更正法　D．重新编制记账凭证

21．已经登记入账的记账凭证，在当年内发现有误，可以用红字填写一张与原内容相同的记账凭证，在摘要栏注明（　　），以冲销原错误的记账凭证。
A．注销某月某日某号凭证　　B．订正某月某日某号凭证
C．对方单位　　D．经济业务内容

22．各种原始凭证，除由经办业务的有关部门审核以外，最后都要由（　　）进行审核。
A．财政部门　　B．会计部门
C．总经理　　D．董事会

23．下列记账凭证中，可以不附原始凭证的是（　　）。
A．所有付款凭证　　B．所有收款凭证
C．所有转账凭证　　D．用于结账的记账凭证

24．会计机构和会计人员对不真实、不合法的原始凭证和违法收支，应当（　　）。
A．不予接受　　B．予以退回
C．不予接受，并向单位负责人报告　　D．予以纠正

25．银行结算凭证按填制的手续及内容分类，属于原始凭证中的（　　）。
A．一次凭证　　B．累计凭证
C．专用凭证　　D．汇总凭证

26．出纳人员在办理收款或付款后，应在（　　）上加盖“收讫”或“付讫”的戳记，以避免重收重付。
A．收款凭证　　B．付款凭证
C．原始凭证　　D．记账凭证

二、多项选择题

1．下列项目中，属于会计凭证的是（　　）。
A．领用材料时填制的领料单　　B．供货单位开具的发票
C．付款凭证　　D．财务部门编制的开支计划

2．收款凭证的借方科目可能是（　　）。
A．库存现金　B．应收账款　C．银行存款　D．应付账款

3．按照规定，除（　　）的记账凭证可以不附原始凭证外，其他记账凭证必须附有原始凭证。
A．更正错账　B．提取现金　C．现金存入银行　D．结账

4．下列说法正确的是（　　）。
A．对于已预先印有编号的原始凭证在写错时，不需进行任何处理，但不得撕毁

B．外来原始凭证遗失时，只需取得原签发单位盖有公章的证明，可代作原始凭证

C．从个人取得的原始凭证，必须有填制人员的签名或盖章

D．会计凭证具有监督经济活动、控制经济运行的作用

5．涉及现金与银行存款之间的划转业务时，可以编制的记账凭证有（　　）。

A．银行存款付款凭证　　B．现金收款凭证

C．银行存款收款凭证　　D．现金付款凭证

6．收款凭证和付款凭证是用来记录货币资金收付业务的凭证，它们是（　　）。

A．出纳员收付款项的依据

B．根据库存现金和银行存款收付业务的原始凭证填制的

C．登记明细账和总账等有关账簿的依据

D．登记库存现金日记账、银行存款日记账的依据

7．下列原始凭证中，属于单位自制原始凭证的是（　　）。

A．购料收到的增值税专用发票　　B．收料单

C．领料单　　D．限额领料单

8．以下属于单式记账凭证特点的是（　　）。

A．便于汇总计算每一科目的发生额

B．把经济业务所涉及的每个会计科目分别填列在几张凭证上

C．根据单式记账法编制的记账凭证

D．每个会计科目填列一张记账凭证

9．会计凭证传递的组织工作主要包括（　　）。

A．规定会计凭证在各个环节的停留时间

B．规定会计凭证的传递路线

C．规定保管期限及销毁制度

D．制定会计凭证传递过程中的交接签收制度

10．关于原始凭证的填制，下列说法正确的是（　　）。

A．自制原始凭证必须有经办部门负责人或其指定的人员的签名或盖章

B．购买实物的原始凭证，必须有验收证明

C．不得以虚假的交易或事项为依据填制原始凭证

D．原始凭证应在交易或事项发生或完成后及时填制

11．下列项目中，属于原始凭证和记账凭证共同具备的基本内容的是（　　）。

A．凭证的名称及编号　　B．填制凭证的日期

C．填制及接受单位的名称　　D．有关人员的签章

12．记账凭证的填制除必须做到记录真实、内容完整、填制及时、书写清楚外，还必须符合的要求是（　　）。

A．必须连续编号

B．如有空行，应当在空行处画线注销

C．发生错误应该按规定的方法更正

D．除另有规定外，应该有附件并注明附件张数

13．在填制记账凭证时，下列做法错误的是（　　）。

A．用于更正错账的记账凭证可以不附原始凭证

B．1 个月内的记账凭证连续编号

C．将不同类型业务的原始凭证合并编制一张记账凭证
D．从银行提取库存现金时只填制库存现金收款凭证

14．以下有关会计凭证的表述，正确的是（　　）。
A．会计凭证是登记账簿的依据
B．会计凭证是明确经济责任的书面文件
C．会计凭证是记录经济业务的书面证明
D．会计凭证是编制报表的依据

15．下列凭证中属于汇总原始凭证的是（　　）。
A．工资汇总表　B．限额领料单　C．汇总付款凭证　D．收料凭证汇总表

16．原始凭证的审核内容包括（　　）。
A．正确性、及时性　B．真实性
C．完整性　D．合法性、合理性

17．下列人员中，应在记账凭证上签名或盖章的有（　　）。
A．记账人员　B．审核人员　C．制单人员　D．会计主管人员

18．记账凭证的填制，可以根据（　　）。
A．不同内容和类别的原始凭证　B．原始凭证汇总表
C．每一张原始凭证　D．若干张同类原始凭证

19．制造费用分配表属于（　　）。
A．累计凭证　B．外来原始凭证
C．自制原始凭证　D．一次凭证

20．下列各单据中，经审核无误后可以作为编制记账凭证依据的是（　　）。
A．填制完毕的工资计算单　B．银行转来的对账单
C．运费发票　D．银行转来的进账单

三、判断题（正确的打“√”，错误的打“×”）

1．（　　）转账支票大小写金额或收款人姓名填错，如有更改，须在更改处加盖预留银行的签章。

2．（　　）填制和审核会计凭证是一种会计核算的专门方法。

3．（　　）记账人员根据记账凭证记账后，在记账符号栏内做记号，表示该笔金额已记入有关账户，以免漏记或重记。

4．（　　）如果原始凭证已预先印定编号，在写错作废时，应加盖“作废”戳记，妥善保管，不得撕毁。

5．（　　）发料凭证汇总表是一种汇总记账凭证。

6．（　　）会计部门应于记账之后，定期对各种会计凭证进行分类整理，并将各种记账凭证按编号顺序排列，连同所附的原始凭证一起加具封面，装订成册。

7．（　　）企业的各种会计凭证都不得涂改、刮擦和变造，如果发生错误，应采用划线更正法更正。

8．（　　）由于自制原始凭证的名称、用途、格式不同，因而不需要对其真实性、合法性进行审核。

9．（　　）外来原始凭证一般都是一次凭证。

10.（　　）从外部取得的原始凭证，必须盖有填制单位的公章；从个人取得的原始凭证，不需签名或盖章。

11.（　　）付款凭证只有在银行存款减少时才填制。

12.（　　）发票、购货合同、收据等都是原始凭证。

13.（　　）在编制记账凭证时，原始凭证就是记账凭证的附件。

14.（　　）记账凭证可以作为登记账簿的直接依据，原始凭证则不能作为登记账簿的直接依据。

15.（　　）填制原始凭证，汉字大写金额数字一律用正楷或行书书写，汉字大写金额到元位或角位为止的，后面必须写“正”或“整”字，分位后面不写“正”或“整”字。

16.（　　）会计凭证上填写的人民币字样或符号¥与汉字大写金额数字或阿拉伯金额之间应留有空白。

17.（　　）凭证中最具有法律效力的是原始凭证。

18.（　　）对于数量过多的原始凭证，可以单独装订保管，但应在记账凭证上注明“附件另订”。

扫一扫

原始凭证常识

原始凭证审核

记账凭证常识

记账凭证审核

特殊业务专用记账凭证编制

会计凭证的装订

有理有据底气足，依据做事响当当

项目七

会 计 账 簿

基本要求

1. 了解会计账簿的概念与分类。
2. 了解会计账簿的更换与保管。
3. 熟悉会计账簿的登记要求。
4. 熟悉总分类账与明细分类账平行登记的要求。
5. 掌握日记账、总分类账及有关明细分类账的登记方法。
6. 掌握对账与结账的方法。
7. 掌握错账查找与更正的方法。

模块一　会计账簿概述

一、会计账簿的概念与作用

（一）会计账簿的概念

会计账簿是指由一定格式的账页组成的，以经过审核的会计凭证为依据，全面、系统、连续地记录各项经济业务的簿籍。根据会计法的规定，各单位应当按照国家统一的会计制度的规定和会计业务的需要设置会计账簿。设置和登记账簿，是编制财务报表的基础，是连接会计凭证与财务报表的中间环节。

（二）会计账簿的作用

设置和登记账簿是编制会计报表的基础，是连接会计凭证与会计报表的中间环节，对加强经济管理具有重要意义。

1．记载和储存会计信息

将会计凭证所记录的经济业务记入有关账簿，可以全面反映会计主体在一定时期内所发生的各项资金运动，储存所需要的各项会计信息。

2．分类和汇总会计信息

账簿由不同的相互关联的账户所构成，通过账簿记录，一方面可以分门别类地反映各项会计信息，提供一定时期内经济活动的详细情况；另一方面可以通过发生额、余额计算，提供各方面所需要的总括会计信息，反映财务状况及经营成果。

3．检查和校正会计信息

通过账簿记录信息与财产物资实存数进行核对，来检查财产物资是否妥善保管，账实是否相符。

4．编报和输出会计信息

为了反映一定日期的财务状况及一定时期的经营成果，应定期进行结账工作，进行有关账簿之间的核对，计算出本期发生额和余额，据以编制会计报表，向有关各方提供所需要的会计信息。

【例 7-1】 （单选题）（　　）是连接会计凭证与财务报表的中间环节。

A．填制和审核会计凭证　　B．设置和登记会计账簿

C．财产清查　　D．成本计算

【答案】 B

【解析】 设置账簿，是编制财务报表的基础，是连接会计凭证与财务报表的中间环节。

二、会计账簿的基本内容

各种账簿所记录的经济业务内容不同，账簿的格式可以多种多样，但各种账簿格式应具备以下基本内容。

1．封面

封面主要标明账簿名称，如“总分类账”“现金日记账”“存货明细账”等，以及记账单位名称、会计年度。

2．扉页

扉页主要用来列明会计账簿的使用信息。扉页包括三方面内容：

（1）账簿的基本情况，包括单位名称、账簿名称、账簿编号、账簿页数、启用日期等。

（2）经管人员一览表。

（3）接交记录。

扉页格式如表 7-1 所示。

表 7-1 扉页格式

账簿启用及接交表

<table>
<tr><td colspan="2">单位名称</td><td colspan="7"></td><td colspan="4">公　章</td></tr>
<tr><td colspan="2">账簿名称</td><td colspan="7">（第　　册）</td><td colspan="4" rowspan="4"></td></tr>
<tr><td colspan="2">账簿编号</td><td colspan="7"></td></tr>
<tr><td colspan="2">账簿页数</td><td colspan="7">本账簿共计　　页（账簿页数检点人盖章　　）</td></tr>
<tr><td colspan="2">启用日期</td><td colspan="7">公元　　年　　月　　日</td></tr>
<tr><td rowspan="3">经管人员</td><td colspan="2">单位主管</td><td colspan="2">财务主管</td><td colspan="4">复　核</td><td colspan="4">记　账</td></tr>
<tr><td>姓　名</td><td>盖章</td><td>姓　名</td><td>盖章</td><td colspan="3">姓　名</td><td>盖章</td><td colspan="2">姓　名</td><td colspan="2">盖章</td></tr>
<tr><td></td><td></td><td></td><td></td><td colspan="3"></td><td></td><td colspan="2"></td><td colspan="2"></td></tr>
<tr><td rowspan="6">接交记录</td><td colspan="4">经管人员</td><td colspan="4">接　管</td><td colspan="4">交　出</td></tr>
<tr><td colspan="2">职别</td><td colspan="2">姓名</td><td>年</td><td>月</td><td>日</td><td>盖章</td><td>年</td><td>月</td><td>日</td><td>盖章</td></tr>
<tr><td colspan="2"></td><td colspan="2"></td><td></td><td></td><td></td><td></td><td></td><td></td><td></td><td></td></tr>
<tr><td colspan="2"></td><td colspan="2"></td><td></td><td></td><td></td><td></td><td></td><td></td><td></td><td></td></tr>
<tr><td colspan="2"></td><td colspan="2"></td><td></td><td></td><td></td><td></td><td></td><td></td><td></td><td></td></tr>
<tr><td colspan="2"></td><td colspan="2"></td><td></td><td></td><td></td><td></td><td></td><td></td><td></td><td></td></tr>
<tr><td>备注</td><td colspan="12"></td></tr>
</table>

3．账页

账页是账簿的主要内容，是用来记录经济业务的载体。各种账页的基本内容包括：

（1）账户的名称。

（2）登记账户的日期。

（3）凭证的种类和号数。

（4）摘要栏。

（5）金额栏。

（6）总页次和分户页次。

账页格式参见表 7-2 至表 7-5。

三、会计账簿与账户的关系

账户存在于账簿之中，账簿中的每一张账页就是账户的存在形式和载体，没有账簿，账户就无法存在；账簿序时、分类地记载经济业务，是在各个具体的账户中完成的。因此，账簿只是一个外在的形式，账户才是它的实质内容。账簿与账户的关系是形式和内容的关系。

四、会计账簿的种类

会计账簿的种类多种多样，不同类别的会计账簿可以提供不同的信息，满足不同的需要。在实际工作中，通常使用以下方法进行分类。

（一）按用途分类

会计账簿按用途不同，可分为序时账簿、分类账簿和备查账簿。

1．序时账簿

序时账簿，又称日记账，是按照经济业务发生或完成时间的先后顺序，逐日、逐笔进行登记的账簿。序时账簿按其记录的内容，可分为普通日记账和特种日记账。

普通日记账是对全部经济业务按其发生时间的先后顺序逐日、逐笔登记的账簿；特种日记账是对某一特定种类的经济业务按其发生时间的先后顺序逐日、逐笔登记的账簿。在我国，大多数单位一般只设库存现金日记账和银行存款日记账。

【例 7-2】（单选题）必须逐日、逐笔登记的账簿是（　　）。

A．总账　　B．明细账　　C．日记账　　D．备查账

【答案】 C

【解析】 日记账是按照经济业务发生时间的先后顺序逐日、逐笔登记的账簿。

2．分类账簿

分类账簿是对全部经济业务按照会计要素的具体类别而设置的分类账户进行登记的账簿。分类账簿按其反映经济业务的详细程度分为总分类账簿和明细分类账簿。

总分类账簿，又称总账，是根据总分类账户开设的，能够全面地反映企业的经济活动；明细分类账簿，又称明细账，是根据明细分类账户开设的，用来提供明细的核算资料。总账对所属的明细账起统驭作用，明细账对总账进行补充和说明。分类账簿提供的核算信息是编制会计报表的主要依据。

3．备查账簿

备查账簿，又称辅助登记簿或补充登记簿，是指对某些在序时账簿和分类账簿中未能记载或记载不全的经济业务进行补充登记的账簿。备查账簿只是对其他账簿记录的一种补充，与其

他账簿之间不存在严密的依存和勾稽关系。备查账簿根据企业的实际需要设置，没有固定的格式要求。该种账簿可以提供某些有用的参考资料或信息，如“租入固定资产登记簿”“应收票据备查簿”“支票领用登记簿”等。

【例 7-3】 会计账簿按经济用途的不同，可以分为（　　）。

A. 序时账簿　　B. 分类账簿　　C. 联合账簿　　D. 备查账簿

【答案】 ABD

【解析】 会计账簿按用途不同可分为序时账簿、分类账簿、备查账簿。

（二）按账页格式分类

会计账簿按账页格式不同，可以分为两栏式账簿、三栏式账簿、多栏式账簿、数量金额式账簿和横线登记式账簿。

1．两栏式账簿

两栏式账簿是指只有借方或贷方两个基本金额栏目的账簿。普通日记账和转账日记账适用于两栏式账簿。两栏式账如表 7-2 所示。

表 7-2　两栏式账

账户名称：　　　　　　　　　　　　　　　　总页次　　分页次

年		记账凭证		摘　要	借　方	贷　方
月	日	种　类	号　数			

2．三栏式账簿

三栏式账簿是指设有借方、贷方和余额三个基本栏目的账簿。总分类账、库存现金日记账、银行存款日记账及债权债务明细账适用于三栏式账簿。三栏式账如表 7-3 所示。

表 7-3　三栏式账

账户名称：　　　　　　　　　　　　　　　　总页次　　分页次

年		记账凭证		摘　要	借　方	贷　方	借或贷	余　额
月	日	种　类	号　数					

【例 7-4】 （多选题）下列不宜采用三栏式账页格式的是（　　）。

A. 库存商品明细账　　B. 生产成本明细账　　C. 应收账款明细账　　D. 总账

【答案】 AB

【解析】 库存商品明细账一般采用数量金额式；生产成本明细账一般采用多栏式。

3．多栏式账簿

多栏式账簿是在账簿的两个基本栏目借方或贷方按需要分设若干专栏的账簿。收入、成本、费用、利润等明细分类账一般采用多栏式账簿。借方多栏式账如表 7-4 所示，贷方多栏式账如表 7-5 所示。

表 7-4 借方多栏式账

（生产成本明细账）

产品名称： 生产车间： 计量单位：

年		凭证号码		摘要	借方（项目）				余额
月	日	种类	号码		直接材料	直接人工	制造费用	合计	

表 7-5 贷方多栏式账

2019 年		凭证		摘要	借方	贷方				余额
月	日	种类	号数			固定资产处置利得	无形资产处置利得	盘盈利得	政府补助	

4．数量金额式账簿

数量金额式账簿是指在借方、贷方和余额三个栏目内，都分设数量、单价和金额三小栏，借以反映财产物资的实物数量和价值量的账簿。原材料、库存商品等明细账一般都采用数量金额式明细账簿。数量金额式明细账如表 7-6 所示。

表 7-6 数量金额式明细账

类别：__________ 计量单位：_______

名称：__________ 存放地点：_______

编号：__________ 储备定额：_______

年		凭证号码		摘要	收入			发出			结存		
月	日	种类	号数		数量	单价	金额	数量	单价	金额	数量	单价	金额

5．横线登记式账簿

横线登记式账簿又称平行式账簿，是指将前后密切相关的经济业务登记在同一行上，以便检查每笔业务的发生和完成情况的账簿。其他应收款（备用金）明细账、材料采购明细账等可采用横线登记式明细账。横线登记式明细账如表 7-7 所示。

表 7-7 横线登记式明细账

借方						贷方						转销号
年		凭证		摘要	金额	年		凭证		摘要	金额	
月	日	字	号			月	日	字	号			

（三）按外形特征分类

1．订本式账簿

订本式账簿，简称订本账，是指在启用前将编有顺序页码的一定数量账页装订成册的账簿。采用订本式账簿，既可以避免账页散失，也可以防止抽换账页。但由于这种账簿的账页已经固定并按顺序编号，不便于分工记账；同时不能增减账页，容易造成预留账页不够或账页浪费。所以在使用订本账之前，必须准确地估算出一定时期内对账页的需求量。订本式账簿主要适用于总分类账、库存现金日记账和银行存款日记账。

【例 7-5】 （单选题）下列账户中，必须采用订本式账簿的是（　　）。

A．原材料明细账　　B．库存商品明细账

C．银行存款日记账　　D．固定资产登记簿

【答案】 C

【解析】 订本式账簿主要适用于总分类账、库存现金日记账和银行存款日记账。

2．活页式账簿

活页式账簿，简称活页账，是指将一定数量的账页置于活页夹内，可根据记账内容的变化而随时增加或减少部分账页的账簿。采用活页式账簿由于可以根据业务的实际需要随时增减账页，便于分工记账，但是容易造成账页散失或被抽换。因此，要加强管理监督，将活页装订成册，连续编号，妥善保管。活页式账簿主要适用于各明细分类账簿。

3．卡片式账簿

卡片式账簿，简称卡片账，是指将一定数量的卡片式账页存放于专设的卡片箱中，可以根据需要随时增添账页的账簿。严格地说，卡片式账簿也是一种活页账，只不过不是装在活页账页夹中，而是装在卡片箱中。在我国，企业一般只对固定资产明细账采用卡片式账簿形式。

模块二　会计账簿的启用与登记要求

一、会计账簿的启用

启用会计账簿时，应当在账簿封面上写明单位名称和账簿名称，并在账簿扉页上附启用表。

启用订本式账簿应当从第一页到最后一页顺序编定页数，不得跳页、缺号。使用活页式账簿应当按账户顺序编号，并须定期装订成册，装订后再按实际使用账页顺序编定页码，另加目录记明每个账户的名称和页次。

二、会计账簿的登记要求

为了保证账簿记录的正确性，必须根据审核无误的会计凭证登记会计账簿，并符合有关法律、行政法规和国家统一的会计准则制度的规定。

1．准确完整

登记会计账簿时，应当将会计凭证日期、种类编号、业务内容摘要、金额等逐项记入账簿内，做到登记及时、数字准确、摘要清楚、字迹工整。

2．注明记账符号

账簿登记完毕，应在记账凭证上签名或盖章，并在记账凭证的“过账”栏内注明登账的符

号（√），表示已经记账，避免重记、漏记。

3．书写留空

账簿中书写的文字和数字应紧靠底线书写，上面要留有适当的空格，不要写满格，一般应占格距的1/2。这样一旦发生登记错误时，能比较容易地进行更正，同时也方便查账工作。

4．正常记账使用蓝黑墨水

为了保持账簿记录的持久性，防止涂改，登记账簿要用蓝黑墨水或碳素墨水并用钢笔书写，不得使用圆珠笔（银行的复写账簿除外）或铅笔书写。

5．特殊记账使用红墨水

下列情况，可以用红色墨水记账：

（1）按照红字冲账的记账凭证，冲销错误记录。

（2）在不设借贷等栏的多栏式账页中，登记减少数。

（3）三栏式账户的余额栏前，如未印明余额方向的，在余额栏内登记负数余额。

（4）根据国家统一的会计制度可以用红字登记的其他会计记录。

6．顺序连续登记

记账时，必须按账户页次逐页、逐行登记，不得隔页、跳行。如发生隔页、跳行现象，应在空页、空行处用红色墨水画对角线注销，或者注明“此页空白”或“此行空白”字样，并由记账人员签名或盖章。

7．结出余额

凡需要结出余额的账户，结出余额后，应当在“借或贷”等栏目内写明“借”或“贷”等字样，以示余额的方向；对于没有余额的账户，应在“借或贷”栏内写“平”字，并在“余额”栏用“θ”表示。库存现金日记账和银行存款日记账必须每日结出余额。

8．过次承前

每一账页登记完毕结转下页时，应当结出本页合计数及余额，写在本页最后一行和下页第一行栏内，并在摘要栏内注明“过次页”和“承前页”字样；也可以将本页合计数及金额只写在下页第一行栏内，并在摘要栏内注明“承前页”字样。

（1）对需要结计本月发生额的账户，结计“过次页”的本页合计数应当为自本月初起至本页止的发生额合计数，如库存现金日记账、银行存款日记账等。

（2）对需要结计本年累计发生额的账户，结计“过次页”的本页合计数应当为自年初起至本页止的累计数，如管理费用明细账、主营业务收入明细账等。

（3）对既不需要结计本月发生额也不需要结计本年累计发生额的账户，可以只将每页末的余额结转次页，如原材料明细账、应收账款明细账等。

9．不得刮擦、涂改

账簿记录发生错误，不准涂改、挖补、刮擦或用药水消除字迹，不准重新抄写，必须按照正确方法进行更正（错账更正方法见本项目模块五）。

【例7-6】（单选题）下列做法中，不符合会计账簿记账规则的是（　　）。

A．账簿中书写的文字和数字一般应占格距的1/2

B．登记后在记账凭证上注明已经登账的符号

C．使用圆珠笔登账

D．按账簿页次顺序连续登记，不得跳行、隔页

【答案】 C

【解析】登记账簿要用蓝黑墨水或碳素墨水并用钢笔书写，不得使用圆珠笔（银行的复写账簿除外）或铅笔书写。

【例 7-7】（单选题）下列关于银行存款日记账过次页的表述，正确的是（　　）。

A. 将本页合计数结转下页

B. 直接将余额转下页

C. 将年初至本页止的累计发生额结转下页

D. 将月初至本页止的发生额合计结转下页

【答案】D

【解析】对需要结计本月发生额的账户，结计“过次页”的本页合计数应当为自本月初起至本页止的发生额合计数，如库存现金日记账、银行存款日记账等。

模块三　账簿的格式和登记方法

一、日记账的格式与登记方法

日记账是按照经济业务发生或完成的时间先后顺序逐日、逐笔进行登记的账簿。设置日记账的目的是使经济业务的时间顺序清晰地反映在账簿记录中。日记账按其所核算和监督经济业务的范围，可分为特种日记账和普通日记账。在我国，大多数企业一般只设库存现金日记账和银行存款日记账。

（一）库存现金日记账的格式与登记方法

库存现金日记账是用来核算和监督库存现金日常收、付和结存情况的序时账簿。库存现金日记账的格式有三栏式和多栏式两种。无论采用三栏式还是采用多栏式库存现金日记账，都必须使用订本式。

1. 三栏式库存现金日记账

三栏式库存现金日记账是用来登记库存现金的增减变动及其结果的日记账。设借方、贷方和余额三个金额栏目，一般将其分别称为收入、支出和结余三个基本栏目。在金额栏与摘要栏之间常常插入“对方科目”，以便记账时标明现金收入的来源科目和现金支出的用途科目。三栏式现金日记账是由出纳人员根据库存现金收款凭证、库存现金付款凭证和银行付款凭证（从银行提取现金业务），按照库存现金收、付业务和银行存款付款业务发生的时间先后顺序逐日、逐笔登记。三栏式现金日记账的格式参见表 7-10、表 7-11。

三栏式库存现金日记账的具体登记方法如下。

（1）日期栏：编制记账凭证的日期，应与现金实际收付日期一致。

（2）凭证栏：登记入账的收、付款凭证的种类和编号，如“现金付款凭证”可以缩写为“现付”，“现金收款凭证”可以缩写为“现收”。凭证栏还应登记记账凭证的编号数，以便于核查。

（3）摘要栏：简要说明入账的经济业务的内容，力求简明扼要。

（4）对应科目栏：现金收入或支出的对应总分类科目名称。如以现金借出备用金，其对应科目为“其他应收款”。对应科目的作用在于了解经济业务的来龙去脉。对应科目有多个时，应填写主要对应科目，而不能将一笔现金增加业务拆成两个或多个对应科目。例如，销售商品收到现金，对应科目有“主营业务收入”和“应交税费”，可在对应科目中写“主营业务收入”等。

（5）收入、支出、余额栏：登记现金收付的实际金额。每日终了，对当日有两笔或两笔以上收支业务的，应分别计算现金收入和支出的合计数，并结出余额（若本日发生业务只有一笔，只需结出余额）；同时将余额与库存现金实有数核对，即通常所说的“日清”。如账款不符，应查明原因，并记录备案。月终，同样要计算出全月现金收入、支出合计数和结存数，通常称为“月结”。

【例 7-8】 弘毅公司 2019 年 3 月有关现金收支业务记账凭证如表 7-8、表 7-9 所示（简化记账凭证）。2 月末余额如表 7-10 所示。

表 7-8 付款凭证

贷方科目：库存现金　　　　2019 年 3 月 1 日　　　　现付字第 1 号

摘　要	借方科目	明细科目	金额								√
			十	万	千	百	十	元	角	分	
支付差旅费	其他应收款	杨影			3	0	0	0	0	0	√
合　计				¥	3	0	0	0	0	0	

附单据 1 张

会计主管　　　记账　　　复核 于海　　　出纳 赵芳　　　制单 张敏

表 7-9 简化记账凭证

时　间	编　号	摘　要	会计分录（记账凭证）	记账符号
3.2	银付 1 号	提取备用金（现支＃4566）	借：库存现金 5 000 贷：银行存款 5 000	√
3.4	现收 1 号	李达交来多余备用金	借：库存现金 346 贷：其他应收款——李达 346	√
3.5	现付 2 号	业务招待费	借：管理费用 1 450 贷：库存现金 1 450	√
3.10	现付 3 号	职工子女入托费	借：应付职工薪酬——职工福利 450 贷：库存现金 450	√
3.10	现付 4 号	职工培训费	借：应付职工薪酬——教育经费 860 贷：库存现金 860	√
3.12	现收 2 号	收兴隆公司押金	借：库存现金 800 贷：其他应付款——兴隆公司 800	√
3.15	现付 5 号	退兴隆公司押金	借：其他应付款——兴隆公司 800 贷：库存现金 800	√
3.22	现付 6 号	空调修理费	借：管理费用 750 贷：库存现金 750	√
3.23	银付 11 号	提现备用（现支＃4567）	借：库存现金 6 000 贷：银行存款 6 000	√
3.23	现付 7 号	发职工生活补助费	借：应付职工薪酬——职工福利 5 500 贷：库存现金 5 500	√
3.23	现收 7 号	杨影交来多余备用金	借：库存现金 120 贷：其他应收款——杨影 120	√

续表

时　间	编　号	摘　要	会计分录（记账凭证）	记账符号
3.30	现收 8 号	销售商品	借：库存现金　819 贷：主营业务收入　700 应交税费——应交增值税　119	√
3.30	现付 8 号	销售缴存银行	借：银行存款　819 贷：库存现金　819	√

根据上述记账凭证登记弘毅公司 2019 年 3 月份库存现金日记账，如表 7-10、表 7-11 所示。

表 7-10　现金日记账

单位：元

2019 年		凭证号数	对方科目	摘　要	收入（借方）金额	付出（贷方）金额	结存金额
月	日						
2	23			承上页	67 098	65 092	6 374
				略			
				略			
2	28			本月合计	87 250	86 848	4 770
3	1	现付 1	其他应收款	付差旅费		3 000	1 770
	2	银付 1	银行存款	提现备用（现支#4566）	5 000		6 770
	4	现收 1	其他应收款	收回多余差旅费	346		7 116
	5	现付 2	管理费用	付业务招待费		1 450	5 666
	10	现付 3	应付职工薪酬	付职工子女入托费		450	
	10	现付 4	应付职工薪酬	付职工培训费		860	
	10			本日合计		1 310	4 356
	12	现收 2	其他应付款	收兴隆公司押金	800		5 156
	15	现付 5	其他应付款	退兴隆公司押金		800	4 356
	22	现付 6	管理费用	空调修理费		750	3 606
				过次页	6 146	7 310	3 606

表 7-11　现金日记账

单位：元

2019 年		凭证号数	对方科目	摘　要	收入（借方）金额	付出（贷方）金额	结存金额
月	日						
				承上页	6 146	7 310	3 606
3	23	银付 11	银行存款	提现备用（现支#4567）	6 000		9 606
	23	现付 7	应付职工薪酬	付职工生活困难补助		5 500	
	23	现收 7	其他应收款	杨影交来多余备用金	120		
	23			本日合计	6 120	5 500	4 226
	30	现收 8	主营业务收入等	销售商品	819		

续表

2019年		凭证号数	对方科目	摘要	收入（借方）金额	付出（贷方）金额	结存金额
月	日						
	30	现付8	银行存款	销售款存银行		819	
	30			本日合计	819	819	4 226
	31			本月合计	13 085	13 629	4 226

2．多栏式库存现金日记账

多栏式库存现金日记账是在三栏式日记账基础上发展起来的。这种日记账的借方（收入）和贷方（支出）金额栏都按对方科目设专栏，也就是按收入的来源和支出的用途设专栏。这种格式在月末结账时，可以结出各收入来源专栏和支出用途专栏的合计数，便于对现金收支的合理性、合法性进行审核分析，便于检查财务收支计划的执行情况，其全月发生额还可以作为登记总账的依据。

（二）银行存款日记账的格式与登记方法

银行存款日记账是用来核算和监督银行存款每日收入、支出和结存情况的账簿。银行存款日记账应按企业在银行开立的账户和币种分别设置，每个银行账户设置一本日记账。由出纳人员根据银行收款凭证、银行付款凭证和现金付款凭证（将现金存入银行业务），按照经济业务发生的时间先后顺序逐日、逐笔进行登记。根据银行存款收款凭证和有关库存现金付款凭证登记银行存款收入栏，根据银行存款付款凭证登记其支出栏，每日结出余额。

银行存款日记账一般采用三栏式，也可以采用多栏式。无论是采用三栏式还是采用多栏式银行存款日记账，都必须使用订本式。三栏式银行存款日记账格式参见表7-14、表7-15。

三栏式银行日记账的具体登记方法如下。

（1）日期栏：编制记账凭证的日期，应与银行存款实际收付日期一致。

（2）凭证栏：登记入账的收、付款凭证的种类和编号，如“银行付款凭证”可以缩写为“银付”，“银行收款凭证”可以缩写为“银收”。凭证栏还应登记记账凭证的编号数，以便于核查。

（3）对应科目栏：银行收入或支出的对应总分类科目名称。例如，购进材料并验收入库业务，其对应科目为“原材料”等。

（4）摘要栏：简要说明入账的经济业务的内容，力求简明扼要。

（5）结算凭证栏：如果所录的经济业务是以支票付款结算的，应在这栏内填写相应的支票号码，以便与开户银行对账。

（6）收入、支出、余额栏：登记银行存款收付的实际金额。每日终了，对有两笔或两笔以上收支业务的应分别计算现金收入和支出的合计数，并结出余额（若本日发生业务只有一笔，只需结出余额），做到日结。月终，同样要计算出全月银行收入、支出合计数和结存数，做到月结。

【例7-9】 弘毅公司2019年3月有关银行存款收支业务记账凭证如表7-12、表7-13所示（简化记账凭证）。2月末余额如表7-14所示。

表 7-12　收款凭证

借方科目：银行存款　　　　2019 年 3 月 2 日　　　　银收字第 1 号

摘要	贷方科目	明细科目	金额								√
			十	万	千	百	十	元	角	分	
汇票余款入账	其他货币资金	汇票存款			4	3	0	0	0	0	
合　　计				¥	4	3	0	0	0	0	

附单据 1 张

会计主管　　　记账　　　复核 王强　　　出纳 张敏　　　制单 徐静

表 7-13　简化记账凭证

时间	编　　号	摘　　要	会计分录（记账凭证）	记账符号
3.2	银付 1 号	提取备用金（现支＃4566）	借：库存现金　5 000 贷：银行存款　5 000	√
3.4	银收 2 号	销售商品	借：银行存款　175 500 贷：主营业务收入　150 000 应交税费——应交增值税　25 500	√
3.8	银付 2 号	承付徐钢材料款	借：在途物资　186 500 应交税费——应交增值税　30 600 贷：银行存款　217 100	√
3.8	银付 3 号	3 月份税费	借：应交税费——应交增值税　86 754 应交税费——应交城建税　6 072.78 应交税费——应交教育附加费　2 602.62 贷：银行存款　95 429.40	√
3.8	银收 3 号	弘毅公司货款回笼	借：银行存款　307 806 贷：应收账款——弘毅公司　307 806	√
3.9	银付 4 号	绿化费（转支＃3657）	借：管理费用　1 670 贷：银行存款　1 670	√
3.11	银付 5 号	银行转发工资（转支＃3658）	借：应付职工薪酬——工资　246 895 贷：银行存款　246 895	√
3.11	银付 6 号	支付代扣款（转支＃3659）	借：其他应付款——社会保险　47 981 应交税费——个人所得税　2 178 贷：银行存款　50 159	√
3.12	银付 7 号	2 月份电话费	借：管理费用　8 700 贷：银行存款　8 700	√
3.15	银收 4 号	大江公司商业汇票款到账	借：银行存款　100 000 贷：应收票据——大江公司　100 000	√
3.15	银收 5 号	红星公司预付款	借：银行存款　250 000 贷：预收账款——红星公司　250 000	√
3.16	银收 6 号	出售不需要的设备	借：银行存款　38 700 贷：固定资产清理　38 700	√

续表

时间	编　号	摘　要	会计分录（记账凭证）	记账符号
3.16	银付 8 号	晚报广告费（转支 #1234）	借：销售费用　15 000 　贷：银行存款　15 000	√
3.17	银收 7 号	收顺通公司欠货款	借：银行存款　216 000 　贷：应收账款——顺通公司　216 000	√
3.18	银付 9 号	还短期借款	借：短期借款　600 000 　应付利息　6 000 　财务费用　1 430 　贷：银行存款　607 430	√
3.19	银付 10 号	购入设备	借：固定资产　156 000 　应交税费——应交增值税　26 520 　贷：银行存款　182 520	√
3.23	银付 11 号	提现备用（现支 #4567）	借：库存现金　6 000 　贷：银行存款　6 000	√
3.24	银付 12 号	银行转发季度奖金（转支 #3661）	借：应付职工薪酬——职工工资　127 500 　贷：银行存款　127 500	√
3.24	银付 13 号	购办公家具	借：周转材料——低值易耗品　16 000 　应交税费——应交增值税　2 720 　贷：银行存款　18 720	√
3.25	银付 14 号	办理银行汇票	借：其他货币资金——银行汇票　150 000 　贷：银行存款　150 000	√
3.26	银收 8 号	销售商品	借：银行存款　425 520 　贷：主营业务收入　356 000 　　应交税费——应交增值税　60 520	√
3.29	银付 15 号	退红星公司余款	借：预收账款——红星公司　6 800 　贷：银行存款　6 800	√
3.30	现付 8 号	销售缴存银行	借：银行存款　819 　贷：库存现金　819	√
3.31	银收 9 号	借入 6 个月的借款	借：银行存款　500 000 　贷：短期借款　500 000	√

根据上述记账凭证登记弘毅公司 2019 年 3 月份银行存款日记账（见表 7-14、表 7-15）。

表 7-14　银行存款日记账

单位：元

2019 年		凭证号数	对方科目	摘　要	支票号码	收　入（借方）金额	付　出（贷方）金额	结存金额
月	日							
2	24			承前页		972 675	965 487	1 775 986
				略				
				略				
				略				
				略				

续表

2019年 月	日	凭证号数	对方科目	摘要	支票号码	收入（借方）金额	付出（贷方）金额	结存金额
				略				
2	28			本月合计		1 456 890	1 387 680	2 526 798
3	1	银收1	其他货币资金	汇票余款入账		4 300		2 531 098
	2	银付1	库存现金	提现备用	现支#4566		5 000	2 526 098
	4	银收2	主营业务收入等	销售商品		175 500		2 701 598
	8	银付2	在途物资等	承付徐钢材料款			217 100	
	8	银付3	应交税费	付相关税费			95 429.40	
	8	银收3	应收账款	弘毅公司货款回笼		307 806		
	8			本日合计		307 806	312 529.40	2 696 874.60
	9	银付4	管理费用	付绿化费	转支#3657		1 670	2 695 204.60
	11	银付5	应付职工薪酬	银行转发工资	转支#3658		246 895	
	11	银付6	其他应付款等	付代扣款	转支#3659		50 159	
				本日合计			297 054	2 398 150.60
	12	银付7	管理费用	付2月份电话费			8 700	2 389 450.60
				过次页		487 606	624 953.40	2 389 450.60

表 7-15 银行存款日记账

单位：元

2019年 月	日	凭证号数	对方科目	摘要	支票号码	收入（借方）金额	付出（贷方）金额	结存金额
				承前页		487 606	624 953.40	2 389 450.60
3	15	银收4	应收票据	商业汇票款到账		100 000		
	15	银收5	应收账款	红星公司预付款		250 000		
	15			本日合计		350 000		2 739 450.60
	16	银收6	固定资产清理	出售闲置设备		38 700		
	16	银付8	销售费用	晚报广告费	转支#1234		15 000	
	16			本日合计		38 700	15 000	2 763 150.60
	17	银收7	应收账款	顺通公司欠货款		216 000		2 979 150.60
	18	银付9	短期借款等	还借款、利息			607 430	2 371 720.60
	19	银付10	固定资产等	购入设备			182 520	2 189 200.60
	23	银付11	库存现金	提现备用	现支#4567		6 000	2 183 200.60
	24	银付12	应付职工薪酬	银行转发奖金	转支#3661		127 500	
	24	银付13	周转材料等	购办公家具			18 720	
				本日合计			146 220	2 036 980.60
	25	银付14	其他货币资金	办理银行汇票			150 000	1 886 980.60
	26	银收8	主营业务收入等	销售商品（进#8767）		425 520		2 312 500.60

续表

2019 年		凭证号数	对方科目	摘要	支票号码	收入（借方）金额	付出（贷方）金额	结存金额
月	日							
	29	银付 15	预收账款	退红星公司余款			6 800	2 305 700.60
	31	银收 9	短期借款	借短期借款		500 000		2 805 700.60
				本月合计		2 017 826	1 738 923.40	2 805 700.60

二、总分类账的格式与登记方法

（一）总分类账的格式

总分类账是指按照总分类账户分类登记以提供总括会计信息的账簿。总分类账最常用的格式为三栏式，设置借方、贷方和余额三个金额栏目。其格式如表 7-16 所示。

表 7-16　总分类账

账户名称：　　　　　　　　　　　　　　　　　　　　　　　第　页

年		记账凭证		摘要	借方	贷方	借或贷	余额
月	日	种类	号数					

（二）总分类账的登记方法

总分类账的登记方法因登记的依据不同而有所不同。经济业务少的小型单位的总分类账可以根据记账凭证逐笔登记；经济业务多的大中型单位的总分类账可以根据记账凭证汇总表（又称科目汇总表）或汇总记账凭证登记等定期登记。

三、明细分类账的格式与登记方法

明细分类账是根据有关明细分类账户设置并登记的账簿。它提供交易或事项比较详细、具体的核算资料，以补充总账所提供核算资料的不足。因此，各企业单位在设置总账的同时，还应设置必要的明细账。明细账一般采用活页式账簿、卡片式账簿。明细分类账一般根据记账凭证和相应的原始凭证来登记。

（一）明细分类账的格式

根据各种明细分类账所记录经济业务的特点，明细分类账的常用格式有以下 4 种。

1．三栏式明细分类账

三栏式明细分类账是设置借方、贷方和余额三个栏目，用以分类核算各项经济业务，提供详细核算资料的账簿。其格式与三栏式总账格式相同，适用于只进行金额核算的明细账户，如“应收账款”“应付账款”“短期借款”等债权债务账户所属的明细分类账户。三栏式明细分类账如表 7-17 所示。

表 7-17　三栏式明细分类账

（应收账款明细分类账）

明细科目：三元公司　　　　单位：元

2019 年		凭证		摘要	借方	贷方	借或贷	余额
月	日	种类	号数					
3	1			月初余额			借	58 500
	7	银收	14	收回欠货款		58 500	平	0
	13	转	25	赊销商品	70 200		借	70 200
	18	转	34	赊销商品	35 100		借	105 300
	25	银收	41	收回欠货款		70 200	借	35 100
	31			本月合计	105 300	128 700	借	35 100

【例 7-10】（单选题）下列明细分类账中，一般不宜采用三栏式账页格式的是（　　）。

A. 应收账款明细账　B. 应付账款明细账　C. 实收资本明细账　D. 原材料明细账

【答案】 D

【解析】 原材料明细账适用于数量金额式。

2. 多栏式明细分类账

多栏式明细分类账是将属于同一个总账科目的各个明细科目或明细项目合并在一张账页上进行登记，适用于成本、费用和收入类账户的明细分类账，如生产成本、管理费用、主营业务收入、营业外收入等。多栏式明细分类账（管理费用明细分类账）如表 7-18 所示，多栏式明细分类账（营业外收入明细分类账）如表 7-19 所示。

表 7-18　多栏式明细分类账

（管理费用明细分类账）　　　　单位：元

2019 年		凭证		摘要	借方						贷方	余额
月	日	种类	号数		差旅费用	办公费用	修理费	机物料消耗	职工薪酬	折旧费用		
3	2	转	13	田华报销差旅费	1 900							1 900
	9	现付	27	购领 A4 纸		740						2 640
	14	银付	48	设备修理费			3 200					5 840
	24	银付	57	电话费		1 450						7 290
	31	转	28	分配材料费用				6 300				13 590
	31	转	29	分配工资费用					57 000			70 590
	31	转	30	计提折旧						24 000		94 590
	31	转	52	结转管理费用							94 590	0
	31			本月合计	1 900	2 190	3 200	6 300	57 000	24 000	94 590	0

表 7-19 多栏式明细分类账

（营业外收入明细分类账） 单位：元

2019年		凭证		摘要	借方	贷方				余额
月	日	种类	号数			固定资产处置利得	无形资产处置利得	盘盈利得	政府补助	
3	9	转	17	盘盈现金结转				125		125
	26	转	20	固定资产出售净收入		24 000				24 125
	29	转	49	结转递延收益					4 500	28 625
	31	转	51	结转营业外收入	28 625					0
	31			本月合计	28 625	24 000		125	4 500	0

【例 7-11】 多栏式明细账的账页格式适用于（ ）。

A. 管理费用　B. 制造费用　C. 应付账款　D. 主营业务收入

【答案】 ABD

【解析】 应付账款明细账适用于三栏式。

3．数量金额式明细分类账

数量金额式明细分类账的账页，是在其借方（收入）、贷方（发出）和余额（结存）三栏下分别设置数量、单价和金额三个小栏。这种格式适用于既要进行金额核算，又要进行数量核算的各种财产物资明细账，如“原材料”“库存商品”等账户所属的明细账。数量金额式明细分类账（原材料明细分类账）如表 7-20 所示。

表 7-20 数量金额式明细分类账

（原材料明细分类账）

类别：原料及主要材料　　存放地点：3 号库

名称：扁钢　　计量单位：吨

编号：0920　　储备定额：15　　单位：元

2019年		凭证号码		摘要	收入			发出			结存		
月	日	种类	号数		数量	单价	金额	数量	单价	金额	数量	单价	金额
3	1			月初结存							16	2 100	33 600
	5	银付	18	购入	10	2 100	21 000				26	2 100	54 600
	15	转	21	生产领用				15	2 100	31 500	11	2 100	23 100
	20	转	25	购入	8	2 100	1 680				19	2 100	39 900
	31			本月合计	18	2 100	37 800	15	2 100	31 500	19	2 100	39 900

数量金额式账页提供了企业有关财产物资数量和金额收、发、存的详细资料，从而能加强财产物资的实物管理和使用，保证这些财产物资的安全完整。

4．横线登记式明细分类账

横线登记式明细分类账是采用横线登记，即将每一相关的业务登记在一行，从而反映该业务的发生和完成情况。适用于材料采购、其他应收款（一次性备用金）明细分类账。横线登记式明细分类账（其他应收款明细分类账）如表 7-21 所示。

表 7-21　横线登记式明细分类账

（其他应收款明细分类账）

2019 年		凭　证		摘　要	借 出 金 额（元）	2019 年		凭　证		摘　要	报 销 金 额（元）	备　注
月	日	种　类	号　数			月	日	种　类	号　数			
3	6	现付	5	纪鸣借备用金	5 000	3	14	转	16	纪鸣报销	4 820	退回 180 元
3	9	现付	24	方民借备用金	3 000	3	17	转	29	方民报销	3 200	补付 200 元
3	29	现付	44	华刚借备用金	2 500							

（二）明细分类账的登记方法

不同类型经济业务的明细分类账，可以根据原始凭证直接登记，也可以根据汇总原始凭证登记，还可以根据记账凭证登记。其中，固定资产、债权、债务等明细分类账应逐日、逐笔登记；库存商品、原材料、产成品收发明细分类账及收入、费用明细分类账可以逐笔登记，也可以定期汇总登记。

【例 7-12】　（单选题）下列登账方法中错误的是（　　）。

A. 依据记账凭证和原始凭证逐日、逐笔登记明细账

B. 依据记账凭证和汇总原始凭证逐日、逐笔或定期汇总登记明细账

C. 依据记账凭证逐笔登记总账

D. 依据汇总原始凭证定期汇总登记库存现金日记账

【答案】 D

【解析】 库存现金日记账是依据收、付记账凭证登记的。

【例 7-13】　（多选题）下列关于账簿的使用，表述正确的有（　　）。

A. 明细账可以使用活页式　　　B. 总账应当使用订本式

C. 日记账应使用订本式　　　D. 原材料总账可以使用数量金额式

【答案】 ABC

【解析】 总账、日记账采用订本式，原材料明细账采用数量金额式。

四、总分类账与明细分类账的平行登记

（一）总分类账与明细分类账的关系

总分类账是按照总分类账户分类登记经济业务的账簿；明细分类账是按明细分类账户分类登记经济业务的账簿。两者既有联系，又有区别。

1．总分类账与明细分类账的内在联系

总分类账与明细分类账的内在联系主要表现在以下两个方面。

（1）反映经济业务的内容相同。如“原材料”总分类账户与所属的“原料及主要材料”“辅助材料”“燃料”等明细账户都是用来反映原材料的收发及结存业务的。

（2）登记账簿的原始依据相同。登记总分类账户与登记明细分类账户的依据都是记账凭证及其所附的原始凭证。

2．总分类账与明细分类账的区别

总分类账与明细分类账的区别主要表现在以下两个方面。

（1）反映经济业务内容的详细程度不同。总分类账是总括地反映会计对象的具体内容，提供总括核算资料；明细分类账是详细地反映会计对象的具体内容，提供详细核算资料。

（2）作用不同。总分类账对明细分类账具有统驭控制作用；明细分类账对总分类账具有补充说明的作用。

（二）总分类账户与明细分类账户的平行登记

1．平行登记的概念

平行登记是指对所发生的每项经济业务都要以会计凭证为依据，一方面记入有关总分类账户，另一方面记入有关总分类账户所属明细分类账户的方法。

2．平行登记的要点

总分类账户与明细分类账户平行登记的要点如下。

（1）依据相同。即对发生的经济业务，都要以相同的会计凭证为依据，既登记有关总分类账户，又登记其所属明细分类账户。

（2）方向相同。将经济业务记入总分类账户和明细分类账户时，记账方向必须相同。即总分类账户记入借方，明细分类账户也应记入借方；总分类账户记入贷方，明细分类账户也应记入贷方。

（3）期间相同。对每项经济业务在记入总分类账户和明细分类账户的过程中，可以有先有后，但必须在同一会计期间（如同一个月、同一季度、同一年度）全部登记入账。

（4）金额相等。记入总分类账户的金额，应与记入其所属明细分类账户的金额合计相等。这里包含两层含义：一是总分类账户本期发生额与其所属明细分类账户本期发生额合计相等；二是总分类账户期末余额与其所属明细分类账户期末余额合计相等。

根据上述平行登记要求记账之后，总分类账与明细分类账之间会产生以下数量关系。

（1）总分类账有关账户本期发生额与其所属各明细分类账户本期发生额合计数相等。

（2）总分类账有关账户期末余额与其所属各明细分类账户期末余额之和相等。

下面以“原材料”和“应付账款”两个账户为例，说明总分类账户与明细分类账户平行登记的方法。

【例 7-14】 弘毅公司 2019 年 3 月初“原材料”和“应付账款”总分类账户和所属明细分类账户期初余额如表 7-22 所示。

表 7-22　总分类账户和所属明细分类账户期初余额

账户名称		数量（千克）	单价（元）	金额（元）	
总　账	明　细　账			总　账	明　细　账
原材料				180 000	
	A 材料	4 000	30		120 000
	B 材料	1 000	60		60 000
应付账款				700 000	
	甲公司				400 000
	乙公司				300 000

3 月份编制的有关记账凭证如表 7-23 所示（为简化，本部分业务不考虑增值税）。

表 7-23　3 月份编制的有关记账凭证

日　　期	凭 证 号 数	摘　　要	记账凭证（以会计分录代替）	备　　注
3 月 5 日	银付 12 号	付欠货款	借：应付账款——甲公司　400 000 ——乙公司　300 000 贷：银行存款　700 000	
3 月 10 日	转账 15	购材料	借：原材料——A 材料　180 000 ——B 材料　30 000 贷：应付账款——甲公司　210 000	A 材料数量为 6 000 千克，单价为 30 元；B 材料数量为 500 千克，单价为 60 元
3 月 15 日	转账 16	购材料	借：原材料——A 材料　150 000 ——B 材料　120 000 贷：应付账款——乙公司　270 000	A 材料数量为 5 000 千克，单价为 30 元；B 材料数量为 2 000 千克，单价为 60 元
3 月 20 日	银付 13	付欠货款	借：应付账款——甲公司　210 000 贷：银行存款　210 000	
3 月 25 日	转账 24	领用材料	借：生产成本　450 000 贷：原材料——A 材料　300 000 ——B 材料　150 000	A 材料领用 10 000 千克，单价为 30 元；B 材料领用 2 500 千克，单价为 60 元

根据 3 月初期初余额和本月编制的记账凭证，对“原材料”总分类账户和所属的 A、B 材料明细账，对“应付账款”总分类账户和所属的甲公司、乙公司明细账分别进行平行登记，登记结果如表 7-24～表 7-29 所示。

表 7-24　原材料总分类账户

单位：元

2019 年		凭 证 号 数	摘　　要	借　　方	贷　　方	借 或 贷	余　　额
月	日						
3	1		月初余额			借	180 000
	10	转账 15	购入材料	210 000		借	390 000
	15	转账 16	购入材料	270 000		借	660 000
	25	转账 24	领用材料		450 000	借	210 000
	31		本月合计	480 000	450 000	借	210 000

表 7-25　原材料明细分类账户

材料名称：A 材料　　单位：千克；元

2019 年		凭证号数	摘　要	收　　入			发　　出			结　　存		
月	日			数　量	单　价	金　额	数　量	单　价	金　额	数　量	单价	金　额
3	1		月初余额							4 000	30	120 000
	10	转账 15	购入材料	6 000	30	180 000				10 000	30	300 000
	15	转账 16	购入材料	5 000	30	150 000				15 000	30	450 000
	25	转账 24	领用材料				10 000	30	300 000	5 000	30	150 000
	31		本月合计	11 000		330 000	10 000		300 000	3 000	30	150 000

表 7-26 原材料明细分类账户

材料名称：B 材料　　单位：千克；元

2019 年		凭证号数	摘要	收入			发出			结存		
月	日			数量	单价	金额	数量	单价	金额	数量	单价	金额
3	1		月初结存							1 000	60	60 000
	10	转账 15	购入材料	500	60	30 000				1 500	60	90 000
	15	转账 16	购入材料	2 000	60	120 000				3 500	60	210 000
	25	转账 17	领用材料				2 500	60	150 000	1 000	60	60 000
	31		本月合计	2 500		150 000	2 500		150 000	1 000	60	60 000

表 7-27 应付账款总分类账户

单位：元

2019 年		凭证号数	摘要	借方	贷方	借或贷	余额
月	日						
3	1		期初余额			贷	700 000
	5	银付 12	归还欠货款	700 000		平	0
	10	转账 15	购甲公司材料		210 000	贷	210 000
	15	转账 16	购乙公司材料		270 000	贷	480 000
	20	银付 17	归还甲公司货款	210 000		贷	270 000
			本月合计	910 000	480 000	贷	270 000

表 7-28 应付账款明细分类账户

客户名称：甲公司　　单位：元

2019 年		凭证号数	摘要	借方	贷方	借或贷	余额
月	日						
3	1		期初余额			贷	400 000
	5	银付 12	归还欠货款	400 000		平	0
	10	转账 15	购入材料款暂欠		210 000	贷	210 000
	20	银付 17	归还欠货款	210 000		平	0
	31		本月合计	610 000	210 000	平	0

表 7-29 应付账款明细分类账户

客户名称：乙公司　　单位：元

2019 年		凭证号数	摘要	借方	贷方	借或贷	余额
月	日						
3	1		期初余额			贷	300 000
	5	银付 12	归还欠货款	300 000		平	0
	15	转账 16	购入材料款暂欠		270 000	贷	270 000
	31		本月合计	300 000	270 000	贷	270 000

为了检查总分类账户与明细分类账户是否真正平行登记，还必须将总分类账户与明细分类账户的记录进行核对。核对通常是通过编制“总分类账户与明细分类账户发生额与余额对照表”进行的。对照表的格式和内容如表 7-30、表 7-31 所示。

表 7-30 原材料总分类账户与明细分类账户发生额及余额对照表

单位：元

账户名称		期初余额		本期发生额		期末余额	
		借方	贷方	借方	贷方	借方	贷方
明细账	A 材料	120 000		330 000	300 000	150 000	
	B 材料	60 000		150 000	150 000	60 000	
总账		180 000		480 000	450 000	210 000	

表 7-31 应付账款总分类账户与明细分类账户发生额及余额对照表

单位：元

账户名称		期初余额		本期发生额		期末余额	
		借方	贷方	借方	贷方	借方	贷方
明细账	甲公司		400 000	610 000	210 000		0
	乙公司		300 000	300 000	270 000		270 000
总账			700 000	910 000	480 000		270 000

【例 7-15】（计算分析题）弘毅公司 2019 年 1 月发生的经济业务及登记的总分类账和明细分类账如下：

（1）3 日，向 A 企业购入甲材料 800kg，单价为 22 元，价款为 17 600 元；购入乙材料 700kg，单价为 16 元，价款为 11 200 元，货物已验收入库，款项尚未支付（不考虑增值税，下同）。

（2）6 日，向 B 企业购入丙材料 1 000kg，单价为 20 元，价款为 20 000 元，货物已验收入库，款项尚未支付。

（3）12 日，生产车间为生产产品领用材料，其中领用甲材料 1 200kg，单价为 22 元；领用乙材料 1 100kg，单价为 16 元。

（4）21 日，向 A 企业偿还欠货款 30 000 元，向 B 企业偿还 10 000 元，用银行存款支付。

（5）向 A 企业购入乙材料 1 100kg，单价为 16 元，价款已用银行存款支付，货物同时验收入库。

应付账款明细账如表 7-32 所示，应付账款总分类账如表 7-33 所示。

表 7-32 应付账款明细账

明细科目：A 企业 单位：元

2019 年		凭证编号	摘要	借方	贷方	借或贷	余额
月	日						
1	1	略	月初余额			贷	（4）
	3		购入材料		（5）	贷	54 800
	21		归还前欠货款	30 000		贷	24 800
	25		购入材料		17 600	贷	42 400
			本月合计			贷	42 400

表 7-33 应付账款总分类账

单位：元

2019年		凭证编号	摘要	借方	贷方	借或贷	余额
月	日						
1	1	略	月初余额			贷	36 000
	3		购入材料		28 800	贷	64 800
	6		购入材料		（1）	贷	84 800
	21		归还前欠货款	（2）		贷	
	25		购入材料		（3）	贷	
			本月合计			贷	

【答案】（1）20 000（1 000×20＝20 000）；（2）40 000（30 000+10 000＝40 000）；（3）17 600（16×1 100＝17 600）；（4）26 000（54 800−28 800＝26 000）；（5）28 800（17 600+11 200＝28 800）。

模块四 对账与结账

一、对账

（一）对账的概念

对账就是核对账目，是对账簿记录所进行的核对工作。

（二）对账的内容

对账的主要内容一般包括账证核对、账账核对和账实核对。

1．账证核对

账簿是根据经过审核之后的会计凭证登记的，但实际工作中仍有可能发生账证不符的情况。记账后，应将账簿记录与会计凭证核对，核对账簿记录与原始凭证、记账凭证的时间、凭证字号、内容、金额等是否一致，记账方向是否相符，做到账证相符。

2．账账核对

账账核对是指不同账簿记录之间的核对，包括：

（1）总分类账之间的核对，即所有总账账户借方发生额合计与贷方发生额合计是否相符；所有总账账户借方余额合计与贷方余额合计是否相符。

（2）总分类账与所属明细分类账核对，即有关总分类账户余额与其所属明细分类账户余额合计是否相符。

（3）总分类账与序时账核对，即库存现金日记账和银行存款日记账的余额与其总账余额是否相符。

（4）明细分类账之间核对，即会计部门有关财产物资明细分类账余额与财产物资保管、使用部门的有关明细分类账余额是否相符。

3．账实核对

账实核对是指各项财产物资、债权债务账面余额与实有数额之间的核对，包括：

（1）现金日记账账面余额与库存现金数额是否相符。

（2）银行存款日记账账面余额与银行对账单的余额是否相符。

（3）各项财产物资明细账余额与财产物资的实有数额是否相符。

（4）有关债权债务明细账账面余额与对方单位的账面记录是否相符。

【例 7-16】 （多选题）下列对账工作中属于账账核对的是（　　）。

A. 银行存款日记账与银行对账单的核对

B. 应收、应付款项明细账与债权债务账项核对

C. 财产物资明细账与财产物资保管明细账核对

D. 库存现金日记账余额与库存现金总账余额核对

【答案】 CD

【解析】 账账核对包括总分类账之间核对；总分类账与所属明细分类账核对；总分类账与序时账核对；明细分类账之间核对。

【例 7-17】 （判断题）企业将银行存款日记账与银行对账单核对属于账账核对。（　　）

【答案】 ×

【解析】 企业将银行存款日记账与银行对账单核对属于账实核对。

二、结账

（一）结账的概念

结账是一项将账簿记录定期结算清楚的账务工作，就是把一定时期内的全部经济业务登记入账之后，定期计算各个账户的本期发生额及其期末余额，结算本期账簿记录。

（二）结账的程序

（1）结账前，将本期发生的经济业务事项全部登记入账，并保证其正确性。对于发现的错误，应采用适当的方法进行更正。

（2）在本期经济业务全面入账的基础上，根据权责发生制的要求，调整有关账项，合理确定本期应计的收入和应计的费用。

（3）将损益类账户转入“本年利润”账户，结平所有损益类账户。

（4）结算出资产、负债和所有者权益账户的本期发生额和余额，并结转下期。

上述工作完成后，就可以根据总分类账和明细分类账的本期发生额和期末余额，分别进行试算平衡。

【例 7-18】 （判断题）年度终了，为了编制财务报表需要进行结账。（　　）

【答案】 ×

【解析】 在一定时期结束时（月末、季末、年末），为了编制财务报表，需要进行结账。

【例 7-19】 下列内容，属于结账工作的有（　　）。

A. 结算有关账户的本期发生额及期末余额　　B. 编制试算平衡表

C. 按照权责发生制时有关账项进行调整　　D. 清点库存现金

【答案】 AC

【解析】 结账工作包括：结账前，将本期发生的经济业务事项全部登记入账；再根据权责发生制的要求，调整有关账项，合理确定本期应计的收入和应计的费用；将损益类账户转入“本年利润”账户，结平所有损益类账户；结算出资产、负债和所有者权益账户的本期发生额和余

额，并结转下期。

（三）结账的方法

结账方法的要点主要有：

（1）对不需要按月结计本期发生额的账户，每次记账以后，都要随时结出余额，每月最后一笔余额即为月末余额。月末结账时，只需要在最后一笔经济业务事项记录下通栏画单红线，不需要再结计一次余额。

（2）现金、银行存款日记账和需要按月结计发生额的收入、费用等明细账，每月结账时，要在最后一笔经济业务记录下通栏画单红线，结出本月发生额和余额，在摘要栏内注“本月合计”字样，并在下面通栏画单红线。

（3）需要结计本年累计发生额的某些明细账户，每月结账时，应在“本月合计”行下结出自年初起至本月末止的累计发生额，登记在月份发生额下面，在摘要栏内注明“本年累计”字样，并在下面通栏画单红线。12月末的“本年累计”就是全年累计发生额，在全年累计发生额下通栏画双红线。

（4）总账账户平时只需结出月末余额。年终结账时，为了总括地反映全年各项资金运动情况的全貌，核对账目，要将所有总账账户结出全年发生额和年末余额，在摘要栏内注明“本年合计”字样，并在合计数下通栏画双红线。

（5）年度终了结账时，有余额的账户，要将其余额结转下年，并在摘要栏注明“结转下年”字样；在下一会计年度新建有关会计账户的第一行余额栏内填写上年结转的余额，并在摘要栏注明“上年结转”字样，使年末有余额账户的余额如实地在账户中加以反映，以免混淆有余额的账户和无余额的账户。

模块五　错账查找与更正的方法

一、错账查找的方法

会计人员在登记账簿时，必须严肃认真、一丝不苟，尽最大努力防止出现差错，以保证会计核算质量。如果账簿记录发生错误，产生错账，如重记、漏记、数字颠倒、数字错位、数字记错、账户记错、借贷方向记反等，就会影响会计信息的准确性，应及时找出差错。常见的错账查找方法有以下几种。

1．差数法

差数法是指按照错账的差数查找错账的方法。在记账过程中只登记了会计分录的借方或贷方，漏记了另一方，从而形成试算平衡中借方合计数与贷方合计数不等。例如，借方金额漏记 400 000，则借方合计为 295 000，贷方合计为 695 000，双方差额为 400 000，即可根据 400 000 这个数字直接查找错账。

2．尾数法

尾数法是指对于发生的差错只查找末位数，以提高查错效率的方法。这种方法适用于借贷金额其他位数都一致，而只有末位数出现差错的情况。

3．除 2 法

除 2 法是指以差数除以 2 来查找错账的方法。当某个借方金额错记入贷方（或相反）时，出现错账的差数表现为错误的 2 倍，将此差数除以 2，得出的商即是反向的金额。例如，借方 80 000 记入贷方，则借方合计为 615 000，贷方合计为 775 000，双方差额为 160 000，160 000÷2=80 000，即可根据 80 000 这个数字去查找错账。

4．除 9 法

除 9 法是指以差数除以 9 来查找错账的方法。适用于以下三种情况：

（1）将数字写小。例如，将 300 误记为 30，错位的差数是 300−30=270，270÷9=30，则错位数为 30，扩大 10 倍后即可得出正确的数字 300。

（2）将数字写大。例如，将 50 误记为 500，错位的差数是 500−50=450，450÷9=50，则 50 为正确的数字。

（3）邻数颠倒。例如，将 8 714 误记为 8 174，其差数是 8 714−8 174=540，将 540÷9=60，这表明发生数字颠倒在十位与百位之间，根据商数的首位是 6，则可得出两个数字差异是 6，即查找 1 和 7、2 和 8、3 和 9，结合业务就能查找出错账。

二、错账更正的方法

在记账过程中，如果发现账簿记录发生错误，必须采用正确的方法予以更正，不准涂改、挖补、刮擦或用药水去除字迹，不准重新抄写。错账更正的方法一般有划线更正法、红字更正法和补充登记法。

（一）划线更正法

在结账前，发现账簿记录中有文字或数字错误，而记账凭证没有错误，采用划线更正法。

更正方法：更正时，可在错误的文字或数字上划一条红线表示注销，在红线的上方填写正确的文字或数字，并由记账及相关人员在更正处盖章，以明确责任。对于错误的数字，应全部划线更正，不得只更正其中的错误数字；对于文字错误，可只划去错误的部分，并使原有字迹仍可辨认，以备查考。

【例 7-20】 记账人员刘芳根据记账凭证登记账簿时，记账凭证金额为 2 675.80 元，记账时误记为 2 765.80 元，应进行如下更正（见图 7-1）。

2 675.80　　　刘芳

~~2 765.80~~

图 7-1　划线更正法示例

（二）红字更正法

红字更正法，适用于以下两种情形：

（1）记账后发现记账凭证中的应借、应贷会计科目有错误所引起的记账错误。

更正方法：用红字填制一张与原错误记账凭证内容完全相同的记账凭证，在摘要栏内写明“注销某月某日某号凭证”，并用红字金额据以登记入账，以冲销原错误记录；然后用蓝字重新填制一张正确的记账凭证，并据以登记入账。

【例 7-21】 生产车间办公室领用原材料 3 500 元，填制下列记账凭证，并已登记入账。

① 借：生产成本　　　　　　3 500

　　　贷：原材料　　　　　　　3 500

此错误属于账户用错，如图 7-2 所示，更正时，先填制一张与原错误记账凭证内容完全相同的记账凭证，但金额为红字（见记账凭证②），并据以用红字金额登记入账，以注销原错误记录；然后用蓝字填制一张正确的记账凭证（见记账凭证③），并据以登记入账。

② 借：生产成本　　　　　　　　3 500（红字）

　　贷：原材料　　　　　　　　　3 500（红字）

③ 借：制造费用　　　　　　　　3 500

　　贷：原材料　　　　　　　　　3 500

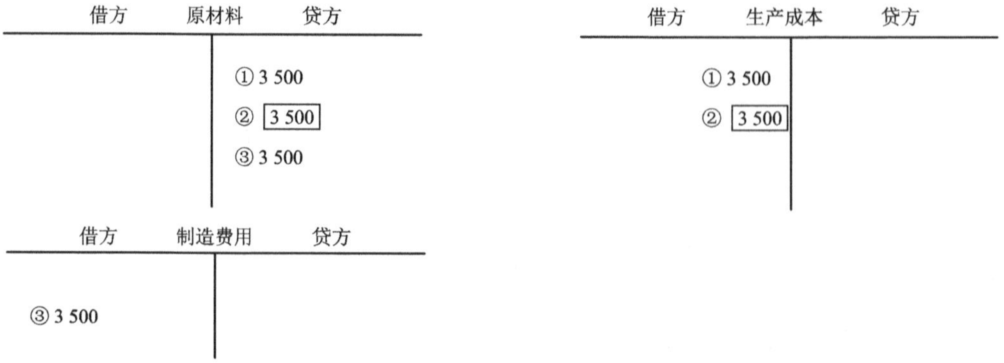

图 7-2　红字更正法示例 1

（2）记账后，发现记账凭证和账簿记录中应借、应贷会计科目无误，只是所记金额大于应记金额所引起的记账错误。

更正方法：按多记的金额用红字金额填制一张与原记账凭证应借、应贷科目完全相同的记账凭证，在摘要栏内写明"注销某月某日某号凭证多记金额"，以冲销多记的金额，并用红字据以登记入账。

【例 7-22】 弘毅公司以银行存款支付广告费 12 500 元，填制下列记账凭证，并已登记入账。

① 借：销售费用　　　　　　　　15 200

　　贷：银行存款　　　　　　　　15 200

此错误属于金额多记错误，如图 7-3 所示，更正时，用红字金额填制一张多记金额的记账凭证（见记账凭证②），并据以用红字金额登记入账。

② 借：销售费用　　　　　　　　2 700（红字）

　　贷：银行存款　　　　　　　　2 700（红字）

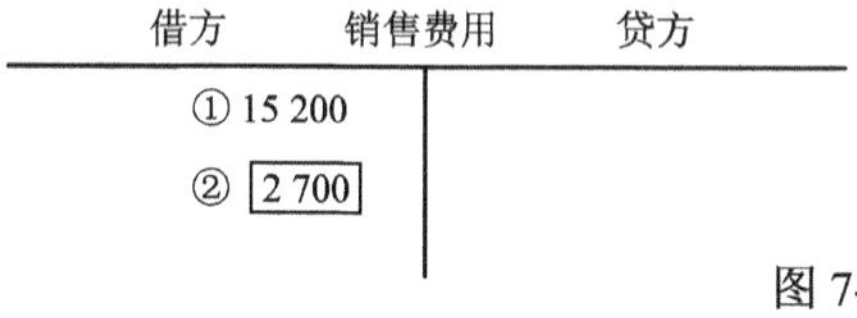

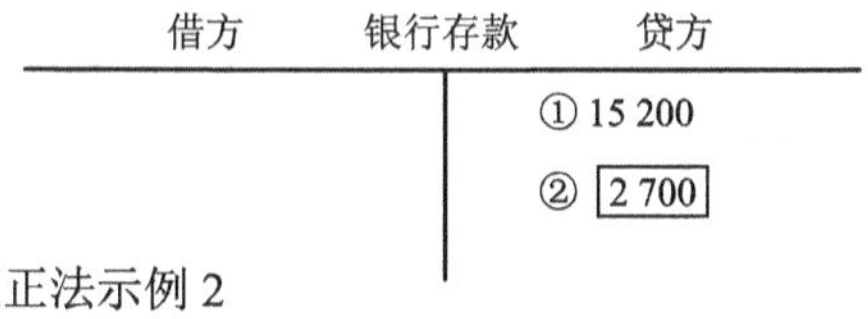

图 7-3　红字更正法示例 2

（三）补充登记法

记账后发现记账凭证和账簿记录中应借、应贷会计科目无误，只是所记金额小于应记金额所引起的记账错误。

更正方法：按少记的金额用蓝字金额填制一张与原记账凭证应借、应贷科目完全相同的记账凭证，以补充少记的金额，并据以登记入账。

【例 7-23】 弘毅公司以银行存款支付前欠货款 6 400 元，编制下列记账凭证，并已登记入账。

① 借：应付账款　　　　　　　4 600

　　贷：银行存款　　　　　　　4 600

此错误属于金额少记错误，如图 7-4 所示，更正时，用蓝字金额填制一张少记金额的记账凭证（见记账凭证②），并据以用蓝字金额登记入账。

② 借：应付账款　　　　　　　1 800

　　贷：银行存款　　　　　　　1 800

借方	应付账款 贷方
① 4 600	
② 1 800	

借方 银行存款	贷方
	① 4 600
	② 1 800

图 7-4　补充登记法示例

【例 7-24】　（单选题）记账后在当年内发现记账凭证所记的会计科目错误，从而引起记账错误应采用（　　）。

A. 划线更正法　B. 红字更正法　C. 补充登记法　D. 平行登记法

【答案】 B

【解析】 红字更正法适用于记账后发现记账凭证中的应借、应贷会计科目有错误所引起的记账错误。

【例 7-25】　（判断题）会计人员在记账以后，若发现所依据的记账凭证中的应借、应贷会计科目有错误，则不论金额多记还是少记，均采用红字更正法进行更正。（　　）

【答案】 √

【解析】 只要记账凭证中的科目有错误就应采用红字更正法。

模块六　会计账簿的更换与保管

一、会计账簿的更换

会计账簿的更换通常在新的会计年度建账时进行。总账、日记账和多数明细账应每年更换一次。变动小的部分明细账，如固定资产明细账或固定资产卡片及备查账簿可以连续使用。

需要更换的各种账簿，在进行年终结账时，各账户的年末余额都要以同方向直接记入有关新账的账户中，并在新账第一行摘要栏注明“上年结转”或“年初余额”字样。新旧账簿有关账户之间的结转余额无须编制记账凭证。

二、会计账簿的保管

年度终了，各种账户在结转下年、建立新账后，一般都要把旧账送交总账会计集中统一管理。会计账簿暂由本单位财务会计部门保管 1 年，期满之后，由财务会计部门编造成册，移交本单位的档案部门保管。

各种账簿应当按年度分类归档，编造目录，妥善保管。既保证在需要时迅速查阅，又保证各种账簿的安全和完整。保管期满，还要按照规定的审批程序经批准后才能销毁。

【例 7-26】（多选题）以下账簿需要在每年年初更换新账的是（　　）。

A. 总账　　B. 库存现金日记账　　C. 银行存款日记账　　D. 固定资产卡片账

【答案】 ABC

【解析】 总账、日记账和多数明细账应每年更换一次。

综合训练

一、单项选择题

1. 会计账簿暂由单位财务会计部门保管（　　），期满后，由财务会计部门编造清册移交本单位的档案部门保管。

   A. 3 年　　B. 10 年　　C. 5 年　　D. 1 年

2. 下列明细分类账中，一般不宜采用三栏式账页格式的是（　　）。

   A. 应收账款明细账　　B. 实收资本明细账

   C. 原材料明细账　　D. 应付账款明细账

3. 企业临时租入的固定资产应在（　　）中登记。

   A. 无须在账簿中进行任何登记　　B. 备查账簿

   C. 明细分类账簿　　D. 总分类账簿

4. 下列明细账户中，应采用贷方多栏式账页格式的是（　　）。

   A. 应交税费——应交增值税　　B. 本年利润

   C. 主营业务收入　　D. 管理费用

5. 日记账簿一般采用（　　）形式。

   A. 横线登记式账　　B. 卡片账　　C. 活页账　　D. 订本账

6. 总分类账户与明细分类账户平行登记四要点中的“依据相同”是指（　　）。

   A. 总分类账要根据明细分类账进行登记

   B. 明细分类账要根据总分类账进行登记

   C. 根据同一会计凭证登记

   D. 由同一人员进行登记

7. 将账簿划分为序时账簿、分类账簿和备查账簿的依据是（　　）。

   A. 账簿的用途　　B. 账页的格式　　C. 账簿的性质　　D. 账簿的外形特征

8. 下列表述正确的是（　　）。

   A. 库存现金日记账实质上就是库存现金的总账

   B. 总账的余额不一定等于其所属明细的余额合计数

   C. 明细账根据明细分类科目设置

   D. 所有资产类总账的余额合计数应等于所有负债类总账的余额合计数

9. 生产成本明细账应采用（　　）。

   A. 数量金额式　　B. 横线登记式　　C. 多栏式　　D. 三栏式

10. 下列项目中，属于账证核对内容的是（　　）。

    A. 总分类账簿与所属明细分类账簿核对

    B. 原始凭证与记账凭证核对

    C. 会计账簿与记账凭证核对

    D. 银行存款日记账与银行对账单核对

11．下列说法正确的是（　　）。

A．登记各种账簿的直接依据只能是记账凭证

B．库存现金及银行存款日记账的外表形式应采用订本式

C．库存现金付款凭证不能用来作为登记银行存款日记账的依据

D．总分类账户发生额及余额试算平衡中本期借方发生额合计等于本期贷方发生额合计，说明账户发生额记录肯定没有错

12．下列各账簿中，必须逐日逐笔登记的是（　　）。

A．库存现金总账　　B．固定资产明细账

C．原材料明细账　　D．银行存款日记账

13．填制记账凭证时无误，根据记账凭证登记账簿时，将 10 000 元误记为 1 000 元，已登记入账，更正时应采用（　　）。

A．划线更正法　　B．更换账页法　　C．补充登记法　　D．红字更正法

14．下列账户中，必须采用订本式账簿的是（　　）。

A．原材料明细账　　B．固定资产登记簿

C．库存商品明细账　　D．银行存款日记账

15．下列说法正确的是（　　）。

A．企业应收应付账款明细账与对方单位账户记录核对属于账账核对

B．账簿记录正确并不一定保证账实相符

C．所有账簿，每年必须更换新账

D．除结账和更正错账外，一律不得用红色墨水笔登记账簿

16．下列明细账中，既适用于金额核算，又适用于数量核算的是（　　）。

A．库存商品明细账　　B．实收资本明细账

C．制造费用明细账　　D．应收账款明细账

17．在启用之前就已将账页装订在一起，并对账页进行了连续编号的账簿称为（　　）。

A．订本账　　B．卡片账　　C．联合式账　　D．活页账

18．卡片账一般在进行（　　）时采用。

A．固定资产总分类核算　　B．原材料总分类核算

C．原材料明细分类核算　　D．固定资产明细分类核算

19．将每一相关的业务登记在一起，从而可依据每一行各个栏目的登记是否齐全来判断该项业务的进展情况的明细分类账格式属于（　　）。

A．多栏式　　B．数量金额式　　C．横线登记式　　D．三栏式

20．下列账簿中，一般采用活页账形式的是（　　）。

A．日记账　　B．备查账　　C．总分类账　　D．明细分类账

21．下列项目中，不属于账实核对内容的是（　　）。

A．库存现金日记账与库存现金数核对

B．债权债务明细账与对方单位的账面记录核对

C．银行存款日记账余额与银行对账单余额核对

D．账簿记录与原始凭证核对

22．下列错账中，可以采用补充登记法的是（　　）。

A．在结账前发现账簿记录有文字或数字错误，而记账凭证没有错误

B．记账后发现记账凭证填写的会计科目无误，只是所记金额小于应记金额

C. 记账后在当年内发现记账凭证所记的会计分录错误

D. 记账后在当年内发现记账凭证所记金额小于应记金额

23. 从银行提取现金，登记库存现金日记账的依据是（　　）。

A. 库存现金收款凭证　　B. 银行存款付款凭证

C. 银行存款收款凭证　　D. 库存现金付款凭证

24. 在登记账簿过程中，每一账页的最后一行及下一页都要办理转页手续，是为了（　　）。

A. 防止遗漏　　B. 便于查账　　C. 保持记录的连续性　　D. 防止隔页

25. 企业开出转账支票 1 790 元购买办公用品，编制记账凭证时，误记金额 1 970 元，科目与方向无误并已记账，应采用的更正方法是（　　）。

A. 用红字冲销 180 元　　B. 把错误凭证撕掉重新编制

C. 在凭证中划线更正　　D. 补充登记 180 元

26. 下列账簿中，可以跨年连续使用的是（　　）。

A. 日记账　　B. 多数明细账　　C. 备查账　　D. 总账

二、多项选择题

1. 下列说法不正确的是（　　）。

A. 银行存款日记账应按企业在银行开立的账户和币种分别设置，每个银行账户设置一本日记账

B. 平行式明细账不适用于一次性备用金业务

C. 总账最常用的格式为三栏式

D. 日记账必须采用三栏式

2. 以下表述正确的是（　　）。

A. 在会计核算中，一般应通过财产清查进行账实核对

B. 多栏式明细账一般适用于资产类账户

C. 因记账凭证错误而造成的账簿记录错误，一定采用红字更正法进行更正

D. 各种日记账，总账及资本、债权债务明细账都可采用三栏式账簿

3. 错账更正的方法一般有（　　）。

A. 划线更正法　　B. 平行登记法　　C. 补充登记法　　D. 红字更正法

4. 下列各项中，根据《企业会计准则》，应当建立备查账簿登记的是（　　）。

A. 银行存款　　B. 原材料

C. 已贴现的应收票据　　D. 经营租入设备

5. 以下凭证可以作为库存现金日记账收入栏依据的是（　　）。

A. 库存现金收款凭证　　B. 库存现金付款凭证

C. 银行存款付款凭证　　D. 银行存款收款凭证

6. 记账后发现记账凭证中应借、应贷会计科目正确，只是金额发生错误，可采用的错账更正方法是（　　）。

A. 划线更正法　　B. 横线登记法　　C. 补充登记法　　D. 红字更正法

7. 下列内容中，属于结账工作的是（　　）。

A. 清点库存现金　　B. 按照权责发生制对有关账项进行调整

C. 编制试算平衡表　　D. 结算有关账户的本期发生额及期末余额

8. 下列观点正确的是（ ）。
A. 总账必须采用订本式账簿
B. 不是所有账户都需要开设明细分类账户
C. 明细分类账户提供详细、具体的核算指标
D. 总分类账户提供总括核算指标
9. 下列各账户中，只需反映金额指标的是（ ）。
A. 实收资本账户 B. 库存商品账户
C. 短期借款账户 D. 原材料账户
10. 下列说法正确的是（ ）。
A. 对账的内容包括账证核对、账账核对、账实核对
B. 短期借款明细账应采用三栏式账页格式
C. 应收账款明细账应采用订本式账簿
D. 多栏式明细账一般适用于成本、费用、收入和利润类的明细账
11. 以下内容中，属于对账范围的是（ ）。
A. 账簿记录与报表记录的核对
B. 账簿记录与有关会计凭证的核对
C. 库存商品明细账余额与库存商品的核对
D. 日记账余额与有关总分类账户余额的核对
12. 数量金额式账簿的收入、发出和结存三大栏内，都分设（ ）三个小栏。
A. 金额 B. 单价 C. 数量 D. 种类
13. 下列关于平行登记的说法，正确的是（ ）。
A. 总账账户的期初余额=明细账账户期初余额合计
B. 记入总分类账户的金额=记入其所属明细分类账户的合计金额
C. 总账账户的本期发生额=所属明细账账户本期发生额合计
D. 总账账户的期末余额=所属明细账账户期末余额合计

三、判断题（正确的打“√”，错误的打“×”）

1.（ ）设置和登记账簿是编制会计报表的基础，是连接会计凭证与会计报表的中间环节。
2.（ ）补充登记法一般适用于记账凭证所记会计科目无误，只是所记金额大于应记金额，从而引起的记账错误。
3.（ ）在账簿记录中有可能出现红字。
4.（ ）活页账无论是在账簿登记完毕之前还是之后，账页都不固定装订在一起，而是装在活页账夹中。
5.（ ）各种日记账，总账及资本、债权债务明细账都可采用三栏式账簿。
6.（ ）会计人员在记账以后，若发现所依据的记账凭证中的应借、应贷会计科目有错误，则不论金额多记还是少记，均采用红字更正法进行更正。
7.（ ）登记账簿要用蓝黑墨水笔或碳素墨水笔书写，不得使用铅笔书写，但可使用钢笔或圆珠笔书写。
8.（ ）启用会计账簿时，应当在账簿封面上写明单位名称和账簿名称，并在账簿扉页上附启用表。
9.（ ）主要账簿中不予登记或登记不详细的经济业务，可以在备查账簿中予以登记。

10．（　　）在我国，单位一般只对原材料的明细核算采用卡片账。
11．（　　）总分类账户平时不必每日结出余额，只需要每月结出月末余额。
12．（　　）新旧账簿有关账户之间的结转余额，也需要编制记账凭证。
13．（　　）凡是只进行金额核算的明细分类账户都应采用三栏式的账页格式。
14．（　　）对需要结计本年累计发生额的账户，结计“过次页”的本页合计数应为年初起至本月末止的累计数。
15．（　　）会计部门的财产物资明细账期末余额与财产物资使用部门的财产物资明细账余额相核对，属于账实核对。
16．（　　）对各种明细账除可采用活页账外表形式外，还可采用卡片账外表形式。
17．（　　）严格地说，卡片账也是一种活页账，只不过它不是装在活页夹中，而是装在卡片箱内。
18．（　　）在平行登记法下，总分类账和明细分类账要同时间登记。

四、计算分析题

1．某企业2019年7月发生的经济业务及登记的应付账款总分类账如下：

（1）4日，向A企业购入甲材料1 000kg，单价为17元，购入乙材料2 500kg，单价为9元，价款为22 500元，款项39 500元尚未支付（不考虑增值税，下同）。

（2）8日，向B公司购入甲材料2 000kg，单价为17元，价款为34 000元，货物已经验收入库，款项尚未支付。

（3）13日，生产车间为生产产品领用材料，其中领用甲材料1 400kg，单价为17元，领用乙材料3 000kg，单价为9元，价值为27 000元。

（4）23日，向A公司偿还货款20 000元，向B公司偿还货款40 000元，以银行存款支付。

（5）26日，向A公司购入乙材料1 600kg，价款14 400元以银行存款支付，货物验收入库。

要求：根据上述资料，完成应付账款总分类账的登记。

总分类账

会计科目：应付账款　　　　单位：元

2019年		凭证号	摘要	借方	贷方	借或贷	余额
月	日						
4	1		月初余额			贷	（1）
	4		购入材料		（2）	贷	82 500
	8		购入材料		34 000	贷	（3）
	23		归还前欠货款	60 000		贷	（4）
	31		本月合计		（5）	贷	56 500

2．某公司会计人员在结账前进行对照，发现企业所做的部分账务处理如下：

（1）预付原材料款40 000元，款项以银行存款支付，编制的会计分录为：

借：应付账款　　40 000
　　贷：银行存款　　40 000

（2）用银行存款预付建造固定资产的工程款60 000元，编制的会计分录为：

借：固定资产　　60 000
　　贷：银行存款　　60 000

（3）用现金支付职工生活困难补助费 7 000 元，编制的会计分录为：

借：管理费用　　　　7 000

　　贷：库存现金　　　　7 000

（4）计提生产车间固定资产折旧 4 500 元，编制的会计分录为：

借：制造费用　　　　45 000

　　贷：累计折旧　　　　45 000

（5）用现金支付职工工资 65 000 元，编制的会计分录为

借：应付职工薪酬　　　　6 500

　　贷：库存现金　　　　6 500

要求：上述企业原账务处理科目或金额上存在错误，请编制各项业务正确的会计分录。

扫一扫

日记账和备查簿常识　　现金日记账登记　　银行存款日记账登记　　手到擒来——账簿的登记

备查簿的登记　　划线更正法　　红字更正法　　补充登记法

项目八

财 产 清 查

基本要求

1. 了解财产清查的意义与种类。
2. 熟悉财产清查的一般程序。
3. 熟悉货币资金、实物资产和往来款项的清查方法。
4. 掌握银行存款余额调节表的编制。
5. 掌握财产清查结果的账务处理。

模块一　财产清查的概念和种类

一、财产清查的概念与意义

财产清查是指通过对货币资金、实物资产和往来款项等财产物资进行盘点或核对，确定其实存数，查明账存数与实存数是否相符的一种专门方法。

企业应当建立健全财产物资清查制度，加强管理，以保证财产物资核算的真实性和完整性。具体而言，财产清查的意义主要有：

（1）确保会计信息的真实可靠。通过财产清查，可以确定各项财产物资的实有数量，将实存数与账存数进行对比，确定各项财产的盘盈或盘亏数，并及时调整账簿记录，做到账实相符，以保证账簿记录的真实、可靠，提高会计信息的质量。

（2）切实保障各项财产物资的安全完整。通过财产清查，可以查明各项财产物资的储备和保管情况及各种责任制度的建立和执行情况，揭示财产物资管理上存在的问题，促使单位不断改进财产物资管理制度，加强保管人员责任感，保证各项财产物资的安全完整。

（3）加速资金周转，提高资金使用效益。通过财产清查，可以揭示各项财产物资的使用情况，从而促进单位改善经营管理，挖掘各项财产物资的潜力，加速资金周转，提高财产物资的使用效率。

二、财产清查的种类

财产清查可以按不同的标志进行分类，常见的分类主要有以下几种。

（一）按照清查范围分类

1．全面清查

全面清查是指对所有财产进行全面的盘点和核对。全面清查范围大、内容多、时间长、参与人员多，一般不宜经常进行。一般来说，在以下情况下才需要进行全面清查。

（1）企业编制年度会计报表前，需要进行全面清查。

（2）单位主要负责人调离本单位前，需要进行全面清查。

（3）单位撤销、分立、合并或改变隶属关系前，需要进行全面清查。

（4）中外合资、国内联资前，企业股份制改制前，需要进行全面清查。

（5）开展清产核资、资产评估时，需要进行全面清查。

【例 8-1】 （单选题）单位主要领导调离工作岗位前进行的财产清查，应属于（　　）。

A．重点清查　　B．全面清查　　C．局部清查　　D．定期清查

【答案】 B

【解析】 单位主要负责人调离本单位前，需要进行全面清查。

2．局部清查

局部清查是指根据需要只对部分财产进行盘点和核对。其清查的主要对象是流动性较大的财产。局部清查范围小、内容少、时间短、参与人员少，但专业性较强。在以下情况下需要进行局部清查。

（1）对库存现金，应由出纳人员在每日终了时清点核对。

（2）对银行存款，应由出纳人员每月同开户银行至少核对一次。

（3）对于材料、在产品和库存商品，除年度清查外，应有计划地轮流清查；对贵重物资，应每月清查盘点一次，在有关人员调动时，应进行专项清查。

（4）对债权债务，应每年与对方至少核对一次至两次。

（二）按照清查时间分类

1．定期清查

定期清查是指按照预先计划安排的时间对财产进行的盘点和核对。这种清查的对象不定，可以是全面清查，也可以是局部清查。其清查的目的在于保证会计核算资料的真实性，一般是在年末、季末或月末结账后进行。例如，年末进行全面清查、出纳员每日终了对现金清点核对等。

2．不定期清查

不定期清查是指事前不规定清查日期，而是根据特殊需要临时进行的盘点和核对。例如，更换财产物资保管人员、更换出纳人员时对财产物资、货币资金的清查，发生自燃灾害或意外损失时对财产物资的清查等。不定期清查，可以是全面清查，也可以是局部清查，应根据实际需要来确定清查的对象和范围。

（三）按照清查的执行系统分类

1．内部清查

内部清查是指由本单位内部自行组织清查工作小组所进行的财产清查工作。大多数财产清查都是内部清查。

2．外部清查

外部清查是指由上级主管部门、审计机关、司法部门、注册会计师根据国家有关规定或情况需要对本单位所进行的财产清查。一般来讲，进行外部清查时应有本单位相关人员参加。

三、财产清查的一般程序

财产清查既是会计核算的一种专门方法，又是财产物资管理的一项重要制度。企业必须有计划、有组织地进行财产清查。财产清查一般包括以下程序。

（1）建立财产清查组织，清查组织应由单位领导和财务会计、业务、仓库等有关部门的人员组成，一般应由管理层研究制订财产清查计划，确定工作进度和方式方法。

（2）组织清查人员学习有关政策规定，掌握有关法律、法规和相关业务知识，以提高财产清查工作的质量。

（3）确定清查对象、范围，明确清查任务。

（4）制定清查方案，具体安排清查内容、时间、步骤、方法，以及必要的清查前的准备工作。

（5）清查时本着先清查数量、核对有关账簿记录等，后认定质量的原则进行。

（6）填制盘存清单。

（7）根据盘存清单，填制实物、往来账项清查结果报告表。

相关链接：财产物资的盘存制度

财产物资的盘存制度是指在日常会计核算中采用何种方法确定各项财产物资的盘存数量。企业财产物资的盘存制度通常有以下两种。

（一）永续盘存制

永续盘存制，又称账面盘存制，是指对各项财产物资的增减变动情况，都必须根据会计凭证在有关账簿中进行连续登记，并随时在账簿中结算出各项财产物资结存数的一种盘存制度。其计算公式为：

账面期末结存数量=账面期初结存数量+本期账面增加合计数量-本期账面发出合计数量

永续盘存制的特点：对各项财产物资平时在账簿中既登记增加数，又登记减少数，并随时结出财产物资结存数量。

采用永续盘存制，其优点是可以随时掌握和了解各项财产物资的增减变动和结存情况，有利于加强财产物资的管理；其缺点是在财产物资品种复杂、繁多的企业，其明细账核算工作量比较大。

永续盘存制的适用范围：一般情况下，各单位均应采用这种盘存制度。

采用永续盘存制，也可能发生账实不符的情况，如变质、损坏、丢失等，所以仍然要对各项财产物资进行定期或不定期的清查盘点，以便查明账实是否相符；对于账实不符的，要及时查明原因，按照有关规定进行处理，以达到账实相符的目的。

（二）实地盘存制

实地盘存制，又称定期盘存制，是指对各种财产物资，平时只在明细账簿中登记增加数，不登记减少数，月末根据对财产物资实地盘点的结存数倒挤出财产物资的减少数，并据以登记有关账簿的一种盘存制度。其计算公式为：

本期发出数量=账面期初结存数量+本期账面增加合计数量-期末盘点实际结存数量

实地盘存制的特点：对各项财产物资平时在账簿中只登记增加数，不登记减少数，月末根据实地盘点的结存数倒挤出当月财产物资的减少数，再据以登记有关账簿。

采用实地盘存制，其优点是由于平时不需要计算、记录财产物资的减少数和结存数，可以大大简化日常核算工作量，财产物资的收发手续也比较简便；其缺点是无法结算出日常的账面余额，不能及时了解和掌握日常财产物资的账面结存数和财产物资的溢缺情况，且手续不严密，不利于管理。

实地盘存制的适用范围：适用于价值低、品种杂、进出频繁的商品或材料物资。

【例 8-2】（多选题）财产物资的盘存制度有（　　）。

A. 权责发生制　　B. 收付实现制　　C. 实地盘存制　　D. 永续盘存制

【答案】CD

【解析】企业财产物资的盘存制度通常有永续盘存制和实地盘存制两种。

模块二　财产清查的方法

由于货币资金、实物、往来款项的特点各有不同，在进行财产清查时，应采用与其特点和管理要求相适应的方法。

一、货币资金的清查方法

货币资金的清查包括库存现金的清查和银行存款的清查。

（一）库存现金的清查

1．库存现金的清查方法

库存现金的清查一般采用实地盘点法。即通过实地盘点，确定库存现金的实存数，然后与库存现金日记账的账面余额核对，确定账实是否相符。

2．库存现金清查的注意事项

为了明确经济责任，现金清查时出纳人员必须在场；在盘点过程中不能用“白条”抵库，也就是不能用不具备法律效力的借条、收据等抵充库存现金。

3．库存现金清查结果的处理

库存现金盘点后，应根据盘点结果和库存现金日记账核对情况，填制“库存现金盘点报告表”，其格式如表 8-1 所示。“库存现金盘点报告表”是重要的原始凭证，它既起确定实有数的作用，也具有实存账存对比表的作用，因此能据以调整库存现金日记账的账面记录。“库存现金盘点报告表”应由盘点人员和出纳人员共同签章方能生效。

表 8-1　库存现金盘点报告表

计量单位：　　　　　　　　　　　　年　月　日

<table>
<tr><td></td><td>面　值</td><td>数　量</td><td>金　额</td><td>盘点异常现象</td></tr>
<tr><td rowspan="6">现
金
盘
点
数</td><td></td><td></td><td></td><td rowspan="3"></td></tr>
<tr><td></td><td></td><td></td></tr>
<tr><td></td><td></td><td></td></tr>
<tr><td></td><td></td><td></td><td>盘点结果要点报告</td></tr>
<tr><td></td><td></td><td></td><td rowspan="3"></td></tr>
<tr><td></td><td></td><td></td></tr>
<tr><td colspan="3">合　计</td><td></td></tr>
<tr><td colspan="3">现金日记账账面金额</td><td></td><td>领导审批意见</td></tr>
<tr><td colspan="3">溢余或短缺金额</td><td></td><td></td></tr>
</table>

盘点人签章：　　　　　　负责人签章：　　　　　　出纳员签章：

（二）银行存款的清查

1．银行存款的清查方法

银行存款的清查采用对账单法。即将企业的银行存款日记账与开户银行送来的对账单进行逐笔核对，查明银行存款的实有数额。银行存款的清查一般在月末进行。

2．银行存款日记账与银行对账单不一致的原因

将截止到清查日所有银行存款的收付业务都登记入账后，对发生的错账、漏账应及时查清更正，再与银行对账单逐笔核对。如果二者余额相符，通常说明没有错误；如果二者余额不相符，则可能是企业或银行一方或双方记账过程有错误或存在未达账项。

【例 8-3】 （多选题）银行存款日记账余额与银行对账单余额不一致的原因可能是（　　）。

A．银行存款日记账有误　　B．银行记账有误

C．存在未达账项　　D．存在未付款项

【答案】 ABC

【解析】 银行存款日记账余额与银行对账单余额不一致可能是企业或银行一方或双方记账过程有错误或存在未达账项。

3．未达账项

未达账项是指企业与银行之间，由于记账时间不一致，而发生的一方已登记入账，另一方尚未登记入账的事项。未达账项一般有以下 4 种情况。

（1）企业已收款记账，银行未收款、未记账的款项。如企业销售产品收到转账支票，送存银行后即可根据银行盖章退回的"进账单"回单联登记银行存款的增加，而银行不能马上登记银行存款的增加，要等款项收妥后才能登记银行存款的增加，如此时对账则形成"企业已收款记账，而银行尚未收款记账"的未达账项。

（2）企业已付款记账，银行未付款、未记账的款项。如企业开出一张转账支票支付欠货款，企业可以根据支票存根等凭证登记银行存款的减少，但持票单位尚未将支票送存银行转账，因而银行尚未登记银行存款的减少，如此时对账则形成"企业已付款记账，而银行尚未付款记账"的未达账项。

（3）银行已收款记账，企业未收款、未记账的款项。如外地某单位给企业汇来款项，银行收到汇款后，即登记银行存款的增加，而企业尚未收到银行转来的收款通知，未登记银行存款的增加，如此时对账则形成"银行已收款记账，而企业尚未收款记账"的未达账项。

（4）银行已付款记账，企业未付款、未记账的款项。如银行代企业支付款项，银行已登记存款的减少，而企业尚未接到银行转来的付款通知，未登记存款的减少，如此时对账则形成"银行已付款记账，而企业尚未付款记账"的未达账项。

上述任何一种未达账项存在，都会造成企业银行存款日记账余额与银行对账单余额不符。出现上述第（1）和第（4）两种情况，会使企业银行存款日记账账面余额大于银行对账单余额；出现上述第（2）和第（3）两种情况，会使企业银行存款日记账账面余额小于银行对账单余额。

4．银行存款余额调节表的编制

企业与银行对账时，首先应查明有无未达账款，如果存在未达账项，应编制"银行存款余额调节表"，以确定企业银行存款实有数。"银行存款余额调节表"是为了核对企业与其开户银行双方记录的企业银行存款账面余额而编制的，列示双方未达账的一种表格。现举例说明其格式和编制方法。

【例 8-4】 弘毅公司 2019 年 4 月份银行存款日记账和银行对账单如表 8-2、表 8-3 所示。

表 8-2　银行存款日记账

单位：元

2019年		凭证号	对方科目	摘要	借方	贷方	余额
月	日						
4	1			期初余额			668 900
	2	银付 1	库存现金	提现备用（现支#553）		3 000√	665 900
	4	银付 2	应交税费	缴所得税（转支#6370）		60 000√	605 900
	5	银付 3	在途物资等	购材料		81 900√	524 000
	6	现付 1	库存现金	销售款解存银行	58 500√		582 500
	10	银收 1	主营业务收入等	销售商品	35 100√		617 600
	11	银付 4	应付职工薪酬	代发工资（转支#6371）		101 500√	516 100
	13	银收 2	其他货币资金	汇票多余款	24 500√		540 600
	16	银收 3	短期借款	借入借款	500 000√		1 040 600
	18	银付 5	其他货币资金	办理银行本票		50 000√	990 600
	22	银付 6	其他货币资金	办理银行汇票		100 000√	890 600
	30	银付 7	预付账款	财产保险费（转支#6372）		6 500	884 100
	30	银收 4	预收账款	预收南海公司货款	30 000		914 100
				本月合计	648 100	402 900	914 100

表 8-3　银行对账单

中国银行梁溪分理处对账单

2019 年 4 月 30 日止

账号：388990021　　单位名称：弘毅公司　　单位：元

2019年		摘要	结算凭证	借方	贷方	借或贷	金额
月	日						
4	1	期初余额				贷	668 900
	3	支取现金	现支#553	3 000√		贷	665 900
	4	缴纳税款	转支#6379	60 000√		贷	605 900
	5	汇购材料	电汇#8746	81 900√		贷	524 000
	6	送存现金	现缴#245		58 500√	贷	582 500
	9	汇票余款	银汇#6743		24 500√	贷	607 000
	10	转发工资	转支#6371	101 500√		贷	505 500
	14	收到销货款	转支#8922		35 100√	贷	540 600
	15	付货款办理本票	本票#6025	50 000√		贷	490 600
	16	贷款	借款单#4230		500 000√	贷	990 600
	26	办理汇票	汇票#0559	100 000√		贷	890 600
	30	委托付款电费	委托#7543	2 260		贷	888 340
	30	收货款进账	汇划#5678		12 260	贷	900 600
	30	存款利息	结算单#345		3 019	贷	903 619

注：企业银行日记账和银行对账单的记账方向相反，即企业银行存款日记账借方为收入，贷方为付出；银行对账单贷方为收入，借方为付出。

“银行存款余额调节表”的编制步骤如下。

（1）将本单位银行存款日记账和银行对账单，以结算凭证的种类、号码和金额为依据，逐日、逐笔核对。凡双方都有记录的，用铅笔在金额旁打上记号“√”。

（2）找出未达账项（银行存款日记账和银行对账单中没有打“√”的款项）。

① 4月29日，银行代企业支付电费2 260元，企业尚未接到通知而未入账。

② 4月30日，银行为企业收回货款12 260元，已入企业存款户，企业尚未接到通知而未入账。

③ 4月30日，银行计算企业存款利息3 019元，已入企业存款户，企业尚未接到通知而未入账。

④ 4月30日，企业签发转账支付财产保险费6 500元，持票人尚未到银行办理进账，银行未入账。

⑤ 4月30日，企业收到南海公司转账支票一张，支付预付货款30 000元，已开具进账单办妥进账，但银行尚未入账。

（3）将日记账和对账单的月末余额及找出的未达账项填入“银行存款余额调节表”，并计算出调整后的余额，如表8-4所示。

表8-4　银行存款余额调节表

2019年 4月 30日　　单位：元

项　目	金　额	项　目	金　额
银行存款日记账余额	914 100	银行对账单余额	903 619
加：银行已收、企业未收	15 279	加：企业已收、银行未收	30 000
减：银行已付、企业未付	2 260	减：企业已付、银行未付	6 500
调节后的余额	927 119	调节后的余额	927 119

（4）将调整平衡的“银行存款余额调节表”经主管会计签章后，呈报开户银行。

凡有几个银行户头及开设外币存款户头的单位，应分别按存款户头开设“银行存款日记账”。每月月底，应分别将各户头的“银行存款日记账”与各户头的“银行对账单”核对，并分别编制各户头的“银行存款余额调节表”。

“银行存款余额调节表”的编制，是以双方账面余额为基础，各自分别加上对方已收款入账而己方尚未入账的数额，减去对方已付款入账而己方尚未入账的数额。其计算公式如下：

企业银行存款日记账余额+银行已收企业未收款-银行已付企业未付款=银行对账单存款余额+企业已收银行未收款-企业已付银行未付款

经过“银行存款余额调节表”调节后，如果双方的余额相等，则表明双方记账基本正确，而这个相等的余额表示企业可动用的银行存款实有数；若不符，则表示本单位及开户银行的一方或双方存在记账错误，应进一步查明原因，采用正确的方法进行更正。

需要注意的是，企业不应该也不需要根据调节后的余额调整银行存款日记账的余额，“银行存款余额调节表”只是一种对账记录或对账工具，不能作为调整账面记录的依据。对于银行已入账而企业尚未入账的未达账，企业应在收到有关结算凭证后再进行有关账务处理。

【例8-5】（判断题）“银行存款余额调节表”只是为了核对账目，并不能作为调整银行存款账面余额的原始凭证。（　　）

【答案】 √

【解析】“银行存款余额调节表”只是一种对账记录或对账工具，不能作为调整账面记录的依据。

二、实物资产的清查方法

对各种实物资产，如固定资产、库存商品、原材料等，都必须从数量和质量上进行清查。由于实物的形态、体积、重量、堆放形式不同，采用的清查方法也各不相同，主要有以下两种。

1．实地盘点法

实地盘点法是指在财产物资存放现场逐一清点数量或用计量仪器确定实存数的一种方法。如以件或台为计量单位的商品或机器设备等，可以通过点数的方法确定实有数。

这种方法适用范围较广，大多数财产物资的清查都适用该种方法，但是工作量大，如果事先能按照财产物资的实物形态进行科学码放，则有助于提高盘点速度。

2．技术推算法

技术推算法是指通过技术测算的方法来确定财产物资实存数量的一种方法。如露天堆放的砂石、焦炭等，可以通过技术推算的方法确定实有数。

这种方法主要适用于那些大量成堆、价廉笨重且不能逐项清点的物资。

无论采用何种方法对实物进行清查，都应按计划有步骤地进行，以避免遗漏或重复。

为了明确经济责任，在对各项财产物资进行盘点时，有关财产物资的保管人员必须在场，并参加盘点工作。对各项实物财产进行盘点的结果，应逐一如实地登记在“盘存单”（见表 8-5）上，并由参加盘点的人员和实物保管人员同时签章方可生效。“盘存单”是记录各项实物财产盘点结果的书面证明，也是财产清查工作的凭证之一。

表 8-5　盘　存　单

单位名称：　　　　盘点时间：

财产类别：　　　　存放地点：　　　　编号：

序　号	名称及规格	计量单位	实存数量	单　价	金　额	备　注

盘点人（签章）：　　　　保管人（签章）：

盘点结束后，将“盘存单”的实存数与账面结存数相核对。若发现某些财产物资账实不符，应填制“实存账存对比表”（见表 8-6），以确定财产物资盘盈或盘亏数额。“实存账存对比表”是调整账面记录的原始凭证，也是分析差异原因、明确经济责任的重要依据，应认真填报。

表 8-6　实存账存对比表

单位名称：　　　　年　月　日　　　　编号：

序　号	名称及规格	计量单位	单　价	实　存		账　存		盘　盈		盘　亏		备　注
				数　量	金　额	数　量	金　额	数　量	金　额	数　量	金　额	

主管人员（签章）：　　　　会计（签章）：　　　　制表人（签章）：

三、往来款项的清查方法

往来款项主要包括应收账款、预付账款、应付账款、预收账款等。为了保证往来款项的正确性，并保证及时清算，防止长期拖欠，应对往来款项进行及时清查。

往来款项的清查一般采取“发函询证的方法”进行核对，即通过向对方单位发函查询以核对账目的方法进行清查。清查单位应在检查本单位各往来款项正确性的基础上，编制一式两联的“往来款项对账单”，发送至各往来单位查询核对。对方单位经过核对相符后，在回单上加盖公章退回，表示已核对；如果经核对数字不相符，对方应在回联单上说明情况，或者另抄对账单退回本单位，待进一步查明原因再进行核对，直到相符为止。

往来款项清查结束后，将清查结果编制“往来款项清查结果报告单”，填列各项债权、债务的余额。对于有争执的款项及无法收回的款项，应在报告单上详细列明情况，以便及时采取措施进行处理，避免或减少坏账。

【例 8-6】（单选题）对于应收账款进行清查应采用的方法是（　　）。

A. 技术推算法　　B. 实地盘点法　　C. 询证核对法　　D. 抽查法

【答案】 C

【解析】 往来款项的清查一般采取“发函询证的方法”进行核对。

【例 8-7】（计算分析题）甲公司 2019 年 12 月银行存款日记账与银行对账单在 28 日以后的资料如下：

银行存款日记账

日　期	摘　要	金额（元）
12.29	存入银行转账支票 # 891	24 800
12.30	开出转账支票 # 352 支付货款	16 400
12.30	开出转账支票 # 253 支付运输费	800
12.31	存入购货款转账支票 # 740	16 000
月末余额		76 500

银行对账单

日　期	摘　要	金额（元）
12.30	存入转账支票 # 891	24 800
12.30	转账支票支付 # 352	16 400
12.31	代划借款利息	1 500
12.31	收回托收款	13 500
月末余额		73 300

银行存款余额调节表

编制单位：甲公司　　2019 年 12 月 31 日　　单位：元

项　目	金　额	项　目	金　额
企业银行存款日记账余额	76 500	银行对账单余额	73 300
加：银行已收企业未收款项合计	（1）	加：企业已收银行未收款项合计	（4）
减：银行已付企业未付款项合计	（2）	减：企业已付银行未付款项合计	800
调节后余额	（3）	调节后余额	（5）

要求：根据上述资料，编制甲公司的银行存款余额调节表。

【答案】（1）13 500；（2）1 500；（3）88 500；（4）16 000；（5）88 500。

【解析】（1）、（2）、（4）直接找出未达账项即可；
（3）76 500+13 500−1 500＝88 500；
（5）73 300+16 000−800＝88 500。

模块三 财产清查结果处理

一、财产清查结果处理的要求

财产清查结束后，企业必须按国家有关财务制度规定，严肃认真地进行处理。财产清查中发现的盘盈、盘亏、毁损、变质、超储积压等问题，应核准数字，查明原因，并按规定的程序上报批准后进行处理。

财产清查结果处理的具体要求如下。

（1）分析产生差异的原因和性质，提出处理建议。财产清查结束后，应根据“库存现金盘点报告表”“实存账存对比表”等，核准库存现金和实物财产的盘盈、盘亏数字。同时，对各项差异产生的原因和性质进行分析，明确经济责任，提出相应的处理意见，并按规定的管理权限报经批准。

（2）积极处理多余积压财产，清理往来款项。对于财产清查中发现的多余积压物资，应分不同情况进行处理。对于债权债务在核实过程中产生的争议问题，及时组织清理。

（3）总结经验教训，建立和健全各项管理制度。财产清查后，要针对存在的问题和不足，总结经验教训，采取必要的措施，建立健全财产管理制度，进一步提高财产管理水平。

（4）及时调整账簿记录，保证账实相符。对于财产清查中发现的盘盈、盘亏或毁损，应及时调整账面记录，以保证账实相符。要根据清查中取得的原始凭证编制记账凭证，登记有关账簿，使各种财产物资的账存数与实存数相一致，同时反映待处理财产损溢的发生额。

二、财产清查结果处理的步骤与方法

对于财产清查结果的处理可分为以下两种情况。

1．审批之前的处理

根据“清查结果报告表”“盘点报告表”等已经查实的数据资料，填制记账凭证，记入有关账簿，使账簿记录与实际盘存数相符，同时根据权限，将处理建议报股东大会或董事会，或者经理（厂长）会议或类似机构批准。

2．审批之后的处理

企业清查的各种财产的损溢，应于期末前查明原因，并根据企业的管理权限，经股东大会或董事会，或者经理（厂长）会议或类似机构批准后，在期末结账前处理完毕。企业应严格按照有关部门对财产清查结果提出的处理意见进行账务处理，填制有关记账凭证，登记有关账簿，并追回由于责任者原因造成的财产损失。

企业清查的各种财产的损溢，如果在期末结账前尚未经批准，在对外提供财务报表时，先按上述规定进行处理，并在附注中做出说明；其后批准处理的金额与已处理金额不一致的，应调整财务报表相关项目的年初数。

三、财产清查结果的账务处理

（一）设置“待处理财产损溢”账户

为了反映和监督企业在财产清查中查明的各种财产物资的盘盈、盘亏和毁损情况，应设置“待处理财产损溢”账户（但固定资产盘盈和毁损分别通过“以前年度损益调整”“固定资产清理”账户核算）。该账户属于双重性质的资产类账户，下设“待处理流动资产损溢”和“待处理非流动资产损溢”两个明细分类账户进行明细分类核算。

该账户的借方登记财产物资的盘亏、毁损数额和批准转销的财产物资盘盈数额，贷方登记财产物资的盘盈数额和批准转销的财产物资盘亏、毁损数额，该账户在期末处理前的借方余额反映企业尚未处理财产的净损失，该账户在期末处理前的贷方余额反映企业尚未处理财产的净溢余。对于等待批准处理的财产盘盈、盘亏，会计年终前应处理完毕。会计期末，该账户无余额。

（二）库存现金清查结果的账务处理

1．库存现金盘盈的账务处理

库存现金盘盈时，应及时办理库存现金的入账手续，调整库存现金账簿记录，即按盘盈的金额借记“库存现金”科目，贷记“待处理财产损溢——待处理流动资产损溢”科目。

对于盘盈的库存现金，应及时查明原因，按管理权限报经批准，盘盈的金额借记“待处理财产损溢——待处理流动资产损溢”科目，需要支付或退还他人的金额贷记“其他应付款”科目，无法查明原因的金额贷记“营业外收入”科目。

【例 8-8】 弘毅公司在现金清查中发现库存现金溢余 85 元。

在报经批准前，根据“库存现金盘点报告表”所确定的现金溢余金额，编制如下会计分录：

借：库存现金　　85

　　贷：待处理财产损溢　　85

【例 8-9】 经核查，上述现金溢余中有 50 元属于应支付给李琴的款项；其余 35 元原因不明。

在报经批准后，根据“库存现金盘点报告表”审批意见，编制如下会计分录：

借：待处理财产损溢　　85

　　贷：其他应付款——李琴　　50

　　　　营业外收入　　35

2．库存现金盘亏的账务处理

库存现金盘亏时，应及时办理盘亏的确认手续，调整库存现金账簿记录，即按盘亏的金额借记“待处理财产损溢——待处理流动资产损溢”科目，贷记“库存现金”科目。

对于盘亏的库存现金，应及时查明原因，按管理权限报经批准，可收回的保险赔偿和过失人赔偿的金额借记“其他应收款”科目，管理不善等原因造成净损失的金额借记“管理费用”科目，自然灾害等原因造成净损失的金额借记“营业外支出”科目，原记入“待处理财产损溢——待处理流动资产损溢”科目借记的金额贷记本科目。

【例 8-10】 弘毅公司在现金清查中发现短缺现金 156 元。

在报经批准前，根据“库存现金盘点报告表”所确定的现金短缺金额，编制如下会计分录：

借：待处理财产损溢　　156

　　贷：库存现金　　156

【例 8-11】 经核查，上述现金短缺中 100 元属于出纳员赵芳的责任，应由赵芳赔偿；其余 56 元无法查明原因。

在报经批准后，根据“库存现金盘点报告表”审批意见，编制如下会计分录：

借：其他应收款——赵芳　　100
　　管理费用　　56
　　贷：待处理财产损溢　　156

【例 8-12】 承【例 8-8】，以现金 50 元支付给李琴。

根据现金支付清单，编制如下会计分录：

借：其他应付款——李琴　　50
　　贷：库存现金　　50

【例 8-13】 承【例 8-10】，收到出纳员赵芳赔偿的现金 100 元。

根据开具的收款收据，编制如下会计分录：

借：库存现金　　100
　　贷：其他应收款——赵芳　　100

（三）存货清查结果的账务处理

1．存货盘盈的账务处理

存货盘盈时，应及时办理存货入账手续，调整存货账簿的实存数。盘盈的存货应按其重置成本作为入账价值，借记“原材料”“库存商品”等科目，贷记“待处理财产损溢——待处理流动资产损溢”科目。对于盘盈的存货，应及时查明原因，按管理权限报经批准，冲减管理费用，即按其入账价值，借记“待处理财产损溢——待处理流动资产损溢”科目，贷记“管理费用”科目。

【例 8-14】 弘毅公司在财产清查中，盘盈甲材料 50 千克，每千克为 20 元。

在报经批准前，根据“账存实存对比表”确定的材料盘盈数，编制如下会计分录：

借：原材料——甲材料　　1 000
　　贷：待处理财产损溢　　1 000

【例 8-15】 上述盘盈的原材料，系收发计量差错原因造成，经批准处理。

在报经批准后，根据“账存实存对比表”审批意见，编制如下会计分录：

借：待处理财产损溢　　1 000
　　贷：管理费用　　1 000

2．存货盘亏或毁损的账务处理

存货盘亏或毁损时，应按盘亏或毁损的金额借记“待处理财产损溢——待处理流动资产损溢”科目，贷记“原材料”“库存商品”等科目。材料、产成品、商品采用计划成本（或售价）核算的，还应同时结转材料成本差异（或商品进销差价）。涉及增值税的，还应进行相应处理。

对于盘亏的存货，应及时查明原因，按管理权限报经批准，可收回的保险公司赔偿和过失人赔偿的金额借记“其他应收款”科目，管理不善等原因造成净损失的金额借记“管理费用”科目，自然灾害或意外事故等原因造成净损失的金额借记“营业外支出”科目，管理不善和自然灾害等原因造成毁损的残料金额借记“原材料”科目，原记入“待处理财产损溢——待处理流动资产损溢”科目借方的金额贷记本科目。

【例 8-16】 （多选题）盘亏的存货经批准后，可能记入（　　）账户。

A. 其他应收款　B. 营业外支出　C. 营业外收入　D. 管理费用

【答案】 ABD

【解析】 对于可收回的保险公司赔偿和过失人赔偿的金额借记“其他应收款”科目，管理不善等原因造成净损失的金额借记“管理费用”科目，自然灾害或意外事故等原因造成净损失的金额借记“营业外支出”科目，管理不善和自然灾害等原因造成毁损的残料金额借记“原材料”科目。

【例 8-17】 弘毅公司在财产清查中，盘亏乙材料 20 千克，每千克为 45 元。

在报经批准前，根据“账存实存对比表”确定的材料盘亏数，编制如下会计分录：

借：待处理财产损溢　900
　贷：原材料——乙材料　900

【例 8-18】 弘毅公司上述盘亏的乙材料经查明属于自然损耗，经批准转销。

在报经批准后，根据“账存实存对比表”审批意见，编制如下会计分录：

借：管理费用　900
　贷：待处理财产损溢　900

【例 8-19】 弘毅公司在财产清查中，发现丙残料毁损 40 千克，每千克为 35 元。

在报经批准前，根据“账存实存对比表”确定的材料盘亏数，编制如下会计分录：

借：待处理财产损溢　1 400
　贷：原材料　1 400

【例 8-20】 弘毅公司上述毁损的丙材料，经查明属于保管人员丁海保管不善造成，经评估可收回残料 800 元，应由丁海赔偿 600 元，尚未收到丁海的赔款。

在报经批准后，根据“账存实存对比表”审批意见，编制如下会计分录：

借：原材料——丙材料　800
　其他应收款——丁海　600
　贷：待处理财产损溢　1 400

【例 8-21】 弘毅公司一仓库因遭受台风袭击毁损 A 产品 200 台，每台成本为 623 元。

在报经批准前，根据“账存实存对比表”确定的材料毁损数，编制如下会计分录：

借：待处理财产损溢　124 600
　贷：库存商品——A 产品　124 600

【例 8-22】 弘毅公司上述因遭受台风袭击毁损的 A 产品，回收材料 15 000 元，应由保险公司理赔 67 000 元，款项尚未收到，其余经批准转为企业净损失。

根据对毁损产品的处理结果，应根据材料入库单、理赔协议和相关审批意见，编制如下会计分录：

借：原材料——甲材料　15 000
　其他应收款——保险公司　67 000
　营业外支出　42 600
　贷：待处理财产损溢　124 600

（四）固定资产清查结果的账务处理

1. 固定资产盘盈的账务处理

企业在财产清查过程中盘盈固定资产，经查明确属企业所有，按管理权限报经批准后，应根据盘存凭证填制固定资产交接凭证，经有关人员签字后送交企业会计部门，填写固定资产卡片账，并作为前期差错处理，通过“以前年度损益调整”科目核算。盘盈的固定资产通常按其重置成本作为入账价值借记“固定资产”科目，贷记“以前年度损益调整”科目。涉及增值税、所得税和盈余公积的，还应按相关规定处理。

【例 8-23】 弘毅公司在财产清查中，发现一台未入账的设备，重置成本为 45 000 元。

在报经批准前，根据“账存实存对比表”，编制如下会计分录：

借：固定资产　　45 000

　　贷：以前年度损益调整　　45 000

2. 固定资产盘亏的账务处理

固定资产盘亏时，应及时办理固定资产注销手续，按盘亏固定资产的账面价值，借记“待处理财产损溢——待处理非流动资产损溢”科目，按已提折旧额，借记“累计折旧”科目，按固定资产原价，贷记“固定资产”科目。涉及增值税和递延所得税的，还应按相关规定处理。

对于盘亏的固定资产，应及时查明原因，按管理权限报经批准后，按过失人及保险公司应赔偿额，借记“其他应收款”科目，按盘亏固定资产的原价扣除累计折旧和过失人及保险公司赔偿后的差额，借记“营业外支出”科目，按盘亏固定资产的账面价值，贷记“待处理财产损溢——待处理非流动资产损溢”科目。

【例 8-24】 弘毅公司在财产清查中，发现盘亏设备一台，账面原价为 65 000 元，已提折旧 24 000 元。

在报经批准前，根据“账存实存对比表”，编制如下会计分录：

借：待处理财产损溢　　41 000

　　累计折旧　　24 000

　　贷：固定资产　　65 000

【例 8-25】 上述盘亏的固定资产经批准转销。

在报经批准后，根据“账存实存对比表”审批意见，编制如下会计分录：

借：营业外支出　　41 000

　　贷：待处理财产损溢　　41 000

【例 8-26】 盘盈的固定资产，一般应记入（　　）账户。

A. “本年利润”　　B. “以前年度损益调整”

C. “营业外收入”　　D. “其他业务收入”

【答案】 B

【解析】 盘盈的固定资产通常按其重置成本作为入账价值借记“固定资产”科目，贷记“以前年度损益调整”科目。

【例 8-27】 （单选题）在财产清查中发现盘亏一台设备，其账面原值为 80 000 元，已提折旧 20 000 元，则该企业记入“待处理财产损溢”账户的金额为（　　）元。

A. 80 000　　B. 20 000　　C. 60 000　　D. 100 000

【解析】 C

【解析】 按盘亏固定资产的账面价值，借记“待处理财产损溢——待处理非流动资产损溢”科目。

（五）结算往来款项盘存的账务处理

在财产清查过程中发现的长期未结算的往来款项，应及时清查。对于经查明确实无法支付的应付款项，可按规定程序报经批准后，转作营业外收入。

【例 8-28】 弘毅公司通过对应付账款的清理，确认海宁公司已撤销执照，前欠的应付款 40 000 元无法支付，经批准转入营业外收入。

应付账款无法支付，会计部门应根据无法支付的应付账款审批表，编制如下会计分录：

借：应付账款——海宁公司　　　　40 000
　　贷：营业外收入　　　　　　　　40 000

对于无法收回的应收款项则作为坏账损失冲减坏账准备。坏账是指企业无法收回或收回的可能性极小的应收款项。由于发生坏账而产生的损失，称为坏账损失。

企业通常应将符合下列条件之一的应收款项确认为坏账：

（1）债务人死亡，以其遗产清偿后仍然无法收回。

（2）债务人破产，以其破产财产清偿后仍然无法收回。

（3）债务人较长时间内未履行其偿债义务，并有足够的证据表明无法收回或收回的可能性极小。

企业对有确凿证据表明确实无法收回的应收款项，经批准后作为坏账损失。

对于已确认为坏账的应收款项，并不意味着企业放弃了追索权，一旦重新收回，应及时入账。

【例 8-29】 弘毅公司通过对应收账款的清理，确认江海公司的应收账款为 35 000 元。因该公司破产无法收回，确认为坏账损失。

应收账款确认无法收回，会计部门应根据应收账款坏账审批表等相关资料，编制如下会计分录：

借：坏账准备　　　　　　　　35 000
　　贷：应收账款——江海公司　　35 000

【例 8-30】 （计算分析题）乙公司期末进行财产清查时发现如下情况：

（1）现金盘盈 290 元，原因待查。

（2）上述盘盈的现金无法查明其原因，经有关部门批准后进行会计处理。

（3）盘亏一台设备，原值为 2 990 元，已提折旧 990 元，原因待查。

（4）经查明设备的盘亏由企业自行承担，报经有关部门后进行会计处理。

（5）经确认无法收回应收款项 2 700 元，报经有关部门批准后进行会计处理。

要求：根据上述业务编制会计分录。

【答案】

（1）借：待处理财产损溢　　290
　　　　贷：库存现金　　　　290

（2）借：待处理财产损溢　　290
　　　　贷：营业外收入　　　290

（3）借：待处理财产损溢　　2 000
　　　　累计折旧　　　　　990
　　　　贷：固定资产　　　　2 990

（4）借：营业外支出　　　　　　2 000
　　贷：待处理财产损溢　　　　　2 000
（5）借：坏账准备　　　　　　　2 700
　　贷：应收账款　　　　　　　　2 700

综合训练

一、单项选择题

1. 在实际工作中，企业一般以（　　）作为财产物资的盘存制度。
A. 永续盘存制　B. 收付实现制　C. 实地盘存制　D. 权责发生制
2. 对财产清查结果进行正确账务处理的主要目的是保证（　　）。
A. 账实相符　B. 账表相符　C. 账证相符　D. 账账相符
3. 下列项目中清查时应采用实地盘点法的是（　　）。
A. 固定资产　B. 银行存款　C. 应付账款　D. 应收账款
4. 财产物资的经管人员发生变动时，应对其经管的那部分财产进行清查，这种清查属于（　　）。
A. 全面清查和不定期清查　B. 全面清查和定期清查
C. 局部清查和不定期清查　D. 局部清查和定期清查
5. “待处理财产损溢”账户的贷方余额表示（　　）。
A. 发生的待处理财产盘亏、毁损数
B. 转销已批准处理的财产盘盈数
C. 尚待批准处理的财产盘亏、毁损数大于尚待批准处理的财产盘盈数的差额
D. 尚待批准处理的财产盘盈数大于尚待批准处理的财产盘亏、毁损数的差额
6. 财产清查中发现账外机器一台，其市场价格为80 000元，估计6成新，则该固定资产的入账价值为（　　）元。
A. 80 000　B. 48 000　C. 12 800　D. 32 000
7. 库存现金清查的方法是（　　）。
A. 技术推算法　B. 实地盘点法　C. 发函询证法　D. 核对账目法
8. 对于大量堆积的煤炭的清查，一般采用（　　）方法进行清查。
A. 技术推算盘点　B. 抽查检验　C. 查询核对　D. 实地盘点
9. 采用实地盘存制，平时账簿记录中不能反映（　　）。
A. 财产物资的盘盈数　B. 财产物资的减少数
C. 财产物资的增加数　D. 财产物资的增加数和减少数
10. 一般来说，在企业撤销、合并和改变隶属关系时，应对财产进行（　　）。
A. 定期清查　B. 局部清查　C. 全面清查　D. 实地盘点
11. 在企业与银行双方记账无误的情况下，银行存款日记账与银行对账单余额不一致是由于存在（　　）。
A. 应付账款　B. 未达账项　C. 其他货币资金　D. 应收账款
12. 库存现金清查汇总，对无法查明原因的长款，经批准应记入（　　）。
A. 其他应付款　B. 营业外收入　C. 管理费用　D. 其他应收款

13. 在财产清查中发现盘亏一台设备，其账面原值为 80 000 元，已提折旧 20 000 元，则该企业记入“待处理财产损溢”账户的金额为（　　）元。

A. 20 000　　B. 60 000　　C. 100 000　　D. 80 000

14. 月末，企业银行存款日记账余额为 180 000 元，银行对账单余额为 170 000 元，经过未达账项调节后的余额为 160 000 元，则对账日企业可以动用的银行存款实有数额为（　　）元。

A. 170 000　　B. 160 000　　C. 180 000　　D. 不能确定

15. 库存现金盘点时发现短缺，则应借记的会计科目是（　　）。

A. 其他应付款　　B. 待处理财产损益　　C. 其他应收款　　D. 库存现金

16. 对盘亏的固定资产净损失经批准后可记入（　　）账户的借方。

A. “管理费用”　　B. “生产成本”　　C. “营业外支出”　　D. “制造费用”

17. 对实物资产进行清查盘点时，（　　）必须在场。

A. 单位领导　　B. 记账人员　　C. 会计主管　　D. 实物保管员

18. 盘盈的固定资产，一般应记入（　　）账户。

A. “其他业务收入”　　B. “以前年度损益调整”

C. “营业外收入”　　D. “本年利润”

19. 下列说法中，正确的是（　　）。

A. 库存现金应该每日清点一次　　B. 银行存款每月至少同银行核对两次

C. 贵重物资每天应盘点一次　　D. 债权债务每年至少核对两至三次

20. 在财产清查中，实物盘点的结果应如实登记在（　　）中。

A. 盘存单　　B. 账存实存对比表　　C. 对账单　　D. 盘盈盘亏报告表

21. 对企业与其开户银行之间的未达账项，进行账务处理的时间是（　　）。

A. 收到银行对账单时　　B. 实际收到有关结算凭证时

C. 编好银行存款余额调节表时　　D. 查明未达账项时

22. 财产清查是用来检查（　　）的一种专门方法。

A. 账表是否相符　　B. 账证是否相符　　C. 账实是否相符　　D. 账账是否相符

23. 下列情况下，应进行局部清查的是（　　）。

A. 年终决算前　　B. 单位撤销、合并

C. 更换实物保管员　　D. 单位改制

24. 对于应收账款进行清查应采用的方法是（　　）。

A. 技术推算法　　B. 发函询证核对法　　C. 抽查法　　D. 实地盘点法

25. 在银行存款清查中发现的未达账项，应编制（　　）来检查调整后的余额是否相等。

A. 实存账存对比表　　B. 盘存单

C. 银行存款余额调节表　　D. 对账单

26. 某企业上期发生原材料盘亏，现查明原因属于自然灾害所致，经批准后，会计人员应编制的会计分录为（　　）。

A. 借：待处理财产损溢

　　贷：原材料

B. 借：管理费用

　　贷：待处理财产损溢

C．借：营业外支出
　　贷：待处理财产损溢
D．借：待处理财产损溢
　　贷：管理费用

27．账存实存对比表是一种（　　）。
A．备查账簿　　B．会计账簿　　C．原始凭证　　D．记账凭证

二、多项选择题

1．按财产清查的范围和时间的不同，可将财产清查分为（　　）。
A．全面定期清查　　B．局部定期清查
C．全面不定期清查　　D．局部不定期清查

2．与“待处理财产损溢”账户借方发生对应关系的账户可能是（　　）。
A．原材料　　B．应收账款　　C．营业外收入　　D．固定资产

3．银行存款日记账余额与银行对账单余额不一致的，原因可能是（　　）。
A．银行存款日记账有误　　B．存在未达款项
C．存在未付款项　　D．银行记账有误

4．采用技术推算法清查的实物资产应具备的特点是（　　）。
A．数量大　　B．不便于用计量器具计量
C．价值低　　D．逐一清点有困难

5．关于银行存款余额调节表，下列说法正确的是（　　）。
A．不能够作为调整本单位银行存款日记账记录的原始凭证
B．调节后的余额表示企业可以实际动用的银行存款数额
C．是更正本单位银行存款日记账记录的依据
D．该表是通知银行更正错误的依据

6．使企业银行存款日记账的余额小于银行对账单余额的未达账项是（　　）。
A．银行已收而企业未收　　B．企业已收而银行未收
C．银行已付而企业未付　　D．企业已付而银行未付

7．单位年终决算时进行的清查属于（　　）。
A．定期清查　　B．全面清查　　C．不定期清查　　D．局部清查

8．当（　　），需要对财产物资进行不定期的局部清查。
A．发生非常灾害造成财产物资损失时
B．企业改变隶属关系时
C．库存现金、财产物资保管人员更换时
D．企业进行清查核资时

9．下列各项中，属于财产物资盘存制度的是（　　）。
A．实地盘存制　　B．收付实现制　　C．权责发生制　　D．永续盘存制

10．以下资产可以采用实地盘点法进行清查的是（　　）。
A．固定资产　　B．库存现金　　C．银行存款　　D．原材料

11．常用的实物资产的清查方法包括（　　）。
A．技术推算法　　B．账目核对法　　C．实地盘点法　　D．函证核对法

12．下列业务中需要通过“待处理财产损溢”账户核算的是（　　）。
A．库存现金丢失　　B．应收账款无法收回
C．原材料盘亏　　D．发现账外固定资产

13．以下情况可能造成账实不符的是（　　）。
A．管理不善　　B．财产收发计量或检验不准
C．账簿记录发生差错　　D．未达账项

14．下列各项中，对永续盘存制表述正确的是（　　）。
A．账面随时反映财产物资的收入、发出和结余数额
B．对各项财产物资的增加数和减少数，平时要根据会计凭证登记账簿
C．财产物资品种繁杂的企业，其明细分类核算工作量较大
D．平时在账簿中只登记财产物资的增加数，不登记减少数

15．企业编制银行存款余额调节表，在调整银行存款日记账余额时，应考虑的情况有（　　）。
A．企业已付、银行未付　　B．银行已收、企业未收
C．银行已付、企业未付　　D．企业已收、银行未收

三、判断题（正确的打“√”，错误的打“×”）

1.（　　）实地盘存制能随时反映存货的收入、发出和结存动态。

2.（　　）永续盘存制下，可以通过存货明细账的记录随时结出存货的结存数量，故不需要对存货进行盘点。

3.（　　）银行已经付款记账而企业尚未付款记账，会使开户单位银行存款账面余额小于银行对账单的存款余额。

4.（　　）未达账项仅仅是指企业未收到凭证而未入账的款项。

5.（　　）对于盘盈或盘亏的财产物资，需在期末结账前处理完毕，如在期末结账前尚未经批准处理的，等批准后进行处理。

6.（　　）库存现金清查包括出纳人员每日终了前进行的库存现金账款核对和清查小组进行的定期或不定期的现金盘点、核对。清查小组清查时，出纳人员可以不在场。

7.（　　）只有在永续盘存制下才可能出现财产的盘盈、盘亏现象。

8.（　　）盘点实物时，发现账面数大于实存数，即为盘盈。

9.（　　）先确定期末库存存货成本，后确定本期发出存货成本的方法，称为永续盘存制。

10.（　　）对银行存款进行清查时，如果存在账实不符的现象，肯定是由未达账项引起的。

11.（　　）转销已批准处理的财产盘盈数登记在“待处理财产损溢”账户的贷方。

12.（　　）定期财产清查一般在结账以后进行。

13.（　　）永续盘存制是以耗计存或以消计存，一般适用于一些价值低、品种杂、进出频繁的商品或材料物资。

14.（　　）银行存款余额调节表只是为了核对账目，并不能作为调整银行存款账目余额的原始凭证。

15.（　　）企业的银行存款日记账与银行对账单所记的内容是相同的，反映的都是企业的银行存款的增减变动情况。

16.（　　）对仓库中所有的存货进行的盘点属于全面清查。

17.（　　）经批准转销固定资产盘亏净损失时，账务处理应借记“营业外支出”账户，贷记“固定资产清理”账户。

18.（　　）无论采用哪种盘存制度，都应对财产物资进行定期或不定期的清查盘点，但清查的目的和作用是不同的。

四、分析计算题

1．甲公司财产清查中发现如下问题：

（1）盘盈库存现金 20 000 元，其中 12 000 元属于应付给其他单位的违约金，其余无法查明原因。

（2）盘亏设备一台，原值为 80 000，已提折旧 50 000。已批准处理。

（3）发现短款 52 元，属于出纳员责任，尚未收到赔款。

（4）发现某产品盘盈 200 千克，单位成本为 10 元，共计 2 000 元。经查属于计量收发差错。

（5）盘亏材料 10 000 元，可收回的保险赔款和过失人赔款共计 5 000 元，2 000 元属于自然损耗，3 000 元属于非常损失。

2．资料：

XYZ 公司 2019 年 10 月 31 日银行存款日记账为 70 000 元，银行对账单的存款余额数为 73 150 元，经过双方逐笔核对后，发现存在以下未达账项：

（1）公司因采购材料开出转账支票一张，金额为 2 000 元，公司已入账，但持票人尚未到银行办理转账手续。

（2）公司因为销售商品收到购货方开来的转账支票一张，金额为 5 850 元，将支票送存银行后公司作收入入账，但是银行尚未办理入账手续。

（3）公司委托银行代收外地销货款 12 000 元，银行已收款入账，但公司尚未收到收款通知。

（4）银行代为支付本月水电费 5 000 元，已入账，但公司尚未收到付款通知。

要求：根据上述资料，完成银行存款余额调节表的编制。

银行存款余额调节表

编制单位：XYZ 公司　　　　2019 年 10 月 31 日　　　　单位：元

项　目	金　额	项　目	金　额
企业银行存款日记账余额	70 000	银行对账单余额	73 150
加：银行已收、企业未收的款项合计	（1）	加：企业已收、银行未收的款项合计	（3）
减：银行已付、企业未付的款项合计	5 000	减：企业已付、银行未付的款项合计	（4）
调节后的余额	（2）	调节后的余额	（5）

扫一扫

现金的清查　　财产物资的清查方法　　财产清查结果的账务处理　　吾常三省吾身

项目九

财 务 报 表

基本要求

1. 了解财务报表的概念与分类。
2. 熟悉财务报表编制的基本要求。
3. 熟悉资产负债表的列示要求与编制方法。
4. 熟悉利润表的列示要求与编制方法。
5. 掌握资产负债表、利润表的作用。

模块一　财务报表概述

一、财务报表的概念与分类

（一）财务报表的概念

财务报表是指对企业财务状况、经营成果和现金流量的结构性表述。

各类经济组织都需要编制财务报表，目的是向单位的有关方，如投资者、债权人、政府及其相关机构、社会公众及单位管理人员等财务报表的使用者提供全面、系统的会计信息。

企业对外提供的财务报表至少包括资产负债表、利润表、现金流量表、所有者权益变动表和附注。财务报表上述组成部分具有同等的重要程度。

1．资产负债表

资产负债表是反映企业在某一特定日期的财务状况的财务报表。

企业编制资产负债表的目的是通过如实反映企业的资产、负债和所有者权益金额及其结构情况，从而有助于使用者评价企业资产的质量及短期偿债能力、长期偿债能力和利润分配能力。

2．利润表

利润表是反映企业一定会计期间的经营成果的财务报表。

企业编制利润表的目的是通过如实反映企业实现的收入、发生的费用及应当计入当期利润的利得和损失等金额及其结构情况，从而有助于使用者分析评价企业的盈利能力及其构成与质量。

3．现金流量表

现金流量表是反映企业在一定会计期间的现金和现金等价物流入和流出的财务报表。

企业编制现金流量表的目的是通过如实反映企业各项活动的现金流入和现金流出，从而有助于使用者评价企业生产经营过程特别是经营活动中所形成的现金流量和资金周转情况。

4．所有者权益变动表

所有者权益变动表是反映构成使用者权益的各组成部分当期增减变动情况的报表。

5．附注

附注是对在财务报表中列示项目所做的进一步说明，以及对未能在这些报表中列示项目的说明等。附注由若干附表和对有关项目的文字性说明组成。

编制附注的目的是通过对财务报表本身做补充说明，以更加全面、系统地反映企业财务、经营成果和现金流量的全貌，向使用者提供更有用的决策信息，帮助其做出更加科学合理的决策。

（二）财务报表的分类

1．按编制的期间分类

财务报表按其编制的期间不同分为中期财务报表和年度财务报表。

（1）中期财务报表。中期财务报表是指以短于一个完整会计年度的报告期间为基础编制的财务报表，包括月报、季报和半年报。中期财务报表至少应当包括资产负债表、利润表、现金流量表和附注。其中，中期资产负债表、利润表和现金流量表应当是完整报表，其格式和内容应当与年度财务报表一致。与年度财务报表相比，中期财务报表中的附注披露可适当简略。

【例 9-1】（多选题）中期财务报表至少应当包括（　　）。

A．资产负债表和利润表　B．附注　C．所有者权益变动表　D．现金流量表

【答案】 ABD

【解析】 中期财务报表至少应当包括资产负债表、利润表、现金流量表和附注。

（2）年度财务报表。年度财务报表是指以一个完整的会计年度（自公历 1 月 1 日起至 12 月 31 日止）为基础编制的财务报表。年度财务报表一般包括资产负债表、利润表、现金流量表、所有者权益变动表和附注等内容。

【例 9-2】（多选题）年度财务报表包括（　　）。

A．资产负债表　B．利润表

C．所有者权益变动表和附注　D．现金流量表

【答案】 ABCD

【解析】 年度财务报表一般包括资产负债表、利润表、现金流量表、使用者权益变动表和附注等内容。

2．按编制的主体分类

财务报表按其编制的主体不同分为个别财务报表和合并财务报表。

（1）个别财务报表。个别财务报表是指由企业在自身会计核算的基础上对账簿记录进行加工而编制的财务报表，主要用以反映企业自身的财务状况、经营成果和现金流量。

（2）合并财务报表。合并财务报表是指以母公司和子公司组成的企业集团为会计主体，在母公司和所属子公司个别财务报表的基础上，由母公司编制的综合反映企业集团财务状况、经营成果和现金流量的财务报表。

【例 9-3】（多选题）财务报表按其编制主体不同分为（　　）。

A．个别财务报表　B．合并财务报表　C．中期财务报表　D．年度财务报表

【答案】 AB

【解析】 财务报表按其编制主体不同分为个别财务报表和合并财务报表。

二、财务报表编制的基本要求

（一）以持续经营为基础编制

企业应当以持续经营为基础，根据实际发生的交易和事项，按照《企业会计准则——基本准则》和其他各项会计准则的规定进行确认和计量，在此基础上编制财务报表。以持续经营为基础编制财务报表不再合理，企业应当采用其他基础编制财务报表，并在附注中声明财务报表未以持续经营为基础编制的事实、披露未以持续经营为基础编制财务报表的原因和财务报表的编制基础。

（二）按正确的会计基础编制

除现金流量表按照收付实现制原则编制外，企业应当按照权责发生制原则编制财务报表。

（三）至少按年编制财务报表

企业至少应当按年编制财务报表。年度财务报表涵盖的期间短于一年的，应当披露年度财务报表的涵盖期间、短于一年的原因及报表数据不具可比性的事实。

（四）项目列报遵守重要性原则

重要性是指在合理预期下，如果财务报表某项目的省略或错报会影响使用者据此做出经济决策，则该项目具有重要性。

重要性应当根据企业所处的具体环境，从项目的性质和金额两方面予以判断，且对各项目重要性的判断标准一经确定，不得随意变更。判断项目性质的重要性，应当考虑该项目在性质上是否属于企业日常活动，是否显著影响企业的财务状况、经营成果和现金流量等因素；判断项目金额大小的重要性，应当考虑该项目金额占资产总额、负债总额、所有者权益总额、营业收入总额、营业成本总额、净利润、综合收益总额等直接相关项目金额的比重或所属报表单列项目金额的比重。

性质或功能不同的项目，应当在财务报表中单独列报，但不具有重要性的项目除外。

性质或功能类似的项目，其所属类别具有重要性的，应当按其类别在财务报表中单独列报。

某些项目的重要性程度不足以在资产负债表、利润表、现金流量表或所有者权益变动表中单独列示，但对附注却具有重要性，则应当在附注中单独披露。

《企业会计准则第 30 号——财务报表列报》规定在财务报表中单独列报的项目，应当单独列报。其他会计准则规定单独列报的项目，应当增加单独列报项目。

（五）保持各个会计期间的财务报表项目列报的一致性

财务报表项目的列报应当在各个会计期间保持一致，除会计准则要求改变财务报表列报项目的列报或企业经营业务的性质发生重大变化后，变更财务报表项目的列报能够提供更可靠、更相关的会计信息外，不得随意变更。

（六）各项目之间的金额不得相互抵销

财务报表中的资产项目和负债项目的金额、收入项目和费用项目的金额、直接计入当期利润的利得项目和损失项目的金额不得相互抵销，但其他会计准则另有规定的除外。

一组类似交易形成的利得和损失应当以净额列示，但具有重要性的除外。

资产或负债项目按扣除备抵项目后的净额列示，不属于抵销。

非日常活动产生的利得和损失，以同一交易形成的收益扣减相关费用后的净额列示更能反映交易实质的，不属于抵销。

（七）至少应当提供所有列报项目上一个可比会计期间的比较数据

当期财务报表的列报，至少应当提供所有列报项目上一个可比会计期间的比较数据，以及与理解当期财务报表相关的说明，但其他会计准则另有规定的除外。

财务报表的列报项目发生变更的，应当至少对可比期间的数据按照当期的列报要求进行调整，并在附注中披露调整的原因和性质，以及调整的各项目金额。对可比数据进行调整不切实可行的，应当在附注中披露不能调整的原因。

（八）应当在财务报表的显著位置披露编报企业的名称等重要信息

企业应当在财务报表的显著位置（如表首）至少披露下列各项。

（1）编报企业的名称。

（2）资产负债表日或财务报表涵盖的会计期间。

（3）人民币金额单位。

（4）财务报表是合并报表的，应当予以标明。

【例 9-4】 （判断题）财务报表中的附注其重要性次于其余四个部分内容。（　　）

【答案】 ×

【解析】 财务报表上五个组成部分具有同等的重要程度。

【例 9-5】 （判断题）当期财务报表的列报，至少应当提供所有列报项目上一个可比会计期间的比较数据。（　　）

【答案】 √

【解析】 财务报表中的资产项目和负债项目的金额、收入项目和费用项目的金额、直接计入当期利润的利得项目和损失项目的金额不得相互抵销，但其他会计准则另有规定的除外。

【例 9-6】 （判断题）企业所有报表均应当按照权责发生制原则编制。（　　）

【答案】 ×

【解析】 除现金流量表按照收付实现制原则编制外，企业应当按照权责发生制原则编制财务报表。

三、财务报表编制前的准备工作

在编制财务报表前，需要完成下列工作。

（1）严格审核会计账簿的记录和有关资料。

（2）进行全面财产清查、核实债务，并按规定程序报批，进行相应的会计处理。

（3）按规定的结账日进行结账，结出有关会计账簿的余额和发生额，并核对各会计账簿之间的余额。

（4）检查相关的会计核算是否按照国家统一的会计制度的规定进行。

（5）检查是否存在因会计差错、会计政策变更等原因需要调整前期或本期相关项目的情况等。

模块二　资产负债表

一、资产负债表的概念与作用

（一）资产负债表的概念

资产负债表是反映企业在某一特定日期（如月末、季末、年末）的财务状况的财务报表。它是根据“资产=负债+所有者（股东）权益”这一会计等式，按照一定的分类标准和顺序，将企业在一定日期的全部资产、负债和所有者（股东）权益项目进行适当分类、汇总、排列后编制而成的。由于报表中的数据体现的是特定时刻的状况，因此，资产负债表属于静态报表。

（二）资产负债表的作用

（1）通过编制资产负债表，可以提供某一日期资产的总额及其结构，表明企业拥有或控制的经济资源及其分布情况。

（2）通过编制资产负债表，可以提供某一日期的负债总额及其结构，表明企业目前与未来需要清偿的债务数额及清偿时间。

（3）通过编制资产负债表，可以反映所有者所拥有的权益，据以判断资本保值、增值的情况及对负债的保障程度。

二、资产负债表的列示要求

（一）资产负债表列报总体要求

（1）分类别列报。资产负债表应当按照资产、负债和所有者权益三大类别分类列报。

（2）资产和负债按流动性列报。资产和负债应当按照流动性分别以流动资产和非流动资产、流动负债和非流动负债列示。

（3）列报相关的合计、总计项目。资产负债表中的资产类至少应当列示流动资产和非流动资产的合计项目；负债类至少应当列示流动负债、非流动负债及负债的合计项目；所有者权益类应当列示所有者权益的合计项目。

资产负债表应当分别列示资产总计项目、负债与所有者权益之和的总计项目，并且这两者的金额应该相等。

（二）资产的列报

资产负债表中的资产类至少应当单独列示下列项目。

（1）货币资金。

（2）以公允价值计量且其变动计入当期损益的金融资产。

（3）应收款项。

（4）预付款项。

（5）存货。

（6）被划分为持有待售的非流动资产及被划分为持有待售的处置组中的资产。

（7）可供出售金融资产。

（8）持有至到期投资。
（9）长期股权投资。
（10）投资性房地产。
（11）固定资产。
（12）生物资产。
（13）无形资产。
（14）递延所得税资产。

（三）负债的列报

资产负债表中的负债类至少应当单独列示下列项目。
（1）短期借款。
（2）以公允价值计量且其变动计入当期损益的金融负债。
（3）应付款项。
（4）预收款项。
（5）应付职工薪酬。
（6）应交税费。
（7）被划分为持有待售的处置组中的负债。
（8）长期借款。
（9）应付债券。
（10）长期应付款。
（11）预计负债。
（12）递延所得税负债。

（四）所有者权益的列报

资产负债表中的所有者权益类至少应当单独列示下列项目。
（1）实收资本（股本）。
（2）资本公积。
（3）盈余公积。
（4）未分配利润。

三、我国企业资产负债表的一般格式

资产负债表的格式主要有报告式和账户式两种。报告式资产负债表是上下结构，上半部列示资产，下半部列示负债和所有者权益；账户式资产负债表是左右结构，左边列示资产，右边列示负债和所有者权益。

我国企业的资产负债表采用账户式格式，左边列示资产项目，反映全部资产的分布及存在形态，按资产的流动性大小排列，流动性大的资产排在前面，流动性小的资产排在后面；右边列示负债和所有者权益项目，反映全部负债和所有者权益的内容及构成情况，按求偿权先后顺序排列，偿还期在一年以内或长于一年的一个营业周期内偿还的流动负债排在前面，偿还期在一年以内或长于一年的一个营业周期以上偿还的非流动负债排在中间，在企业清算之前不需要偿还的所有者权益排在后面。资产负债表左右两边平衡，资产各项目的合计数等于负债和所有者权益各项目的合计数，即“资产=负债+所有者权益”。

资产负债表由表头和表体两部分组成。表头部分应列明报表名称、编表单位名称、资产负债表日和人民币金额单位；表体部分是资产负债表的主体和核心。我国企业资产负债表的格式如表 9-1 所示。

表 9-1　资产负债表　　会企 01 表

编制单位：　　年　月　日　　单位：元

资　　产	期末余额	年初余额	负债和所有者权益	期末余额	年初余额
流动资产			流动负债		
货币资金			短期借款		
交易性金融资产			交易性金融负债		
应收票据			应付票据		
应收账款			应付账款		
预付账款			预收账款		
其他应收款			应付职工薪酬		
应收利息			应交税费		
应收股利			应付利息		
存货			应付股利		
一年内到期的非流动资产			其他应付款		
流动资产合计			一年内到期的非流动负债		
非流动资产			其他流动负债		
可供出售的金融资产			非流动负债		
持有至到期投资			长期借款		
长期股权投资			应付债券		
固定资产			非流动负债合计		
在建工程			负债合计		
工程物资			所有者权益		
固定资产清理			实收资本		
无形资产			资本公积		
长期待摊费用			盈余公积		
非流动资产合计			未分配利润		
			所有者权益合计		
资产总计			负债及所有者权益合计		

四、资产负债表编制的基本方法

资产负债表中的各项目均需要填列“年初余额”和“期末余额”两栏。

资产负债表中的“年初余额”栏内各项数字，应根据上年年末有关项目的期末余额填列，且与上年年末资产负债表“期末余额”栏一致。如果企业上年度资产负债表规定的项目名称和内容与本年度不一致，应当对上年年末资产负债表相关项目的名称和数字按照本年度的规定进行调整，填入“年初余额”栏。

资产负债表中的“期末余额”为月末、季末、年末的数字，应根据会计账簿余额填列。具体填列方法归纳起来主要有以下几种。

1．根据某个总分类账户的期末余额直接填列

根据有关总分类账户期末余额直接填列的项目主要有“交易性金融资产”“固定资产清理”“短期借款”“交易性金融负债”“应付票据”“应付利息”“应付股利”“应付职工薪酬”“其他应付款”“实收资本（股本）”“资本公积”“盈余公积”等项目。

需要注意的是，某些项目，如“应交税费”“应付职工薪酬”等，是根据总账账户的贷方期末余额直接填列的，但如果这些账户期末余额在借方，则以“-”填列。

【例 9-7】 2019 年 12 月 31 日，A 公司结账后有关总账账户余额如表 9-2 所示。

表 9-2　A 公司结账后有关总账账户余额

单位：元

总账账户名称	借 方 余 额	贷 方 余 额
交易性金融资产	260 000	
应付职工薪酬		125 000
应交税费	38 000	
实收资本		5 000 000
盈余公积		2 400 000

计算资产负债表中交易性金融资产、应付职工薪酬、应交税费、实收资本、盈余公积项目的金额。

计算过程：

（1）交易性金融资产项目金额=260 000（元）；

（2）应付职工薪酬项目金额=125 000（元）；

（3）应交税费项目金额=-38 000（元）；

（4）实收资本项目金额=5 000 000（元）；

（5）盈余公积项目金额=2 400 000（元）。

2．根据若干总账账户的期末余额分析计算填列

根据若干总账账户的期末余额分析计算的项目主要有“货币资金”“存货”“未分配利润”等项目。

（1）“货币资金”项目，应根据“库存现金”“银行存款”“其他货币资金”等账户的期末余额合计数填列。

（2）“存货”项目，应根据“在途物资”“原材料”“库存商品”“生产成本”“周转材料”“委托加工物资”“发出商品”等账户期末余额合计数减去“存货跌价准备”账户期末余额后的金额填列。

（3）“未分配利润”项目，1—11 月份本项目应根据“本年利润”账户贷方余额减去“利润分配”账户借方余额填列；年度终了，本项目只根据“利润分配”账户的期末余额填列。余额在贷方的直接填列，余额在借方的，在本项目内以“-”号填列。

【例 9-8】 2019 年 12 月 31 日，A 公司结账后有关总账账户余额如表 9-3 所示。

计算资产负债表中货币资金、存货、未分配利润项目的金额。

计算过程：

（1）货币资金项目金额=6 500+426 000+280 000=712 500（元）；

（2）存货项目金额=56 000+425 000+136 000+385 000-21 000=981 000（元）；

（3）未分配利润项目金额=436 000（元）。

表 9-3　A 公司结账后有关总账账户余额

单位：元

总账账户名称	借 方 余 额	贷 方 余 额
库存现金	6 500	
银行存款	426 000	
其他货币资金	280 000	
在途物资	56 000	
原材料	425 000	
生产成本	136 000	
库存商品	385 000	
存货跌价准备		21 000
利润分配		436 000

【例 9-9】 2019 年 3 月 31 日，A 公司“本年利润”账户贷方余额为 240 000 元，“利润分配”账户贷方余额为 110 000 元，则 3 月 31 日资产负债表中未分配利润项目金额=240 000 -（-110 000）= 350 000（元）。

3．根据有关总账所属的明细账的月份分析计算填列

根据有关总账所属的明细账的期末余额分析计算填列的项目主要有“应收账款”“预付账款”“应付账款”“预收账款”等项目。

（1）“应收账款”项目，应根据“应收账款”账户及“预收账款”账户所属明细账的期末借方余额合计填列。

（2）“预付账款”项目，应根据“预付账款”账户及“应付账款”账户所属明细账的期末借方余额合计填列。

（3）“应付账款”项目，应根据“应付账款”账户及“预付账款”账户所属明细账的期末贷方余额合计填列。

（4）“预收账款”项目，应根据“预收账款”账户及“应收账款”账户所属明细账的期末贷方余额合计填列。

另外，应收账款项目确定以后，还应减去“坏账准备”账户贷方余额。

【例 9-10】 2019 年 12 月 31 日，A 公司结账后有关总账账户及所属明细账余额如表 9-4 所示。

表 9-4　A 公司结账后有关总账账户及所属明细账余额

单位：元

总账账户名称	明 细 账 户	借 方 余 额	贷 方 余 额
应收账款		320 000	
	甲公司	430 000	
	乙公司		110 000
预付账款		180 000	
	丙公司	250 000	

续表

总账账户名称	明 细 账 户	借 方 余 额	贷 方 余 额
	丁公司		70 000
应付账款			320 000
	A 公司		350 000
	B 公司	30 000	
预收账款			400 000
	C 公司		250 000
	D 公司	200 000	
	E 公司		350 000
坏账准备			2 000

计算资产负债表中“应收账款”“预付账款”“应付账款”“预收账款”项目的金额。

计算过程：

（1）应收账款项目金额=430 000+200 000−2 000=628 000（元）;

（2）预付账款项目金额=250 000+30 000=280 000（元）;

（3）应付账款项目金额=350 000+70 000=420 000（元）;

（4）预收账款项目金额=250 000+350 000+110 000=710 000（元）。

4．根据有关总账及其明细账的期末余额分析计算填列

根据有关总账及其明细账的期末余额分析计算填列的项目有“长期借款”“应付债券”“长期待摊费用”等项目。

【例 9-11】 A 公司 2019 年 12 月 31 日结账后“长期借款”总账余额为 3 200 000 元，其长期借款情况如表 9-5 所示。

表 9-5 长期借款情况

借款起始日期	借款期限（年）	金额（元）
2018 年 3 月 1 日	5	1 500 000
2017 年 3 月 1 日	3	700 000
2019 年 5 月 1 日	3	1 000 000

A 公司长期借款总账余额为 3 200 000 元，其中，将于一年内到期的长期借款为 700 000 元，应填列在资产负债表下“一年内到期的非流动负债”项目中，所以，该企业 2019 年 12 月 31 日的资产负债表中，“长期借款”项目金额=1 500 000+1 000 000= 2 500 000（元）。

【例 9-12】 A 公司 2019 年 12 月 31 日结账后“长期待摊费用”账户的期末借方余额为 456 000 元，其中，将于一年内摊销的数额为 250 000 元。

东方公司“长期待摊费用”总账余额中，将于一年内摊销的数额为 250 000 元，应填列在流动资产下“一年内到期的非流动资产”项目中，所以，该企业 2019 年 12 月 31 日的资产负债表中，“长期待摊费用”项目的金额=456 000−250 000=206 000（元）。

5．根据有关资产类账户与其备抵账户抵销后的净额填列

根据有关资产类账户与其备抵账户抵销后的净额填列的项目有“应收账款”“应收票据”“应收利息”“其他应收款”“长期应收款”“存货”“长期股权投资”“固定资

产”“无形资产”“在建工程”等项目。

【例 9-13】 2019 年 12 月 31 日，弘毅公司结账后有关账户余额如表 9-6 所示。

表 9-6 弘毅公司结账后有关账户余额

单位：元

账 户 名 称	借 方 余 额	贷 方 余 额
应收票据	300 000	
固定资产	5 000 000	
无形资产	600 000	
长期股权投资	450 000	
坏账准备——应收票据		50 000
累计折旧		1 520 000
固定资产减值准备		400 000
累计摊销		240 000
无形资产减值准备		20 000
长期股权投资减值准备		40 000

计算资产负债表中“应收票据”“固定资产”“无形资产”“长期股权投资”项目金额。

（1）应收票据项目金额=300 000−50 000=250 000（元）;

（2）固定资产项目金额=5 000 000−1 520 000−400 000=3 080 000（元）;

（3）无形资产项目金额=600 000−240 000−20 000=340 000（元）;

（4）长期股权投资项目金额=450 000−40 000=410 000（元）。

【例 9-14】 弘毅公司 2019 年 12 月 31 日有关账户的期末余额如表 9-7 所示。

表 9-7 账户余额表

2019 年 12 月 31 日　　单位：元

账 户 名 称	借 方 余 额	贷 方 余 额
库存现金	3 560	
银行存款	800 000	
其他货币资金	84 000	
交易性金融资产	18 000	
应收票据	295 200	
应收账款——A 企业	400 000	
——B 企业		40 000
坏账准备		10 800
预付账款——C 企业	130 000	
——D 企业		10 000
其他应收款	6 000	
原材料	2 000 000	
周转材料	336 000	
库存商品	760 000	

续表

账户名称	借方余额	贷方余额
生产成本	120 000	
长期股权投资	300 000	
长期股权投资减值准备		100 000
固定资产	1 809 720	
累计折旧		400 000
固定资产减值准备		80 000
在建工程	158 000	
在建工程减值准备		8 000
工程物资	30 000	
长期待摊费用	78 800	
无形资产	1 160 000	
无形资产减值准备		200 000
短期借款		360 000
应付票据		240 000
应付账款——E企业 ——F企业	20 000	 360 000
预收账款——G企业 ——H企业	 400	4 960
其他应付款		260 000
应付职工薪酬		132 000
应交税费		36 000
其他应付款		260 000
长期借款 其中：一年内到期的长期借款		1 807 920 200 000
实收资本		4 045 000
盈余公积		160 000
未分配利润		255 000

根据上述资料，编制弘毅公司2019年的资产负债表（见表9-8）。

表9-8　资产负债表

编制单位：东方公司　　　　2019年12月31日　　　　单位：元

资　　产	期末余额	年初余额	负债和所有者权益（或股东权益）	期末余额	年初余额
流动资产		（略）	流动负债		（略）
货币资金	887 560		短期借款	360 000	
以公允价值计量且其变动计入当期损益的金融资产	18 000		以公允价值计量且其变动计入当期损益的金融负债		
应收票据	295 200		应付票据	240 000	
应收账款	389 600		应付账款	370 000	

续表

资　产	期末余额	年初余额	负债和所有者权益（或股东权益）	期末余额	年初余额
预付款项	150 000		预收账款	44 960	
应收利息			应付职工薪酬	132 000	
应收股利			应交税费	36 000	
其他应收款	6 000		应付利息		
存货	3 216 000		应付股利		
持有待售的非流动资产或持有待售的处置组中的资产					
一年内到期的非流动资产			其他应付款	260 000	
其他流动资产			一年内到期的非流动负债	200 000	
流动资产合计	4 962 360		其他流动负债		
非流动资产			流动负债合计	1 642 960	
以摊余成本计量的金融资产			非流动负债		
以公允价值计量且其变动计入其他综合收益的金融资产			长期借款	1 607 920	
长期应收款			应付债券		
长期股权投资	200 000		长期应付款		
投资性房地产			专项应付款		
固定资产	1 329 720		预计负债		
			递延收益		
在建工程	150 000		递延所得税负债		
工程物资	30 000		其他非流动负债		
固定资产清理			非流动负债合计	1 607 920	
生产性生物资产			负债合计	3 250 880	
油气资产			所有者权益（或股东权益）		
无形资产	960 000		实收资本（或股本）	4 045 000	
开发支出			资本公积		
商誉			减：库存股		
			其他综合收益		
长期待摊费用	78 800		盈余公积	160 000	
递延所得税资产			未分配利润	255 000	
其他非流动资产			所有者权益（或股东权益）合计	4 460 000	
非流动资产合计	2 748 520				
资产合计	7 710 880		负债和所有者权益（或股东权益）合计	7 710 880	

注：上述“资产负债表”中有关项目的计算方法如下。

货币资金=3 560+800 000+84 000=887 560（元）;

应收账款=400 000+400−10 800=389 600（元）;

预付账款=130 000+20 000=150 000（元）;

存货=2 000 000+336 000+760 000+120 000=3 216 000（元）;

长期股权投资=300 000−100 000=200 000（元）;

固定资产=1 809 720−400 000−80 000=1 329 720（元）;

在建工程=158 000−8 000=150 000（元）;

无形资产=1 160 000−200 000=960 000（元）;

应付账款=360 000+10 000=370 000（元）;

预付账款=130 000+20 000=150 000（元）;

长期借款=1 807 920−200 000=1 607 920（元）。

【例 9-15】（单选题）在编制资产负债表时，下列各项中，需要根据其明细科目及“预付账款”科目相关明细科目的余额分析填列的是（　　）。

A. 应付债券　　B. 应付账款　　C. 实收资本　　D. 存货

【答案】 B

【解析】“应付账款”项目，应根据“应付账款”账户及“预付账款”账户所属明细账的期末贷方余额合计填列。

【例 9-16】（单选题）资产负债表中，“应收账款”项目应根据（　　）填列。

A. “应收账款”总分类账户的期末余额

B. “应收账款”总分类账户所属各明细分类账户期末借方余额合计数

C. “应收账款”总分类账户所属各明细分类账户期末贷方余额合计数

D. “应收账款”和“预收账款”总分类账户所属各明细分类账户期末借方余额合计数减去“坏账准备”账户中有关应收账款计提的坏账准备期末余额后的金额

【答案】 D

【解析】“应收账款”项目，应根据“应收账款”账户及“预收账款”账户所属明细账的期末借方余额合计数减去“坏账准备”账户中有关应收账款计提的坏账准备期末余额后的金额填列。

【例 9-17】（单选题）下列直接根据总分类账户余额填列资产负债表项目的是（　　）。

A. 固定资产清理　　B. 应收账款　　C. 未分配利润　　D. 存货

【答案】 A

【解析】 根据有关总分类账户期末余额直接填列的项目主要有“交易性金融资产”“固定资产清理”“短期借款”“交易性金融负债”“应付票据”“应付利息”“应付股利”“应付职工薪酬”“其他应付款”“实收资本（股本）”“资本公积”“盈余公积”等项目。

模块三 利 润 表

一、利润表的概念与作用

（一）利润表的概念

利润表是反映企业在一定会计期间经营成果的财务报表。如年度利润表反映的是某年度1月1日至12月31日的经营成果，由于表内数据反映的是某一期间的情况，因此利润表属于动态报表。利润表是以“收入-费用=利润”这一会计等式作为编制依据的。

（二）利润表的作用

（1）反映一定会计期间收入的实现情况。

（2）反映一定会计期间费用的耗费情况。

（3）反映企业经济活动成果的实现情况，据以判断资本保值增值情况。

二、利润表的列示要求

（1）企业在利润表中应当对费用按照功能分类，分为从事经营业务发生的成本、管理费用、销售费用和财务费用等。

（2）利润表至少应当单独列示反映下列信息的项目，但其他会计准则另有规定的除外：①营业收入；②营业成本；③税金及附加；④管理费用；⑤销售费用；⑥财务费用；⑦投资收益；⑧公允价值变动损益；⑨资产减值损失；⑩非流动资产处置损益；⑪所得税费用；⑫净利润；⑬其他综合收益各项目分别扣除所得税影响后的净额；⑭综合收益总额。金融企业可以根据其特殊性列示利润表项目。

（3）其他综合收益项目应当根据其他相关会计准则的规定分为以后会计期间不能重分类进损益的其他综合收益项目和以后会计期间在满足规定条件时将重分类进损益的其他综合收益项目两类列报。

（4）在合并利润表中，企业应当在净利润项目之下单独列示归属于母公司所有者的损益和归属于少数股东的损益，在综合收益总额项目之下单独列示归属于母公司所有者的综合收益总额和归属于少数股东的综合收益总额。

三、我国企业利润表的一般格式

利润表的格式，主要有单步式利润表和多步式利润表两种。单步式利润表是将当期所有的收入列在一起，然后将所有的费用列在一起，两者相减得出当期净损益。多步式利润表是通过对当期的收入、费用、支出项目按性质加以归类，按利润形成的主要环节列示一些中间性利润指标，如营业利润、利润总额、净利润，分步计算当期净损益。

我国企业的利润表采用多步式格式，将不同性质的收入和费用分别进行对比，以便得出一些中间性的利润数据，帮助使用者理解企业经营成果的不同来源。

利润表包括表头和表体两部分。表头应列明报表名称、编表单位名称、财务报表涵盖的会计期间和人民币金额单位等内容；表体，反映形成经营成果的各个项目和计算过程。我国企业利润表的格式参见表9-10。

四、利润表编制的基本方法

利润表中的各项目均需要填列“上期金额”和“本期金额”两栏。

利润表中“上期金额”栏内各项数字，应根据上年该期利润表“本期金额”栏内所列数字填列。如果上年该期利润表规定的各个项目的名称和内容同本期不一致，应当对上年该期利润表各项目的名称和数字按本期的规定进行调整，填入利润表“上期金额”栏内。

利润表中“本期金额”栏内各项数字一般应根据本期损益类账户的发生额分析填列。利润表各项目的填列方法如下：

“营业收入”项目，应根据“主营业务收入”和“其他业务收入”账户发生额分析填列。

“营业成本”项目，应根据“主营业务成本”和“其他业务成本”账户发生额分析填列。

“税金及附加”项目，应根据“税金及附加”账户的发生额分析填列。

“销售费用”项目，应根据“销售费用”账户的发生额分析填列。

“管理费用”项目，应根据“管理费用”账户的发生额分析填列。

“财务费用”项目，应根据“财务费用”账户的发生额分析填列。

“资产减值损失”项目，应根据“资产减值损失”账户的发生额分析填列。

“公允价值变动收益”项目，应根据“公允价值变动损益”账户的发生额分析填列，如为净损失，本项目以“－”填列。

“投资收益”项目，应根据“投资收益”账户发生额分析填列，如为投资损失，本项目以“－”填列。

“营业利润”项目，应根据表中有关项目计算后的余额填列，如为亏损，本项目用“－”填列。

“营业外收入”项目，应根据“营业外收入”账户发生额分析填列。

“营业外支出”项目，应根据“营业外支出”账户发生额分析填列。

“利润总额”项目，应根据表中有关项目计算后的余额填列，如为亏损，本项目用“－”填列。

“所得税费用”项目，应根据“所得税费用”账户的发生额分析填列。

“净利润”项目，应根据表中有关项目计算后的余额填列，如为亏损，本项目用“－”填列。

【例 9-18】 弘毅公司 2019 年年末有关损益类账户发生额如表 9-9 所示。

表 9-9 弘毅公司 2019 年年末有关损益类账户发生额

单位：元

账 户 名 称	借方发生额	贷方发生额
主营业务收入	40 000	3 980 000
主营业务成本	1 260 000	12 800
税金及附加	260 000	
销售费用	130 000	
管理费用	100 000	
财务费用	340 000	50 000
资产减值损失	120 000	
公允价值变动损益	900 000	

续表

账 户 名 称	借方发生额	贷方发生额
其他业务收入		238 800
其他业务成本	300 000	
投资收益	200 000	900 000
营业外收入		200 000
营业外支出	80 000	
所得税费用	412 900	

根据上述资料，编制该公司2019年度的利润表，如表9-10所示。

表9-10 利润表

编制单位：弘毅公司　　2019年度　　单位：元

项 目	本期金额	上期金额
一、营业收入	4 178 800	（略）
减：营业成本	1 547 200	
税金及附加	260 000	
销售费用	130 000	
管理费用	100 000	
财务费用	290 000	
资产减值损失	120 000	
加：公允价值变动收益（损失以“–”填列）	–900 000	
投资收益（损失以“–”填列）	700 000	
其中：对联营企业和合营企业的投资收益		
二、营业利润（亏损以“–”填列）	1 531 600	
加：营业外收入	200 000	
减：营业外支出	80 000	
其中：非流动资产处置损失		
三、利润总额（亏损总额以“–”填列）	1 651 600	
减：所得税费用	412 900	
四、净利润（净亏损以“–”填列）	1 238 700	
五、每股收益		
（一）基本每股收益		
（二）稀释每股收益		

上述“利润表”中有关项目的计算方法如下：

营业收入=3 980 000–40 000+238 800=4 178 800（元）；

营业成本=1 260 000–12 800+300 000=1 547 200（元）；

财务费用=340 000–50 000=290 000（元）；

投资收益=900 000–200 000=700 000（元）。

【例 9-19】（单选题）编制利润表主要是根据（　　）。

A. 资产、负债及所有者权益各账户的本期发生额
B. 资产、负债及所有者权益各账户的期末余额
C. 损益类各账户的本期发生额
D. 损益类各账户的期末余额

【答案】 C
【解析】 利润表中“本期金额”栏内各项数字一般应根据本期损益类账户的发生额分析填列。

【例 9-20】（单选题）企业本月利润表中的营业收入为 450 000 元，营业成本为 216 000 元，税金及附加为 9 000 元，管理费用为 10 000 元，财务费用为 5 000 元，销售费用为 8 000 元，则其营业利润为（　　）元。

A. 217 000　　B. 225 000　　C. 234 000　　D. 202 000

【答案】 D
【解析】 营业利润=450 000−216 000−9 000−10 000−5 000−8 000=202 000（元）。

综合训练

一、单项选择题

1．编制财务报表时，以“收入-费用=利润”这一会计等式作为编制依据的财务报表是（　　）。
A．利润表　　B．所有者权益变动表　　C．资产负债表　　D．现金流量表
2．资产负债表的下列项目中，需要根据几个总账科目的期末余额进行汇总填列的是（　　）。
A．应付职工薪酬　　B．短期借款　　C．货币资金　　D．资本公积
3．“应收账款”科目所属明细科目如有贷方余额，应在资产负债表（　　）项目中反映。
A．“预付款项”　　B．“预收款项”　　C．“应收账款”　　D．“应付账款”
4．下列各项中，不会引起利润总额增减变化的是（　　）。
A．“销售费用”　　B．“管理费用”
C．“所得税费用”　　D．营业外支出
5．关于资产负债表的格式，下列说法不正确的是（　　）。
A．资产负债表主要有账户式和报告式
B．我国的资产负债表采用报告式
C．账户式资产负债表分为左、右两方，左方为资产，右方为负债和所有者权益
D．负债和所有者权益按照求偿权的先后顺序排列
6．多步式利润表中的利润总额是以（　　）为基础来计算的。
A．“营业收入”　　B．“营业成本”　　C．“投资收益”　　D．“营业利润”
7．以“资产=负债+所有者权益”这一会计等式作为编制依据的财务报表是（　　）。
A．利润表　　B．所有者权益变动表
C．资产负债表　　D．现金流量表
8．某日，大华公司的负债为 7 455 万元、非流动资产合计为 4 899 万元、所有者权益合计为 3 000 万元，则当日该公司的流动资产合计应当为（　　）万元。

A．2 556　　B．4 455　　C．1 899　　D．5 556

9．某企业“原材料”期末余额为100 000元，“生产成本”期末余额为50 000元，“库存商品”期末余额为120 000元，“存货跌价准备”期末余额为10 000元，则资产负债表“存货”项目应填列的是（　　）元。

A．300 000　　B．260 000　　C．280 000　　D．270 000

10．下列各项中不应列示在资产负债表的流动资产部分的是（　　）。

A．“货币资金”　　B．“应收账款”　　C．“预付账款”　　D．“在建工程”

11．反映企业某一特定日期财务状况的会计报表是（　　）。

A．资产负债表　　B．现金流量表
C．基本会计报表　　D．基本会计报表及附注

12．下列不属于财务会计报告基本要求的是（　　）。

A．真实可靠　　B．合法实用　　C．编报及时　　D．便于理解

13．将分散的零星的日常会计资料归纳整理为更集中、更系统、更概括的会计资料，以总括反映企业财务状况和经营成果的方法是（　　）。

A．编制会计凭证　　B．编制记账凭证　　C．编制会计报表　　D．登记会计账簿

14．企业财务会计报告所提供的信息资料应具有时效性，这是指编制财务会计报告应符合（　　）的要求。

A．真实可靠　　B．相关可比　　C．全面完整　　D．编报及时

15．在资产负债表中，资产是按照（　　）排列的。

A．清偿时间的先后顺序　　B．会计人员的填写习惯
C．金额大小　　D．流动性大小

二、多项选择题

1．利润表中的“营业成本”项目填列的依据是（　　）。

A．“营业外支出”发生额　　B．“主营业务成本”发生额
C．“其他业务成本”发生额　　D．“税金及附加”发生额

2．编制资产负债表时，需根据有关总账科目期末余额分析、计算填列的项目是（　　）。

A．“货币资金”　　B．“预付款项”　　C．“存货”　　D．“短期借款”

3．资产负债表中的“存货”项目反映的内容包括（　　）。

A．“发出商品”　　B．“材料成本差异”
C．“委托加工物资”　　D．“生产成本”

4．资产负债表中“应收账款”项目应根据（　　）之和减去“坏账准备”账户中有关应收账款计提的坏账准备期末余额填列。

A．“应收账款”科目所属明细科目的借方余额
B．“应收账款”科目所属明细科目的贷方余额
C．“应付账款”科目所属明细科目的贷方余额
D．“预收账款”科目所属明细科目的借方余额

5．下列等式正确的是（　　）。

A．资产=负债+所有者权益
B．营业利润=主营业务收入+其他业务收入–主营业务成本–其他业务成本+投资收益+公允价值变动收益

C．利润总额=营业利润+营业外收入–营业外支出

D．净利润=利润总额–所得税费用

6．企业提供的财务会计报告的使用者有（　　）。

A．投资者　　B．债权人

C．政府及相关机构　　D．企业管理人员、职工和社会公众等

7．借助利润表提供的信息，可以帮助管理者（　　）。

A．分析企业资产的结构及其状况　　B．分析企业的债务偿还能力

C．分析企业的获利能力　　D．分析企业利润的未来发展趋势

8．企业财务会计报表按其编报的时间不同，分为（　　）。

A．半年度报表　　B．月度报表　　C．季度报表　　D．年度报表

9．期末，下列（　　）账户的余额应转入“本年利润”账户。

A．“主营业务成本”　　B．“制造费用”

C．“管理费用”　　D．“投资收益”

10．下列账户中，可能影响资产负债表中“预付款项”项目金额的是（　　）。

A．“预收账款”　　B．“应收账款”　　C．“应付账款”　　D．预付账款

三、判断题（正确的打“√”，错误的打“×”）

1．（　　）利润表是反映企业一定日期经营成果的财务报表。

2．（　　）资产负债表中资产类至少包括流动资产项目、长期投资项目和固定资产项目。

3．（　　）利润表中收入类项目大多是根据收入类账户期末结转前借方发生额减去贷方发生额后的差额填列，若差额为负数，则以“－”号填列。

4．（　　）利润表中“营业成本”项目，反映企业销售产品和提供劳务等主要经营业务的各项销售费用和实际成本。

5．（　　）资产负债表中“固定资产”项目应根据“固定资产”账户余额减去“累计折旧”“固定资产减值准备”等账户的期末余额后的金额填列。

6．（　　）一套完整的财务报表至少应当包括资产负债表、利润表、现金流量表、所有者权益变动表和附注等部分。

7．（　　）资产负债表是总括反映企业特定日期资产、负债和所有者权益情况的动态报表，通过它可以了解企业的资产构成、资金的来源构成和企业债务的偿还能力。

8．（　　）资产负债表中“货币资金”项目，应根据“银行存款”账户的期末余额填列。

9．（　　）营业利润减去管理费用、销售费用、财务费用和所得税费用后得到净利润。

10．（　　）季度、月度财务会计报告通常仅指财务报表，至少应该包括资产负债表、利润表和现金流量表。

11．（　　）账户式资产负债表分左、右两方，左方为资产项目，一般按照流动性大小排列；右方为负债及所有者权益项目，一般按要求偿还时间的先后顺序排列。

12．（　　）“制造费用”和“管理费用”都应当在期末转入“本年利润”账户。

13．（　　）在企业财务会计报告体系中，最核心的内容是会计报表。

14．（　　）损益类科目用于核算收入、费用、成本的发生和归集，提供一定期间与损益相关的会计信息的会计科目。

15．（　　）营业利润是以主营业务利润为基础，加上其他业务利润，减去销售费用、管理费用和财务费用，再加上营业外收入减去营业外支出计算出来的。

四、分析计算题

1. N公司20××年7月31日总账及其所属明细账余额如下表所示。

N公司20××年7月31日总账及其所属明细账余额

单位：元

总分类账户	余额		明细分类账户	余额	
	借方	贷方		借方	贷方
库存现金	7 000				
银行存款	160 000				
应收账款	106 000		甲公司	86 000	
			乙公司	20 000	
材料采购	20 000				
原材料	60 000				
库存商品	40 000				
生产成本	30 000				
固定资产	440 000				
累计折旧		40 000			
短期借款		80 000			
应付账款		85 000	A公司		60 000
			B公司		25 000
应交税费		17 000	应交增值税		17 000
实收资本		600 000			
盈余公积		6 000			
本年利润		30 000			
利润分配		5 000			
合计	863 000	863 000			

要求：根据上述资料编制资产负债表项目。

（1）货币资金=

（2）存货=

（3）固定资产=

（4）应付账款=

（5）未分配利润=

2. 某企业年末损益类账户转账前的本期发生额如下表所示。

某企业年末损益类账户转账前的本期发生额

单位：元

账户	借方发生额	贷方发生额
主营业务收入		130 000
主营业务成本	90 000	

续表

账　　户	借方发生额	贷方发生额
税金及附加	3 600	
其他业务收入		10 000
其他业务成本	3 000	
销售费用	5 000	
管理费用	3 000	
财务费用	1 000	
投资收益		5 000
营业外支出	3 700	
公允价值变动损益		9 000
资产减值损失	4 200	
营业外收入		4 000

假设企业本年没有其他纳税事项调整，所得税税率为25%。

要求：计算利润表中各项目的填列数。

（1）营业收入=

（2）营业成本=

（3）营业利润=

（4）利润总额=

（5）净利润=

扫一扫

财务报表概述　　资产负债表的编制　　利润表的编制　　不会编报表，愧为会计人

项目十

会计账务处理程序

基本要求

1. 了解企业账务处理程序的概念与意义。
2. 熟悉账务处理程序的一般步骤。
3. 掌握企业账务处理程序的种类。
4. 掌握记账凭证账务处理程序的内容。
5. 掌握汇总记账凭证账务处理程序的内容。
6. 掌握科目汇总表账务处理程序的内容。

模块一　账务处理程序概述

一、账务处理程序的概念与意义

账务处理程序，又称会计核算组织程序或会计核算形式，是指会计凭证、会计账簿、财务报表相结合的方式，即由填制和审核原始凭证到编制记账凭证，登记日记账、明细分类账和总分类账，编制财务报表的工作程序和方法等。具体地讲，就是通过凭证、账簿、报表组织体系，按一定的步骤和程序将三者有机结合起来，最终产生并提供有用的会计信息。

账务处理程序主要包括账簿组织和记账程序。账簿组织是指会计凭证和账簿的种类、格式，会计凭证与账簿之间的联系方法；记账程序是指由填制、审核原始凭证到编制、审核记账凭证，登记日记账、明细分类账和总分类账，编制财务报表的工作程序和方法等。

科学、合理地选择账务处理程序的意义主要有：

（1）有利于规范会计工作，保证会计信息加工过程的严密性，提高会计信息质量。

（2）有利于保证会计记录的完整性和正确性，增强会计信息的可靠性。

（3）有利于减少不必要的会计核算环节，提高会计工作效率，保证会计信息的及时性。

二、账务处理程序的种类

在会计实践中，不同的账簿组织、记账程序和记账方法及其不同的结合方式，形成了不同种类的账务处理程序。在我国，常用的账务处理主要有记账凭证账务处理程序、汇总记账凭证账务处理程序和科目汇总表账务处理程序。它们之间的主要区别表现在登记总账的依据和方法不同。

（一）记账凭证账务处理程序

记账凭证账务处理程序是指对发生的经济业务，先根据原始凭证或汇总原始凭证填制记账凭证，再直接根据记账凭证登记总分类账的一种账务处理程序。

（二）汇总记账凭证账务处理程序

汇总记账凭证账务处理程序是指先根据原始凭证或汇总原始凭证填制记账凭证，定期根据记账凭证分类编制汇总收款凭证、汇总付款凭证和汇总转账凭证，再根据汇总记账凭证登记总分类账的一种账务处理程序。

（三）科目汇总表账务处理程序

科目汇总表账务处理程序又称记账凭证汇总表账务处理程序，是指根据记账凭证定期编制科目汇总表，再根据科目汇总表登记总分类账的一种账务处理程序。

【例 10-1】 （单选题）各种账务处理程序的主要区别是（　　）。

A. 凭证的格式不同

B. 设置的账户不同

C. 程序繁简不同

D. 登记总账的依据和方法不同

【答案】 D

【解析】 各种账务处理程序的主要区别表现在登记总账的依据和方法不同。

模块二　记账凭证账务处理程序

一、一般步骤

记账凭证账务处理程序的一般步骤如下：

（1）根据原始凭证填制汇总原始凭证。

（2）根据原始凭证或汇总原始凭证，填制收款凭证、付款凭证和转账凭证，也可以填制通用记账凭证。

（3）根据收款凭证、付款凭证逐笔登记库存现金日记账和银行存款日记账。

（4）根据原始凭证、汇总原始凭证和记账凭证，登记各种明细分类账。

（5）根据记账凭证逐笔登记总分类账。

（6）期末，将库存现金日记账、银行存款日记账和明细分类账的余额与有关总分类账的余额核对相符。

（7）期末，根据总分类账和明细分类账的记录，编制财务报表。

记账凭证账务处理程序如图 10-1 所示。

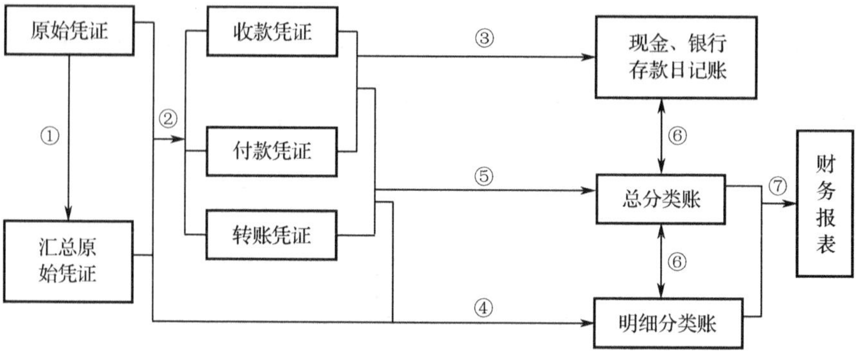

图 10-1　记账凭证账务处理程序

二、记账凭证账务处理程序的内容

（一）特点

记账凭证账务处理程序的特点是直接根据记账凭证对总分类账进行逐笔登记。它是最基本的账务处理程序，其他各种会计核算形式都是在此基础上发展而形成的。

（二）优缺点

记账凭证账务处理程序的优点：

（1）记账程序简单明了，易于理解。

（2）总分类账可以较详细地反映经济业务的发生情况。

记账凭证账务处理程序的缺点：登记总分类账的工作量比较大。

（三）适用范围

记账凭证账务处理程序的适用范围：只适用于规模较小、经济业务量较少的单位。

【例 10-2】（多选题）记账凭证账务处理程序的优点有（　　）。

A. 减轻了登记总分类账的工作量　　B. 总分类账可以详细地反映经济业务发生情况

C. 简单明了、易于理解　　D. 便于进行试算平衡

【答案】 BC

【解析】记账凭证账务处理程序的优点：记账程序简单明了，易于理解；总分类账可以较详细地反映经济业务的发生情况。

【例 10-3】（单选题）适用于规模较小、业务量不多的单位的账务处理程序是（　　）。

A. 记账凭证账务处理程序　　B. 科目汇总表账务处理程序

C. 汇总记账凭证账务处理程序　　D. 多栏式日记账账务处理程序

【答案】 A

【解析】 记账凭证账务处理程序的适用范围是规模较小、经济业务量较少的单位。

（四）应用

【例 10-4】 中兴公司为增值税为一般纳税人，采用记账凭证账务处理程序，2019 年 6 月有关资料如下：

1. 该公司 2019 年 6 月份有关总分类账和明细分类账账户的期初余额如表 10-1 所示。

表 10-1　2019 年 6 月份有关总分类账和明细分类账账户的期初余额

单位：元

总账科目	明细账科目	借方余额	贷方余额
库存现金		1 000	
银行存款		615 000	
应收账款		234 000	
	上海宏泰	234 000	
其他应收款		5 000	
原材料		327 150	
	甲材料（单价为 10 元）	125 750	
	乙材料（单价为 20 元）	201 400	
周转材料		40 000	
库存商品		510 000	
	M 产品（单价为 1 000 元）	510 000	
长期股权投资		951 850	
固定资产		5 000 000	
累计折旧			500 000
无形资产		516 000	
短期借款			250 000
其他应付款			25 000
预收账款			1 000
应付职工薪酬			21 000
应付利息			4 000
实收资本			5 000 000
盈余公积			426 900
本年利润			1 345 000
利润分配			627 100
合　计		8 200 000	8 200 000

2. 该公司 6 月份发生下列经济业务：

（1）6 月 2 日，向 A 公司购进甲材料 50 000 千克，单价为 10 元，增值税税额为 80 000 元。材料已验收入库，款项以银行存款支付。

（2）6 月 3 日，销售 M 产品 500 件，每件售价为 2 000 元，价税合计 1 160 000 元；款项已送存银行。

（3）6 月 5 日，根据本月工资结算汇总表，签发一张现金支票，金额为 300 000 元，向银行提取现金，用于发放职工工资。

（4）6 月 5 日，以现金发放职工工资 300 000 元。

（5）6 月 8 日，开出转账支票，支付车间机器设备的维修费用 3 000 元。

（6）6 月 10 日，开出转账支票，支付水电费。其中，生产车间耗用 10 000 元，行政管理部门耗用 2 000 元。

（7）6月12日，财务科购买打印纸2箱，价款共计280元，以现金支付。

（8）6月16日，收到银行送来的收账通知，上海宏泰公司上月拖欠的货款234 000元已收款入账。

（9）6月18日，领用低值易耗品20 000元，其中车间领用了17 500元，行政管理部门领用了2 500元。

（10）6月20日，企业向银行申请取得短期流动资金贷款300 000元，存入银行。

（11）6月22日，开出转账支票一张，支付电视台广告费2 000元。

（12）6月25日，接受无锡翔成有限公司投资。收到投入的货币资金500 000元，收存银行。

（13）6月26日，收到对职工的罚款，现金500元。

（14）6月27日，以银行存款5 000元捐献给福利院。

（15）6月30日，分配结转本月发出材料的实际成本，本月领用甲材料58 000千克，单价为10元，共计580 000元；乙材料2 000千克，单价为20元，共计40 000元。其中：生产M产品耗用530 000元，车间一般耗用70 000元，行政部门耗用20 000元。

（16）6月30日，分配结转本月工资费用，其中：M产品生产工人工资210 000元，车间管理人员工资40 000元，行政管理人员工资50 000元。

（17）6月30日，按工资总额的14%计提职工福利费。

（18）6月30日，计提本月固定资产折旧费16 000元，其中：生产车间应提13 000元，行政管理部门应提3 000元。

（19）6月30日，计提本月银行流动借款利息3 000元。

（20）6月30日，结转本月制造费用，共计156 100元。

（21）6月30日，结转完工产品，本月生产M产品925件均已完工，总成本为925 500元。

（22）6月30日，结转已销产品的实际成本，其中，M产品的单位成本为1 000.35元，总成本为500 175元。

（23）6月30日，结转有关收入、费用类账户。

（24）6月30日，计算并结转本期所得税费用。

3. 根据该公司6月份发生的经济业务编制记账凭证（见表10-2）。（限于篇幅，以会计分录替代记账凭证）

表10-2　记账凭证（以会计分录替代）

日　期	凭证号数	摘　要	记账凭证（以会计分录代替）	备　注
6月2日	付1	购入甲材料	借：原材料——甲材料　500 000 　　应交税费——应交增值税（进项税额）　80 000 　　贷：银行存款　580 000	
6月3日	收1	销售产品	借：银行存款　1 160 000 　　贷：主营业务收入　1 000 000 　　　　应交税费——应交增值税（销项税额）　160 000	
6月5日	付2	提现金备发工资	借：库存现金　300 000 　　贷：银行存款　300 000	
6月5日	付3	以现金发放工资	借：应付职工薪酬　300 000 　　贷：库存现金　300 000	

续表

日　期	凭证号数	摘　要	记账凭证（以会计分录代替）	备　注
6月8日	付4	支付车间设备维修费	借：管理费用　3 000 　贷：银行存款　3 000	
6月10日	付5	支付水电费	借：制造费用　10 000 　管理费用　2 000 　贷：银行存款　12 000	
6月12日	付6	以现金购买打印纸	借：管理费用　280 　贷：库存现金　280	
6月16日	收2	收回前欠货款	借：银行存款　234 000 　贷：应收账款——上海宏泰　234 000	
6月18日	转1	领用低值易耗品	借：制造费用　17 500 　管理费用　2 500 　贷：周转材料　20 000	
6月20日	收3	借入短期借款	借：银行存款　300 000 　贷：短期借款　300 000	
6月22日	付7	支付广告费	借：销售费用　2 000 　贷：银行存款　2 000	
6月25日	收4	收到投资	借：银行存款　500 000 　贷：实收资本　500 000	
6月26日	收5	收到罚款收入	借：库存现金　500 　贷：营业外收入　500	
6月27日	付8	捐款	借：营业外支出　5 000 　贷：银行存款　5 000	
6月30日	转2	分配本月材料费用	借：生产成本　530 000 　制造费用　70 000 　管理费用　20 000 　贷：原材料——甲材料　580 000 　　　——乙材料　40 000	
6月30日	转3	分配本月工资费用	借：生产成本　210 000 　制造费用　40 000 　管理费用　50 000 　贷：应付职工薪酬　300 000	
6月30日	转4	计提职工福利费	借：生产成本　29 400 　制造费用　5 600 　管理费用　7 000 　贷：应付职工薪酬　42 000	
6月30日	转5	计提固定资产折旧	借：制造费用　13 000 　管理费用　3 000 　贷：累计折旧　16 000	
6月30日	转6	计提银行借款利息	借：财务费用　3 000 　贷：应付利息　3 000	
6月30日	转7	结转本月制造费用	借：生产成本　156 100 　贷：制造费用　156 100	

续表

日　期	凭证号数	摘　要	记账凭证（以会计分录代替）	备　注
6月30日	转8	结转完工产品成本	借：库存商品 925 500 贷：生产成本 925 500	
6月30日	转9	结转已销产品成本	借：主营业务成本 500 175 贷：库存商品 500 175	
6月30日	转10	结转收入	借：主营业务收入 1 000 000 营业外收入 500 贷：本年利润 1 000 500	
6月30日	转11	结转成本费用	借：本年利润 597 955 贷：主营业务成本 500 175 销售费用 2 000 管理费用 87 780 财务费用 3 000 营业外支出 5 000	
6月30日	转12	计算应交所得税	借：所得税费用 100 636.25 贷：应交税费——应交企业所得税 100 636.25	
6月30日	转13	结转所得税费用	借：本年利润 100 636.25 贷：所得税费用 100 636.25	

4. 根据收款凭证和付款凭证逐笔登记库存现金日记账（见表10-3）和银行存款日记账（见表10-4）。

表10-3　库存现金日记账

单位：元

2019年		凭证号数	对方科目	摘　要	收入（借方）金额	付出（贷方）金额	结存金额
月	日						
6	1			期初余额			1 000
	5	付2	银行存款	提现金备发工资	300 000		301 000
	5	付3	应付职工薪酬	以现金发放工资		300 000	1 000
	12	付6	管理费用	以现金购买打印纸		280	720
	26	收5	营业外收入	收到罚款收入	500		1 220
	30			本期发生额及余额	301 500	300 280	1 220

表10-4　银行存款日记账

单位：元

2019年		凭证号数	对方科目	摘　要	收入（借方）金额	付出（贷方）金额	结存金额
月	日						
6	1			期初余额			615 000
	2	付1	原材料等	购入甲材料		580 000	35 000
	3	收1	主营业务收入等	销售产品	1 160 000		1 195 000
	5	付2	库存现金	提现金备发工资		300 000	895 000
	8	付4	管理费用	支付车间设备维修费		3 000	892 000
	10	付5	制造费用等	支付水电费		12 000	880 000

续表

2019年		凭证号数	对方科目	摘　要	收入（借方）金额	付出（贷方）金额	结存金额
月	日						
	16	收2	应收账款	收回前欠货款	234 000		1 114 000
	20	收3	短期借款	借入短期借款	300 000		1 414 000
	22	付7	销售费用	支付广告费		2 000	1 412 000
	25	收4	实收资本	收到投资	500 000		1 912 000
	27	付8	营业外支出	捐款		5 000	1 907 000
	30			本期发生额及余额	2 194 000	902 000	1 907 000

5. 根据记账凭证和原始凭证登记明细分类账（见表10-5～表10-6）。此处仅列举原材料明细分类账。

表10-5　原材料明细账

类别：原料及主要材料

品名：甲材料　　计量单位：千克；元　　规格：（略）　　第　页

2019年		摘　要	收　入			发　出			结　存		
月	日		数　量	单　价	金　额	数　量	单　价	金　额	数　量	单　价	金　额
6	1	期初余额							12 575	10	125 750
	2	购入甲材料	50 000	10	500 000						
	30	分配本月材料费用				58 000		580 000			
	30	本期发生额及余额	50 000	10	500 000	58 000		580 000	4 575	10	45 750

表10-6　原材料明细账

类别：原料及主要材料

品名：乙材料　　计量单位：千克；元　　规格：（略）　　第　页

2019年		摘　要	收　入			发　出			结　存		
月	日		数　量	单　价	金　额	数　量	单　价	金　额	数　量	单　价	金　额
6	1	期初余额							10 070	20	201 400
	30	分配本月材料费用				2 000		40 000			
	30	本期发生额及余额				2 000		40 000	8 070	20	161 400

6. 根据记账凭证逐笔登记各总分类账（简化格式，见表10-7～表10-29）。

表10-7　原材料 总账

单位：元

2019年		凭证编号	摘　要	借　方	贷　方	借或贷	余　额
月	日						
6	1		期初余额			借	327 150
	2		购入材料	500 000		借	827 150
	30		领用材料		620 000	借	207 150
	30		本期发生额及余额	500 000	620 000	借	207 150

表 10-8　应交税费 总账

单位：元

2019年		凭证编号	摘要	借方	贷方	借或贷	余额
月	日						
6	2	付 1	购入甲材料	80 000		借	80 000
	3	收 1	销售产品		160 000	贷	80 000
	30	转 12	计算应交所得税		100 636.25	贷	180 636.25
			本期发生额及余额	80 000	260 636.25	贷	180 636.25

表 10-9　银行存款 总账

单位：元

2019年		凭证编号	摘要	借方	贷方	借或贷	余额
月	日						
6	1		期初余额			借	615 000
	2	付 1	购入甲材料		580 000	借	35 000
	3	收 1	销售产品	1 160 000		借	1 195 000
	5	付 2	提现金备发工资		300 000	借	895 000
	8	付 4	支付车间设备维修费		3 000	借	892 000
	10	付 5	支付水电费		12 000	借	880 000
	16	收 2	收回前欠货款	234 000		借	1 114 000
	20	收 3	借入短期借款	300 000		借	1 414 000
	22	付 7	支付广告费		2 000	借	1 412 000
	25	收 4	收到投资	500 000		借	1 912 000
	27	付 8	捐款		5 000	借	1 907 000
			本期发生额及余额	2 194 000	902 000	借	1 907 000

表 10-10　主营业务收入 总账

单位：元

2019年		凭证编号	摘要	借方	贷方	借或贷	余额
月	日						
6	3	收 1	销售产品		1 000 000	贷	1 000 000
	30	转 10	结转收入	1 000 000			
			本期发生额及余额	1 000 000	1 000 000	平	0

表 10-11　库存现金 总账

单位：元

2019年		凭证编号	摘要	借方	贷方	借或贷	余额
月	日						
6	1		期初余额			借	1 000
	5	付 2	提现金备发工资	300 000		借	301 000
	5	付 3	以现金发放工资		300 000	借	1 000
	12	付 6	以现金购买打印纸		280	借	720
	26	收 5	收到罚款收入	500		借	1 220
			本期发生额及余额	300 500	300 280	借	1 220

表 10-12　应付职工薪酬 总账

单位：元

2019年		凭证编号	摘　要	借　方	贷　方	借 或 贷	余　额
月	日						
6	1		期初余额			贷	21 000
	5	付3	以现金发放工资	300 000		借	279 000
	30	转3	分配本月工资费用		300 000	贷	21 000
	30	转4	计提职工福利费		42 000	贷	63 000
			本期发生额及余额	300 000	342 000	贷	63 000

表 10-13　管理费用 总账

单位：元

2019年		凭证编号	摘　要	借　方	贷　方	借 或 贷	余　额
月	日						
6	8	付4	支付设备维修费	3 000		借	3 000
	10	付5	支付水电费	2 000		借	5 000
	12	付6	以现金购买打印纸	280		借	5 280
	18	转1	领用低值易耗品	2500		借	7 780
	30	转2	分配本月材料费用	20 000		借	27 780
	30	转3	分配本月工资费用	50 000		借	77 780
	30	转4	计提职工福利费	7 000		借	84 780
	30	转5	计提固定资产折旧	3 000		借	87 780
	30	转11	结转成本费用		87 780	平	0
			本期发生额及余额	87 780	87 780	平	0

表 10-14　制造费用 总账

单位：元

2019年		凭证编号	摘　要	借　方	贷　方	借 或 贷	余　额
月	日						
6	10	付5	支付水电费	10 000		借	10 000
	18	转1	领用低值易耗品	17 500		借	27 500
	30	转2	分配本月材料费用	70 000		借	97 500
	30	转3	分配本月工资费用	40 000		借	137 500
	30	转4	计提职工福利费	5 600		借	143 100
	30	转5	计提固定资产折旧	13 000		借	156 100
	30	转7	结转本月制造费用		156 100	平	0
			本期发生额及余额	156 100	156 100	平	0

表 10-15　应收账款 总账

单位：元

2019年		凭证编号	摘要	借方	贷方	借或贷	余额
月	日						
6	1		期初余额			借	234 000
	16	收2	收回前欠货款		234 000	平	0
			本期发生额及余额		234 000	平	0

表 10-16　周转材料 总账

单位：元

2019年		凭证编号	摘要	借方	贷方	借或贷	余额
月	日						
6	1		期初余额			借	40 000
	18	转1	领用低值易耗品		20 000	借	20 000
			本期发生额及余额		20 000	借	20 000

表 10-17　短期借款 总账

单位：元

2019年		凭证编号	摘要	借方	贷方	借或贷	余额
月	日						
6	1		期初余额			贷	250 000
	20	收3	借入短期借款		300 000	贷	550 000
			本期发生额及余额		300 000	贷	550 000

表 10-18　销售费用 总账

单位：元

2019年		凭证编号	摘要	借方	贷方	借或贷	余额
月	日						
6	22	付7	支付广告费	2 000		借	2 000
	30	转11	结转成本费用		2 000	平	0
			本期发生额及余额	2 000	2 000	平	0

表 10-19　实收资本 总账

单位：元

2019年		凭证编号	摘要	借方	贷方	借或贷	余额
月	日						
6	1		期初余额			贷	5 000 000
	25	收4	收到投资		500 000	贷	5 500 000
			本期发生额及余额		500 000	贷	5 500 000

表 10-20　营业外收入 总账

单位：元

2019年		凭证编号	摘　要	借　方	贷　方	借　或　贷	余　额
月	日						
6	26	收5	收到罚款收入		500	贷	500
	30	转10	结转收入	500		平	0
			本期发生额及余额	500	500	平	0

表 10-21　营业外支出 总账

单位：元

2019年		凭证编号	摘　要	借　方	贷　方	借　或　贷	余　额
月	日						
6	27	付8	捐款	5 000		借	5 000
	30	转11	结转成本费用		5 000	平	0
			本期发生额及余额	5 000	5 000	平	0

表 10-22　生产成本 总账

单位：元

2019年		凭证编号	摘　要	借　方	贷　方	借　或　贷	余　额
月	日						
6	30	转2	分配本月材料费用	530 000		借	530 000
	30	转3	分配本月工资费用	210 000		借	740 000
	30	转4	计提职工福利费	29 400		借	769 400
	30	转7	结转本月制造费用	156 100		借	925 500
	30	转8	结转完工产品成本		925 500	平	0
			本期发生额及余额	925 500	925 500	平	0

表 10-23　累计折旧 总账

单位：元

2019年		凭证编号	摘　要	借　方	贷　方	借　或　贷	余　额
月	日						
6	1		期初余额			贷	500 000
	30	转5	计提固定资产折旧		16 000	贷	516 000
			本期发生额及余额		16 000	贷	516 000

表 10-24　财务费用 总账

单位：元

2019年		凭证编号	摘　要	借　方	贷　方	借　或　贷	余　额
月	日						
6	30	转6	计提银行借款利息	3 000		借	3 000
	30	转11	结转成本费用		3 000	平	0
			本期发生额及余额	3 000	3 000	平	0

表 10-25　应付利息 总账

单位：元

2019年		凭证编号	摘　要	借　方	贷　方	借　或　贷	余　额
月	日						
6	1		期初余额			贷	4 000
	30	转 6	计提银行借款利息		3 000	贷	7 000
			本期发生额及余额		3 000	贷	7 000

表 10-26　库存商品 总账

单位：元

2019年		凭证编号	摘　要	借　方	贷　方	借　或　贷	余　额
月	日						
6	1		期初余额			借	510 000
	30	转 8	结转完工产品成本	925 500		借	1 435 500
	30	转 9	结转已销产品成本		500 175	借	935 325
			本期发生额及余额	925 500	500 175	借	935 325

表 10-27　主营业务成本 总账

单位：元

2019年		凭证编号	摘　要	借　方	贷　方	借　或　贷	余　额
月	日						
6	30	转 9	结转已销产品成本	500 175		借	500 175
	30	转 11	结转成本费用		500 175	平	0
			本期发生额及余额	500 175	500 175	平	0

表 10-28　本年利润 总账

单位：元

2019年		凭证编号	摘　要	借　方	贷　方	借　或　贷	余　额
月	日						
6	1		期初余额			贷	1 345 000
	30	转 10	结转收入		1 000 500	贷	2 345 500
	30	转 11	结转成本费用	597 955		贷	1 747 545
	30	转 13	结转所得税费用	100 636.25		贷	1 646 908.75
	30		本期发生额及余额	698 591.25	1 000 500	贷	1 646 908.75

表 10-29　所得税费用 总账

单位：元

2019年		凭证编号	摘　要	借　方	贷　方	借　或　贷	余　额
月	日						
6	30	转 12	计算应交所得税	100 636.25		借	100 636.25
	30	转 13	结转所得税费用		100 636.25	平	0
	30		本期发生额及余额	100 636.25	100 636.25	平	0

7. 期末，将现金日记账、银行存款日记账的余额及各种明细分类账余额的合计数，分别与总分类账中有关账户的余额核对相符。

8. 期末，根据总分类账和明细分类账资料编制会计报表（见表10-30和表10-31）。

表10-30 资产负债表

编制单位：中兴公司　　　　2019年6月30日　　　　单位：元

资　产	期末余额	年初余额	负债和所有者权益（或股东权益）	期末余额	年初余额
流动资产：			流动负债：		
货币资金	1 908 220		短期借款	550 000	
以公允价值计量且其变动计入当期损益的金融资产			以公允价值计量且其变动计入当期损益的金融负债		
应收票据			应付票据		
应收账款			应付账款		
预付款项			预收款项	1 000	
应收利息		（略）	应付职工薪酬	63 000	（略）
应收股利			应交税费	180 636.25	
其他应收款	5 000		应付利息	7 000	
存货	1 162 475		应付股利		
持有待售的非流动资产或持有待售的处置组中的资产			其他应付款	25 000	
一年内到期的非流动资产			持有待售的处置组中的负债		
其他流动资产			一年内到期的非流动负债		
流动资产合计	3 075 695		其他流动负债		
非流动资产：			流动负债合计	826 636.25	
以摊余成本计量的金融资产			非流动负债：		
以公允价值计量且其变动计入其他综合收益的金融资产			长期借款		
长期应收款			应付债券		
长期股权投资	951 850		长期应付款		
投资性房地产			专项应付款		
固定资产	4 484 000		预计负债		
在建工程			递延收益		
工程物资			递延所得税负债		
固定资产清理			其他非流动负债		
生产性生物资产			非流动负债合计		

续表

资　产	期末余额	年初余额	负债和所有者权益（或股东权益）	期末余额	年初余额
油气资产			负债合计		
无形资产	516 000		所有者权益（或股东权益）：		
开发支出			实收资本（或股本）	5 500 000	
商誉			资本公积		
长期待摊费用			减：库存股		
递延所得税资产			其他综合收益		
其他非流动资产			盈余公积	426 900	
非流动资产合计	5 951 850		未分配利润	2 274 008.75	
			所有者权益（或股东权益）合计	8 200 908.75	
资产总计	9 027 545		负债及所有者权益（或股东权益）总计	9 027 545	

表 10-31　利润表

编制单位：无锡中兴公司　　　　2019 年 6 月　　　　单位：元

项　目	本期金额	上期金额
一、营业收入	1 000 000	（略）
减：营业成本	500 175	
税金及附加		
销售费用	2 000	
管理费用	87 780	
财务费用	3 000	
资产减值损失		
加：公允价值变动收益（损失以“–”填列）		
投资收益（损失以“–”填列）		
其中：对联营企业和合营企业的投资收益		
资产处置收益（损失以“–”填列）		
其他收益		
二、营业利润（亏损以“–”填列）	407 045	
加：营业外收入	500	
减：营业外支出	5 000	
其中：非流动资产处置损失		
三、利润总额（亏损总额以“–”填列）	402 545	
减：所得税费用	100 636.25	
四、净利润（净亏损以“–”填列）	301 908.75	

续表

项　　目	本期金额	上期金额
五、其他综合收益的税后净额		
六、综合收益总额		
七、每股收益		
（一）基本每股收益		
（二）稀释每股收益		

模块三　汇总记账凭证账务处理程序

一、汇总记账凭证的编制方法

汇总记账凭证是指对一段时期内同类记账凭证进行定期汇总而编制的记账凭证。汇总记账凭证分为汇总收款凭证、汇总付款凭证和汇总转账凭证，三种凭证有不同的编制方法。

（一）汇总收款凭证的编制

汇总收款凭证是指按照“库存现金”和“银行存款”账户的借方分别设置的一种汇总记账凭证。它汇总了一定时期内库存现金和银行存款的收款业务。

汇总收款凭证的编制方法：根据“库存现金”和“银行存款”账户的借方进行编制。汇总收款凭证是在对各账户对应的贷方分类之后，进行汇总编制。总分类账根据各汇总收款凭证的合计数进行登记，分别记入“库存现金”“银行存款”总分类账户的借方，并将汇总收款凭证上各账户贷方的合计数分别记入有关总分类账户的贷方。一般在 5 天、10 天或 15 天汇总一次，月终计算出合计数，据以登记总分类账。汇总收款凭证的格式如表 10-32 所示。

表 10-32　汇总收款凭证

借方账户：　　　　　　　　　　年　月　　　　　　　　　　汇收第　　号

贷方账户	金额（元）				总账页数	
	1 日至 10 日 收款凭证 第 号至第 号	1 日至 10 日 收款凭证 第 号至第 号	1 日至 10 日 收款凭证 第 号至第 号	合　计	借　方	贷　方
合　计						

（二）汇总付款凭证的编制

汇总付款凭证是根据“库存现金”和“银行存款”账户的贷方分别设置的一种汇总记账凭证。它汇总了一定时期内库存现金和银行存款的付款业务。

汇总付款凭证的编制方法：根据“库存现金”和“银行存款”账户的贷方进行编制。汇总付款凭证是在对各账户对应的借方分类之后，进行汇总编制。总分类账根据各汇总付款凭证的合计数进行登记，分别记入“库存现金”“银行存款”总分类账户的贷方，并将汇总付款凭证上各账户贷方的合计数分别记入有关总分类账户的借方。一般在 5 天、10 天或 15 天汇总一次，月终计算出合计数，据以登记总分类账。汇总付款凭证的格式如表 10-33 所示。

表 10-33　汇总付款凭证

贷方账户：　　　　　　　　　　　　年　月　　　　　　　　　　　　汇付第　号

借方账户	金额（元）				总账页数	
	1 日至 10 日 付款凭证 第 号至第 号	1 日至 10 日 付款凭证 第 号至第 号	1 日至 10 日 付款凭证 第 号至第 号	合　计	借　方	贷　方
合　计						

（三）汇总转账凭证的编制

汇总转账凭证是根据每一贷方科目分别设置，用来汇总一定时期内转账业务的一种汇总记账凭证。

汇总转账凭证的编制方法：根据所设置账户的贷方进行编制。汇总转账凭证是在对所设置账户相对应的借方账户分类之后，进行汇总编制。总分类账根据各汇总转账凭证的合计数进行登记，分别记入对应账户的总分类账户的贷方，并将汇总转账凭证上各账户借方的合计数分别记入有关总分类账户的借方。一般在 5 天或 10 天汇总一次，每月编制一张，月末根据计算出的每个借方账户发生额合计数，登记总分类账。值得注意的是，在编制的过程中贷方账户必须唯一，借方账户可一个或多个，即转账凭证必须一借一贷或多借一贷。汇总转账凭证的格式如表 10-34 所示。

表 10-34　汇总转账凭证

贷方账户：　　　　　　　　　　　　年　月　　　　　　　　　　　　汇转第　号

借方账户	金额（元）				总账页数	
	1 日至 10 日 转账凭证 第 号至第 号	1 日至 10 日 转账凭证 第 号至第 号	1 日至 10 日 转账凭证 第 号至第 号	合　计	借　方	贷　方
合　计						

如果在一个月内某一贷方账户的转账凭证不多，可不编制汇总转账凭证，直接根据单个转账凭证登记总分类账。

编制完汇总记账凭证，据以登记总分类账。总分类账的登记在月终进行。根据汇总收款凭证的合计数，记入总分类账“库存现金”和“银行存款”账户的借方，以及有关账户的贷方；根据汇总付款凭证的合计数，记入总分类账“库存现金”或“银行存款”账户的贷方，以及有关账户的借方；根据汇总转账凭证的合计数，记入总分类账户设置科目的贷方，以及有关账户的借方。

【例 10-5】 （单选题）汇总转账凭证是按（　　）科目设置的。

A. 借方　　B. 贷方　　C. 借方或贷方　　D. 借方和贷方

【答案】 B

【解析】 汇总转账凭证是根据每一贷方科目分别设置，用来汇总一定时期内转账业务的一种汇总记账凭证。

【例 10-6】 （多选题）为便于填制汇总转账凭证，平时填制转账凭证时应尽可能使账户的对应关系保持（　　）。

A. 一借一贷　　B. 一贷多借　　C. 一借多贷　　D. 多借多贷

【答案】 AB

【解析】 在编制的过程中贷方账户必须唯一，借方账户可一个或多个，即转账凭证必须一借一贷或多借一贷。

二、汇总记账凭证账务处理程序的一般步骤

（1）根据原始凭证编制汇总原始凭证。

（2）根据原始凭证或汇总原始凭证，填制收款凭证、付款凭证和转账凭证，也可以填制通用记账凭证。

（3）根据收款凭证、付款凭证逐笔登记库存现金日记账和银行存款日记账。

（4）根据原始凭证、汇总原始凭证和记账凭证登记各种明细分类账。

（5）根据各种记账凭证分别编制有关汇总记账凭证。

（6）根据各种汇总记账凭证登记总分类账。

（7）期末，将库存现金日记账、银行存款日记账和明细分类账的余额与有关总分类账的余额核对相符。

（8）期末，根据总分类账和明细分类账的记录，编制财务报表。

汇总记账凭证账务处理程序的步骤，如图 10-2 所示。

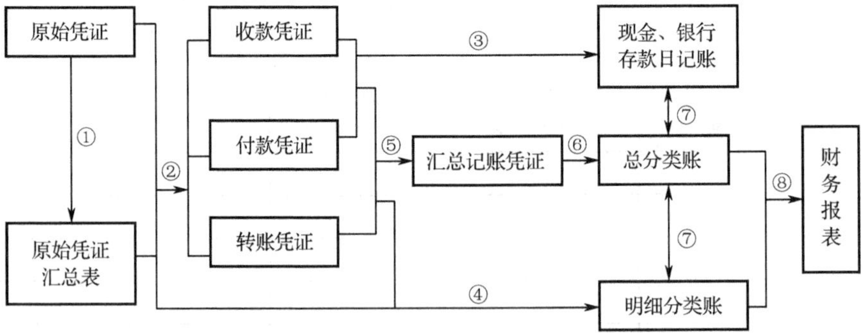

图 10-2　汇总记账凭证账务处理程序的步骤

三、汇总记账凭证账务处理程序的内容

（一）特点

汇总记账凭证账务处理程序的特点是先根据记账凭证编制汇总记账凭证，再根据汇总记账凭证登记总分类账。

（二）优缺点

汇总记账凭证账务处理程序的优点：

（1）减轻了登记总分类账的工作量。

（2）由于汇总记账凭证是根据一定时期的全部记账凭证，按照对应关系进行归类、汇总编制的，所以便于了解账户之间的对应关系，了解经济业务的来龙去脉，便于查对账目。

汇总记账凭证账务处理程序的缺点：

（1）汇总记账凭证按每一贷方账户设置，而不是按经济业务的性质进行归类、汇总，因而不利于会计日常分工。

（2）当转账凭证较多时，编制汇总转账凭证的工作量较大。

（三）适用范围

汇总记账凭证账务处理程序的适用范围：通常适用于规模较大、经济业务量较多的单位。

（四）应用

【例 10-7】 承前例，采用汇总记账凭证账务处理程序，其步骤如下。

1. 在登记总账之前的核算工作与记账凭证账务处理程序完全相同。
2. 期末（或定期）根据记账凭证编制汇总记账凭证（见表 10-35～表 10-54）。

表 10-35　汇总收款凭证

借方账户：库存现金　　2019 年 6 月　　汇收第 1 号

贷方账户	金额（元）			
	1 日至 10 日 收款凭证 第　号至第　号	11 日至 20 日 收款凭证 第　号至第　号	21 日至 30 日 收款凭证 第 5 号至第　号	合　计
营业外收入			5 00	5 00
合　计				

表 10-36　汇总收款凭证

借方账户：银行存款　　2019 年 6 月　　汇收第 2 号

贷方账户	金额（元）			
	1 日至 10 日 收款凭证 第 1 号至第　号	11 日至 20 日 收款凭证 第 2 号至第 3 号	21 日至 30 日 收款凭证 第 4 号至第　号	合　计
主营业务收入	1 000 000			1 000 000

续表

贷方账户	金额（元）			
	1日至10日 收款凭证 第1 号至第　号	11日至20日 收款凭证 第2 号至第3 号	21日至30日 收款凭证 第4 号至第 号	合　计
应交税费	160 000			160 000
应收账款		234 000		234 000
短期借款		300 000		300 000
实收资本			500 000	500 000
合　计	1 160 000	534 000	500 000	2 194 000

表 10-37　汇总付款凭证

贷方账户：银行存款　　　　2019年6月　　　　汇付第1号

借方账户	金额（元）			
	1日至10日 付款凭证 第1 号至第 5 号	11日至20日 付款凭证 第 号至第 号	21日至30日 付款凭证 第7 号至第 8号	合　计
原材料	500 000			500 000
应交税费	80 000			80 000
库存现金	300 000			300 000
管理费用	5 000			5 000
制造费用	10 000			10 000
销售费用			2 000	2 000
营业外支出			5 000	5 000
合　计	895 000		7 000	902 000

表 10-38　汇总付款凭证

贷方账户：库存现金　　　　2019年6月　　　　汇付第2号

借方账户	金额（元）			
	1日至10日 付款凭证 第 3号至第　号	11日至20日 付款凭证 第6 号至第 号	21日至30日 付款凭证 第 号至第 号	合　计
应付职工薪酬	300 000			300 000
管理费用		280		280
合　计	300 000	280		300 280

表 10-39　汇总转款凭证

贷方账户：周转材料　　2019 年 6 月　　汇转第 1 号

借方账户	金额（元）			
	1 日至 10 日 转账凭证 第　号至第　号	11 日至 20 日 转账凭证 第 1 号至第 号	21 日至 30 日 转账凭证 第 号至第 号	合　计
制造费用		17 500		
管理费用		2 500		
合　计				

表 10-40　汇总转款凭证

贷方账户：原材料　　2019 年 6 月　　汇转第 2 号

借方账户	金额（元）			
	1 日至 10 日 转账凭证 第　号至第　号	11 日至 20 日 转账凭证 第 号至第 号	21 日至 30 日 转账凭证 第 2 号至第 号	合　计
生产成本			530 000	530 000
制造费用			70 000	70 000
管理费用			20 000	20 000
合　计			620 000	620 000

表 10-41　汇总转款凭证

贷方账户：应付职工薪酬　　2019 年 6 月　　汇转第 3 号

借方账户	金额（元）			
	1 日至 10 日 转账凭证 第　号至第　号	11 日至 20 日 转账凭证 第 号至第 号	21 日至 30 日 转账凭证 第 3 号至第 4 号	合　计
生产成本			239 400	239 400
制造费用			45 600	45 600
管理费用			57 000	57 000
合　计			342 000	342 000

表 10-42　汇总转款凭证

贷方账户：累计折旧　　2019 年 6 月　　汇转第 4 号

借方账户	金额（元）			
	1 日至 10 日 转账凭证 第　号至第　号	11 日至 20 日 转账凭证 第 号至第 号	21 日至 30 日 转账凭证 第 5 号至第 号	合　计
制造费用			13 000	13 000
管理费用			3 000	3 000
合　计			16 000	16 000

表 10-43　汇总转款凭证

贷方账户：应付利息　　2019 年 6 月　　汇转第 5 号

借方账户	金额（元）			
	1 日至 10 日 转账凭证 第　号至第　号	11 日至 20 日 转账凭证 第　号至第　号	21 日至 30 日 转账凭证 第 6 号至第　号	合　计
财务费用			3 000	3 000
合　计			3 000	3 000

表 10-44　汇总转款凭证

贷方账户：制造费用　　2019 年 6 月　　汇转第 6 号

借方账户	金额（元）			
	1 日至 10 日 转账凭证 第　号至第　号	11 日至 20 日 转账凭证 第　号至第　号	21 日至 30 日 转账凭证 第 7 号至第　号	合　计
生产成本			156 100	156 100
合　计			156 100	156 100

表 10-45　汇总转款凭证

贷方账户：生产成本　　2019 年 6 月　　汇转第 7 号

借方账户	金额（元）			
	1 日至 10 日 转账凭证 第　号至第　号	11 日至 20 日 转账凭证 第　号至第　号	21 日至 30 日 转账凭证 第 8 号至第　号	合　计
库存商品			925 500	925 500
合　计			925 500	925 500

表 10-46　汇总转款凭证

贷方账户：库存商品　　2019 年 6 月　　汇转第 8 号

借方账户	金额（元）			
	1 日至 10 日 转账凭证 第　号至第　号	11 日至 20 日 转账凭证 第　号至第　号	21 日至 30 日 转账凭证 第 9 号至第　号	合　计
主营业务成本			500 175	500 175
合　计			500 175	500 175

表 10-47　汇总转款凭证

贷方账户：　本年利润　　　　　　2019 年 6 月　　　　　　汇转第 9 号

借方账户	金额（元）			
	1 日至 10 日 转账凭证 第　号至第　号	11 日至 20 日 转账凭证 第　号至第　号	21 日至 30 日 转账凭证 第 10 号至第　号	合　计
主营业务收入			1 000 000	1 000 000
营业外收入			500	500
合　计			1 000 500	1 000 500

表 10-48　汇总转款凭证

贷方账户：主营业务成本　　　　　　2019 年 6 月　　　　　　汇转第 10 号

借方账户	金额（元）			
	1 日至 10 日 转账凭证 第　号至第　号	11 日至 20 日 转账凭证 第　号至第　号	21 日至 30 日 转账凭证 第 11 号至第　号	合　计
本年利润			500 175	500 175
合　计			500 175	500 175

表 10-49　汇总转款凭证

贷方账户：销售费用　　　　　　2019 年 6 月　　　　　　汇转第 11 号

借方账户	金额（元）			
	1 日至 10 日 转账凭证 第　号至第　号	11 日至 20 日 转账凭证 第　号至第　号	21 日至 30 日 转账凭证 第 11 号至第　号	合　计
本年利润			2 000	2 000
合　计			2 000	2 000

表 10-50　汇总转款凭证

贷方账户：管理费用　　　　　　2019 年 6 月　　　　　　汇转第 12 号

借方账户	金额（元）			
	1 日至 10 日 转账凭证 第　号至第　号	11 日至 20 日 转账凭证 第　号至第　号	21 日至 30 日 转账凭证 第 11 号至第　号	合　计
本年利润			87 780	87 780
合　计			87 780	87 780

表 10-51　汇总转款凭证

贷方账户：财务费用　　2019 年 6 月　　汇转第 13 号

借方账户	金额（元）			
	1 日至 10 日 转账凭证 第　号至第　号	11 日至 20 日 转账凭证 第　号至第　号	21 日至 30 日 转账凭证 第 11 号至第　号	合　计
本年利润			3 000	3 000
合　计			3 000	3 000

表 10-52　汇总转款凭证

贷方账户：营业外支出　　2019 年 6 月　　汇转第 14 号

借方账户	金额（元）			
	1 日至 10 日 转账凭证 第　号至第　号	11 日至 20 日 转账凭证 第　号至第　号	21 日至 30 日 转账凭证 第 11 号至第　号	合　计
本年利润			5 000	5 000
合　计			5 000	5 000

表 10-53　汇总转款凭证

贷方账户：应交税费　　2019 年 6 月　　汇转第 15 号

借方账户	金额（元）			
	1 日至 10 日 转账凭证 第　号至第　号	11 日至 20 日 转账凭证 第　号至第　号	21 日至 30 日 转账凭证 第 12 号至第　号	合　计
所得税费用			100 636.25	100 636.25
合　计			100 636.25	100 636.25

表 10-54　汇总转款凭证

贷方账户：所得税费用　　2019 年 6 月　　汇转第 16 号

借方账户	金额（元）			
	1 日至 10 日 转账凭证 第　号至第　号	11 日至 20 日 转账凭证 第　号至第　号	21 日至 30 日 转账凭证 第 13 号至第　号	合　计
本年利润			100 636.25	100 636.25
合　计			100 636.25	100 636.25

3. 根据定期编制的汇总记账凭证登记总分类账【以原材料、应交税费总账为例（简化格式）】，如表 10-55～表 10-56 所示。

表 10-55　原材料 总账

单位：元

2019年		凭证编号	摘要	借方	贷方	借或贷	余额
月	日						
6	1		期初余额			借	327 150
	10	汇付1	1—10日发生额	500 000			
	30	汇转2	21—30日发生额		620 000		
	30		本期发生额及余额	500 000	620 000	借	207 150

表 10-56　应交税费 总账

单位：元

2019年		凭证编号	摘要	借方	贷方	借或贷	余额
月	日						
6	10	汇收2	1—10日发生额	80 000	160 000		
	30	汇转15	21—30日发生额		100 636.25		
	30		本期发生额及余额	80 000	260 636.25	贷	180 636.25

即学即练　请根据汇总记账凭证登记其他总分类账。

4. 期末，将库存现金、银行存款日记账和明细分类账分别与总分类账核对，同记账凭证账务处理程序相同。

5. 期末，根据总分类账和明细分类账编制会计报表，同记账凭证账务处理程序相同。

【答案】 如表10-57～表10-77所示。

表 10-57　银行存款 总账

单位：元

2019年		凭证编号	摘要	借方	贷方	借或贷	余额
月	日						
6	1		期初余额			借	615 000
	10	汇收2	1—10日发生额	1 160 000			
	10	汇付1	1—10日发生额		895 000		
	20	汇收2	11—20日发生额	534 000			
	30	汇收2	21—30日发生额	500 000			
	30	汇付1	21—30日发生额		7 000		
	30		本期发生额及余额	2 194 000	902 000	借	1 907 000

表 10-58　主营业务收入 总账

单位：元

2019年		凭证编号	摘要	借方	贷方	借或贷	余额
月	日						
6	10	汇收2	1—10日发生额		1 000 000		
	30	汇转9	21—30日发生额	1 000 000			
	30		本期发生额及余额	1 000 000	1 000 000	平	0

表 10-59　库存现金 总账

单位：元

019 年		凭证编号	摘　　要	借　　方	贷　　方	借 或 贷	余　　额
月	日						
6	1		期初余额			借	1 000
	10	汇付 1	1—10 日发生额	300 000			
	10	汇付 2	1—10 日发生额		300 000		
	20	汇付 2	11—20 日发生额		280		
	30	汇收 1	21—30 日发生额	500			
	30		本期发生额及余额	300 500	300 280	借	1 220

表 10-60　应付职工薪酬 总账

单位：元

2019 年		凭证编号	摘　　要	借　　方	贷　　方	借 或 贷	余　　额
月	日						
6	1		期初余额			贷	21 000
	10	汇付 2	1—10 日发生额	300 000			
	30	汇转 3	21—30 日发生额		342 000		
	30		本期发生额及余额	300 000	342 000	贷	63 000

表 10-61　管理费用 总账

单位：元

2019 年		凭证编号	摘　　要	借　　方	贷　　方	借 或 贷	余　　额
月	日						
6	10	汇付 1	1—10 日发生额	5 000			
	20	汇付 2	11—20 日发生额	280			
	20	汇转 1	11—20 日发生额	2 500			
	30	汇转 2	21—30 日发生额	20 000			
	30	汇转 3	21—30 日发生额	57 000			
	30	汇转 4	21—30 日发生额	3 000			
	30		本期发生额及余额	87 780	87 780	平	0

表 10-62　制造费用 总账

单位：元

2019 年		凭证编号	摘　　要	借　　方	贷　　方	借 或 贷	余　　额
月	日						
6	10	汇付 1	1—10 日发生额	10 000			
	20	汇转 1	11—20 日发生额	17 500			
	30	汇转 2	21—30 日发生额	70 000			
	30	汇转 3	21—30 日发生额	45 600			
	30	汇转 4	21—30 日发生额	13 000			
	30	汇转 6	21—30 日发生额		156 100		
	30		本期发生额及余额	156 100	156 100	平	0

表 10-63　应收账款 总账

单位：元

2019年		凭证编号	摘　要	借　方	贷　方	借或贷	余　额
月	日						
6	1		期初余额			借	234 000
	20	汇收 2	11—20 日发生额		234 000		
	30		本期发生额及余额		234 000	平	0

表 10-64　周转材料 总账

单位：元

2019年		凭证编号	摘　要	借　方	贷　方	借或贷	余　额
月	日						
6	1		期初余额			借	40 000
	20	汇转 1	11—20 日发生额		20 000		
	30		本期发生额及余额		20 000	借	20 000

表 10-65　短期借款 总账

单位：元

2019年		凭证编号	摘　要	借　方	贷　方	借或贷	余　额
月	日						
6	1		期初余额			贷	250 000
	20	汇收 2	11—20 日发生额		300 000		
	30		本期发生额及余额		300 000	贷	550 000

表 10-66　销售费用 总账

单位：元

2019年		凭证编号	摘　要	借　方	贷　方	借或贷	余　额
月	日						
6	30	汇付 1	21—30 日发生额	2 000			
	30	汇转 11	21—30 日发生额		2 000		
	30		本期发生额及余额	2 000	2 000	平	0

表 10-67　实收资本 总账

单位：元

2019年		凭证编号	摘　要	借　方	贷　方	借或贷	余　额
月	日						
6	1		期初余额			贷	5 000 000
	30	汇收 2	21—30 日发生额		500 000		
	30		本期发生额及余额		500 000	贷	5 500 000

表 10-68　营业外收入 总账

单位：元

2019 年		凭证编号	摘　要	借　方	贷　方	借或贷	余　额
月	日						
6	30	汇收 1	21—30 日发生额		500		
	30	汇转 9	21—30 日发生额	500			
	30		本期发生额及余额	500	500	平	0

表 10-69　营业外支出 总账

单位：元

2019 年		凭证编号	摘　要	借　方	贷　方	借或贷	余　额
月	日						
6	30	汇付 1	21—30 日发生额	5 000			
	30	汇转 14	21—30 日发生额		5 000		
	30		本期发生额及余额	5 000	5 000	平	0

表 10-70　生产成本 总账

单位：元

2019 年		凭证编号	摘　要	借　方	贷　方	借或贷	余　额
月	日						
6	30	汇转 2	21—30 日发生额	530 000			
	30	汇转 3	21—30 日发生额	239 400			
	30	汇转 6	21—30 日发生额	156 100			
	30	汇转 7	21—30 日发生额		925 500		
	30		本期发生额及余额	925 500	925 500	平	0

表 10-71　累计折旧 总账

单位：元

2019 年		凭证编号	摘　要	借　方	贷　方	借或贷	余　额
月	日						
6	1		期初余额			贷	500 000
	30	汇转 4	21—30 日发生额		16 000		
	30		本期发生额及余额		16 000	贷	516 000

表 10-72　财务费用 总账

单位：元

2019 年		凭证编号	摘　要	借　方	贷　方	借或贷	余　额
月	日						
6	30	汇转 5	21—30 日发生额	3 000			
	30	汇转 13	21—30 日发生额		3 000		
	30		本期发生额及余额	3 000	3 000	平	0

表 10-73　应付利息 总账

单位：元

2019年		凭证编号	摘　要	借　方	贷　方	借或贷	余　额
月	日						
6	1		期初余额			贷	4 000
	30	汇转 5	21—30 日发生额		3 000		
	30		本期发生额及余额		3 000	贷	7 000

表 10-74　库存商品 总账

单位：元

2019年		凭证编号	摘　要	借　方	贷　方	借或贷	余　额
月	日						
6	1		期初余额			借	510 000
	30	汇转 7	21—30 日发生额	925 500			
	30	汇转 8	21—30 日发生额		500 175		
	30		本期发生额及余额	925 500	500 175	借	935 325

表 10-75　主营业务成本 总账

单位：元

2019年		凭证编号	摘　要	借　方	贷　方	借或贷	余　额
月	日						
6	30	汇转 8	21—30 日发生额	500 175			
	30	汇转 10	21—30 日发生额		500 175		
	30		本期发生额及余额	500 175	500 175	平	0

表 10-76　本年利润 总账

单位：元

2019年		凭证编号	摘　要	借　方	贷　方	借或贷	余　额
月	日						
6	1		期初余额			贷	1 345 000
	30	汇转 9	21—30 日发生额		1 000 500		
	30	汇转 10	21—30 日发生额	500 175			
	30	汇转 11	21—30 日发生额	2 000			
	30	汇转 12	21—30 日发生额	87 780			
	30	汇转 13	21—30 日发生额	3 000			
	30	汇转 14	21—30 日发生额	5 000			
	30	汇转 16	21—30 日发生额	100 636.25			
	30		本期发生额及余额	698 591.25	1 000 500	贷	1 646 908.75

表 10-77　所得税费用 总账

单位：元

2019 年		凭证编号	摘　要	借　方	贷　方	借或贷	余　额
月	日						
6	30	汇转 15	21—30 日发生额	100 636.25			
	30	汇转 16	21—30 日发生额		100 636.25		
	30		本期发生额及余额	100 636.25	100 636.25	平	0

【例 10-8】（计算分析题）资料：某公司 2019 年 11 月上旬发生下列部分经济业务。

（1）借：库存现金　300

　　贷：其他应收款　300

（2）借：销售费用　5 000

　　贷：银行存款　5 000

（3）借：制造费用　2 000

　　贷：原材料　2 000

（4）借：库存现金　400

　　贷：其他应收款　400

（5）借：应付账款　7 000

　　贷：银行存款　7 000

（6）借：制造费用　6 000

　　贷：原材料　6 000

（7）借：其他应收款　500

　　贷：库存现金　500

（8）借：原材料　2 000

　　贷：应付账款　2 000

（9）借：库存现金　10 000

　　贷：银行存款　10 000

（10）借：银行存款　40 000

　　贷：库存现金　40 000

要求：根据以上资料，回答下列问题。

（1）在编制汇总收款凭证时，“库存现金”科目的借方金额应为（　　）元。

（2）在编制汇总收款凭证时，“其他应收款”科目的贷方金额应为（　　）元。

（3）在编制汇总付款凭证时，“银行存款”科目的贷方金额应为（　　）元。

（4）在编制汇总付款凭证时，“应付账款”科目的借方金额应为（　　）元。

（5）在编制汇总转账凭证时，“原材料”科目的贷方金额应为（　　）元。

【答案】（1）700（300+400）元；（2）700（300+400）元；（3）22 000（5 000+7 000+10 000）元；（4）12 000（5 000+7 000）元；（5）8 000（2 000+6 000）元。

模块四　科目汇总表账务处理程序

一、科目汇总表的编制方法

科目汇总表，又称记账凭证汇总表，是企业通常定期对全部记账凭证进行汇总后，按照不同的会计科目分别列示各账户借方发生额和贷方发生额的一种汇总凭证。科目汇总表可每月编制一张，按旬汇总，其格式如表 10-78 所示；业务量大的单位也可以按旬汇总，每月编制一张科目汇总表，其格式如表 10-79 所示。任何格式的科目汇总表都只反映各个账户的借方本期发生额和贷方本期发生额，不反映各个账户之间的对应关系。

表 10-78　科目汇总表（一）

年　月　日至　月　日　　　　第　号

会计科目	本期发生额		总账页数	记账凭证起讫号数
	借　方	贷　方		
合　计				

表 10-79　科目汇总表（二）

年　月

会计科目	1—10 日		11—20 日		21—31 日		合　计		总账页数
	借　方	贷　方	借　方	贷　方	借　方	贷　方	借　方	贷　方	
合　计									

科目汇总表的编制方法是，根据一定时期内的全部记账凭证，按照会计科目进行归类，定期汇总出每一账户的借方本期发生额和贷方本期发生额，填写在科目汇总表的相关栏内。

二、一般步骤

科目汇总表账务处理程序的一般步骤如下。

（1）根据原始凭证编制汇总原始凭证。

（2）根据原始凭证或汇总原始凭证，编制收款凭证、付款凭证和转账凭证，也可以编制通用记账凭证。

（3）根据收款凭证、付款凭证逐笔登记库存现金日记账和银行存款日记账。

（4）根据原始凭证、汇总原始凭证和记账凭证，登记各种明细分类账。

（5）根据各种记账凭证编制科目汇总表。

（6）根据科目汇总表登记总分类账。

（7）期末，将库存现金日记账、银行存款日记和明细分类账的余额与有关总分类账的余额核对相符。

（8）期末，根据总分类和明细分类账的记录，编制财务报表。

科目汇总表账务处理程序的步骤如图 10-3 所示。

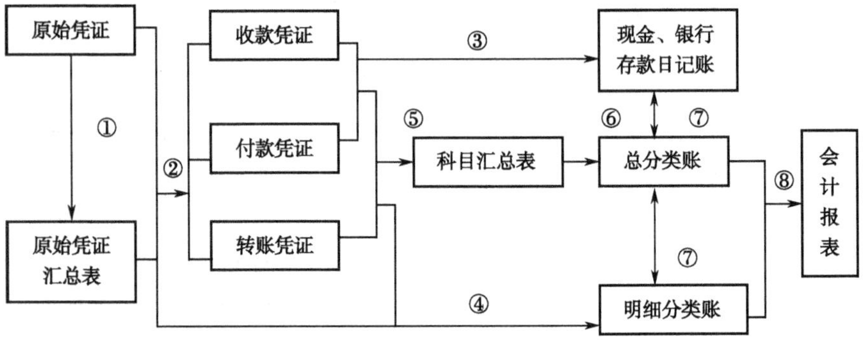

图 10-3　科目汇总表账务处理程序的步骤

三、科目汇总表账务处理程序的内容

（一）特点

科目汇总表账务处理程序的特点是定期将所有的记账凭证编制成科目汇总表，然后根据科目汇总表登记总分类账。

（二）优缺点

科目汇总表账务处理程序的优点：减轻了登记总分类账的工作量，易于理解，方便学习，并且科目汇总表还具有试算平衡的作用。

科目汇总表账务处理程序的缺点：科目汇总表不能反映账户之间的对应关系，不便于核对账目。

（三）适用范围

科目汇总表账务处理程序的适用范围：一般适用于业务量较多的单位。

【例 10-9】 各账务处理程序的主要区别在于登记账簿的依据和方法不同。

【答案】 ×

【解析】 各种账务处理程序的主要区别在于登记总账的依据和方法不同。

【例 10-10】 （单选题）编制科目汇总表的直接依据是（　　）。

A. 原始凭证　　B. 汇总原始凭证　　C. 记账凭证　　D. 汇总记账凭证

【答案】 C

【解析】 根据各种记账凭证编制科目汇总表。

【例 10-11】 （单选题）根据科目汇总表登记总账，在简化登记总账工作的同时也起到了（　　）的作用。

A. 简化报表的编制　　B. 反映账户对应关系
C. 简化明细账工作　　D. 发生额试算平衡

【答案】 D

【解析】 科目汇总表账务处理程序的优点：减轻了登记总分类账的工作量，易于理解，方便学习，并且科目汇总表还具有试算平衡的作用。

【例 10-12】 （多选题）下列属于记账凭证的有（　　）。

A. 科目汇总表　B. 汇总记账凭证　C. 发料凭证汇总表　D. 转账凭证

【答案】 ABD

【解析】 发料凭证汇总表属于原始凭证。

【例 10-13】 （多选题）在汇总记账凭证账务处理程序中，为了便于汇总编制的转账凭证必须（　　）。

A. 一借一贷　B. 多借一贷　C. 一借多贷　D. 多借多贷

【答案】 AB

【解析】 在汇总记账凭证账务处理程序中，为了便于汇总编制的转账凭证必须是一借一贷或多借一贷。

（四）应用

【例 10-14】 承前例，采用科目汇总表账务处理程序，其步骤如下。

1. 在登记总账之前的核算工作同记账凭证账务处理程序完全相同。
2. 期末（或定期）根据记账凭证编制科目汇总表（见表 10-80）。

表 10-80 科 目 汇 总 表

2019 年 6 月　　单位：元

会计科目	1—10 日		11—20 日		21—30 日		合　计		总账页数
	借　方	贷　方	借　方	贷　方	借　方	贷　方	借　方	贷　方	
原材料	500 000					620 000	500 000	620 000	
应交税费	80 000	160 000				100 636.25	80 000	260 636.25	
银行存款	1 160 000	895 000	534 000		500 000	7 000	2 194 000	902 000	
主营业务收入		1 000 000			1 000 000		1 000 000	1 000 000	
库存现金	300 000	300 000		280	500		300 500	300 280	
应付职工薪酬	300 000					342 000	300 000	342 000	
管理费用	5 000		2 780		80 000	87 780	87 780	87 780	
制造费用	10 000		17 500		128 600	156 100	156 100	156 100	
应收账款				234 000				234 000	
周转材料				20 000				20 000	

续表

会计科目	1—10日		11—20日		21—30日		合计		总账页数
	借方	贷方	借方	贷方	借方	贷方	借方	贷方	
短期借款				300 000				300 000	
销售费用					2 000	2 000	2 000	2 000	
实收资本						500 000		500 000	
营业外收入					500	500	500	500	
营业外支出					5 000	5 000	5 000	5 000	
生产成本					925 500	925 500	925 500	925 500	
累计折旧						16 000		16 000	
财务费用					3 000	3 000	3 000	3 000	
应付利息						3 000		3 000	
库存商品					925 500	500 175	925 500	500 175	
主营业务成本					500 175	500 175	500 175	500 175	
本年利润					698 591.25	1 000 500	698 591.25	1 000 500	
所得税费用					100 636.25	100 636.25	100 636.25	100 636.25	
合计	2 355 000	2 355 000	554 280	554 280	4 870 002.5	4 870 002.5	7 779 282.5	7 779 282.5	

3. 根据定期编制的科目汇总表登记总分类账【以原材料、应交税费总账为例（简化格式），见表10-81和表10-82】。

表10-81　原材料 总账

单位：元

2019年		凭证编号	摘要	借方	贷方	借或贷	余额
月	日						
6	1		期初余额			借	327 150
	10	科汇	1—10日发生额	500 000			
	30	科汇	21—30日发生额		620 000		
	30		本期发生额及余额	500 000	620 000	借	207 150

表10-82　应交税费 总账

单位：元

2019年		凭证编号	摘要	借方	贷方	借或贷	余额
月	日						
6	10	科汇	1—10日发生额	80 000	160 000		
	30	科汇	21—30日发生额		100 636.25		
	30		本期发生额及余额	80 000	260 636.25	贷	180 636.25

即学即练　请根据科目汇总表登记其他总分类账。

4. 期末，将库存现金、银行存款日记账和明细分类账分别与总分类账核对，同记账凭证账务处理程序相同。

5. 期末，根据总分类账和明细分类账编制会计报表，同记账凭证账务处理程序相同。

【答案】 如表 10-83～表 10-103 所示。

表 10-83 银行存款 总账

单位：元

2019 年		凭证编号	摘要	借方	贷方	借或贷	余额
月	日						
6	1		期初余额			借	615 000
	10	科汇	1—10 日发生额	1 160 000	895 000		
	20	科汇	11—20 日发生额	534 000			
	30	科汇	21—30 日发生额	500 000	7 000		
	30		本期发生额及余额	2 194 000	902 000	借	1 907 000

表 10-84 主营业务收入 总账

单位：元

2019 年		凭证编号	摘要	借方	贷方	借或贷	余额
月	日						
6	10	科汇	1—10 日发生额		1 000 000		
	30	科汇	21—30 日发生额	1 000 000			
	30		本期发生额及余额	1 000 000	1 000 000	平	0

表 10-85 库存现金 总账

单位：元

2019 年		凭证编号	摘要	借方	贷方	借或贷	余额
月	日						
6	1		期初余额			借	1 000
	10	科汇	1—10 日发生额	300 000	300 000		
	20	科汇	11—20 日发生额		280		
	30	科汇	21—30 日发生额	500			
	30		本期发生额及余额	300 500	300 280	借	1 220

表 10-86 应付职工薪酬 总账

单位：元

2019 年		凭证编号	摘要	借方	贷方	借或贷	余额
月	日						
6	1		期初余额			贷	21 000
	10	科汇	1—10 日发生额	300 000			
	30	科汇	21—30 日发生额		342 000		
	30		本期发生额及余额	300 000	342 000	贷	63 000

表 10-87 管理费用 总账

单位：元

2019年		凭证编号	摘要	借方	贷方	借或贷	余额
月	日						
6	10	科汇	1—10日发生额	5 000			
	20	科汇	11—20日发生额	2 780			
	30	科汇	21—30日发生额	80 000	87 780		
	30		本期发生额及余额	87 780	87 780	平	0

表 10-88 制造费用 总账

单位：元

2019年		凭证编号	摘要	借方	贷方	借或贷	余额
月	日						
6	10	科汇	1—10日发生额	10 000			
	20	科汇	11—20日发生额	17 500			
	30	科汇	21—30日发生额	128 600	156 100		
	30		本期发生额及余额	156 100	156 100	平	0

表 10-89 应收账款 总账

单位：元

2019年		凭证编号	摘要	借方	贷方	借或贷	余额
月	日						
6	1		期初余额			借	234 000
	20	科汇	11—20日发生额		234 000		
	30		本期发生额及余额		234 000	平	0

表 10-90 周转材料 总账

单位：元

2019年		凭证编号	摘要	借方	贷方	借或贷	余额
月	日						
6	1		期初余额			借	40 000
	20	科汇	11—20日发生额		20 000		
	30		本期发生额及余额		20 000	借	20 000

表 10-91 短期借款 总账

单位：元

2019年		凭证编号	摘要	借方	贷方	借或贷	余额
月	日						
6	1		期初余额			贷	250 000
	20	科汇	11—20日发生额		300 000		
	30		本期发生额及余额		300 000	贷	550 000

表 10-92 销售费用 总账

单位：元

2019 年		凭证编号	摘　要	借　方	贷　方	借或贷	余　额
月	日						
6	30	科汇	21—30 日发生额	2 000	2 000		
	30		本期发生额及余额	2 000	2 000	平	0

表 10-93 实收资本 总账

单位：元

2019 年		凭证编号	摘　要	借　方	贷　方	借或贷	余　额
月	日						
6	1		期初余额			贷	5 000 000
	30	科汇	21—30 日发生额		500 000		
	30		本期发生额及余额		500 000	贷	5 500 000

表 10-94 营业外收入 总账

单位：元

2019 年		凭证编号	摘　要	借　方	贷　方	借或贷	余　额
月	日						
6	30	科汇	21—30 日发生额	500	500		
	30		本期发生额及余额	500	500	平	0

表 10-95 营业外支出 总账

单位：元

2019 年		凭证编号	摘　要	借　方	贷　方	借或贷	余　额
月	日						
6	30	科汇	21—30 日发生额	5 000	5 000		
	30		本期发生额及余额	5 000	5 000	平	0

表 10-96 生产成本 总账

单位：元

2019 年		凭证编号	摘　要	借　方	贷　方	借或贷	余　额
月	日						
6	30	科汇	21—30 日发生额	925 500	925 500		
	30		本期发生额及余额	925 500	925 500	平	0

表 10-97 累计折旧 总账

单位：元

2019 年		凭证编号	摘　要	借　方	贷　方	借或贷	余　额
月	日						
6	1		期初余额			贷	500 000
	30	科汇	21—30 日发生额		16 000		
	30		本期发生额及余额		16 000	贷	516 000

表 10-98 财务费用 总账

单位：元

2019 年		凭证编号	摘要	借方	贷方	借或贷	余额
月	日						
6	30	科汇	21—30 日发生额	3 000	3 000		
	30		本期发生额及余额	3 000	3 000	平	0

表 10-99 应付利息 总账

单位：元

2019 年		凭证编号	摘要	借方	贷方	借或贷	余额
月	日						
6	1		期初余额			贷	4 000
	30	科汇	21—30 日发生额		3 000		
			本期发生额及余额		3 000	贷	7 000

表 10-100 库存商品 总账

单位：元

2019 年		凭证编号	摘要	借方	贷方	借或贷	余额
月	日						
6	1		期初余额			借	510 000
	30	科汇	21—30 日发生额	925 500	500 175		
	30		本期发生额及余额	925 500	500 175	借	935 325

表 10-101 主营业务成本 总账

单位：元

2019 年		凭证编号	摘要	借方	贷方	借或贷	余额
月	日						
6	30	科汇	21—30 日发生额	500 175	500 175		
	30		本期发生额及余额	500 175	500 175	平	0

表 10-102 本年利润 总账

单位：元

2019 年		凭证编号	摘要	借方	贷方	借或贷	余额
月	日						
6	1		期初余额			贷	1 345 000
	30	科汇	21—30 日发生额	698 591.25	1 000 500		
	30		本期发生额及余额	698 591.25	1 000 500	贷	1 646 908.75

表 10-103 所得税费用 总账

单位：元

2019 年		凭证编号	摘要	借方	贷方	借或贷	余额
月	日						
6	30	科汇	21—30 日发生额	100 636.25	100 636.25		
	30		本期发生额及余额	100 636.25	100 636.25	平	0

综合训练

一、单项选择题

1．设计账务处理程序是（　　）的一项重要内容。
A．会计制度设计　　B．会计账簿设计
C．会计凭证设计　　D．会计报表设计

2．下列属于科目汇总表账务处理程序优点的是（　　）。
A．便于检查核对账目　　B．便于进行试算平衡
C．便于反映各账户之间的对应关系　　D．便于进行分工核算

3．汇总记账凭证账务处理程序与科目汇总表账务处理程序的相同点是（　　）。
A．记账凭证的汇总方法相同　　B．登记总账的依据相同
C．简化了登记总账的工作量　　D．保持了账户之间的对应关系

4．科目汇总表定期汇总的是（　　）。
A．每一账户的本期贷方发生额　　B．每一账户的本期借方发生额
C．每一账户的本期借、贷方余额　　D．每一账户的本期借、贷方发生额

5．采用记账凭证汇总表核算形式，（　　）是其登记总账的直接依据。
A．记账凭证　　B．科目汇总表　　C．原始凭证　　D．汇总记账凭证

6．下列凭证中，不能作为登记总分类账依据的是（　　）。
A．汇总记账凭证　　B．科目汇总表　　C．原始凭证　　D．记账凭证

7．汇总转账凭证是按（　　）科目设置的。
A．借方或贷方　　B．贷方　　C．借方和贷方　　D．借方

8．平时在填制记账凭证时，应尽量使账户的对应关系保持一借一贷是（　　）的要求。
A．记账凭证核算形式　　B．多栏式日记账核算形式
C．科目汇总表核算形式　　D．汇总记账凭证核算形式

9．汇总记账凭证账务处理程序的特点是根据（　　）登记总账。
A．记账凭证　　B．原始凭证　　C．汇总记账凭证　D．科目汇总表

10．汇总记账凭证是根据（　　）编制的。
A．原始凭证汇总表　　B．原始凭证　C．记账凭证　　D．各种总账

11．关于科目汇总表账务处理程序，下列说法正确的是（　　）。
A．编制会计报表的直接依据是科目汇总表
B．登记总账的直接依据是科目汇总表
C．登记总账的直接依据是记账凭证
D．与记账凭证会计核算程序相比较，增加了一道编制汇总记账凭证的程序

12．账务处理程序的核心是（　　）。
A．报表组织　　B．账簿组织　　C．凭证组织　　D．记账程序

13．会计报表是根据（　　）资料编制的。
A．日记账、总账和明细账　　B．日记账和明细分类账
C．日记账和总分类账　　D．明细账和总分类账

14．适用于规模较小、业务量不多的单位的账务处理程序是（　　）。
A．多栏式日记账账务处理程序　　B．汇总记账凭证账务处理程序

C．记账凭证账务处理程序　　D．科目汇总表账务处理程序

15．下列属于汇总记账凭证账务处理程序缺点的是（　　）。

A．编制汇总转账凭证的工作量较大　　B．不便于进行账目的核对

C．登记总账的工作量较大　　D．不便于体现账户之间的对应关系

16．（　　）核算形式是最基本的一种会计核算形式。

A．日记总账　　B．记账凭证　　C．科目汇总表　　D.汇总记账凭证

17．以下项目中，属于科目汇总表账务处理程序缺点的是（　　）。

A．增加了会计核算的账务处理程序　　B．不便于进行试算平衡

C．不便于检查核对账目　　D．增加了登记总分类账的工作量

18．汇总转账凭证编制的依据是（　　）。

A．付款凭证　　B．收款凭证　　C．原始凭证　　D．转账凭证

二、多项选择题

1．在汇总记账凭证账务处理程序下，月末应与总账核对的内容有（　　）。

A．会计报表　　B．记账凭证

C．明细账　　D．银行存款日记账

2．账簿组织包括（　　）。

A．账簿的格式　　B．账簿之间的关系

C．账户的名称　　D．账簿的种类

3．适用于生产经营规模较大、业务量较多企业的账务处理程序是（　　）。

A．记账凭证账务处理程序　　B．科目汇总表账务处理程序

C．汇总记账凭证账务处理程序　　D．多栏式日记账账务处理程序

4．以下属于汇总记账凭证账务处理程序优点的是（　　）。

A．反映内容详细　　B．简化总账登记

C．手续简便　　D．能反映账户之间的对应关系

5．在常见的会计核算程序中，共同的账务处理工作是（　　）。

A．均应填制和取得原始凭证　　B．均应编制记账凭证

C．均应填制汇总记账凭证　　D．均应设置和登记总账

6．常用的账务处理程序主要有（　　）。

A．汇总记账凭证账务处理程序　　B．科目汇总表账务处理程序

C．日记总账账务处理程序　　D．记账凭证账务处理程序

7．下列项目中，可以根据记账凭证汇总编制的是（　　）。

A．汇总付款凭证　　B．发出材料汇总表

C．汇总转账凭证　　D．科目汇总表

8．下列项目中，属于科学、合理地选择适用于本单位的账务处理程序的意义是（　　）。

A．有利于提高会计信息的质量　　B．有利于增强会计信息的可靠性

C．有利于保证会计信息的及时性　　D．有利于会计工作程序的规范化

9．关于记账凭证汇总表，下列表述正确的是（　　）。

A．记账凭证汇总表是一种记账凭证

B．记账凭证汇总表能起到试算平衡的作用

C．可以简化总账的登记工作

D．记账凭证汇总表保留了账户之间的对应关系

10. 在各种会计核算形式下，明细分类账可以根据（ ）登记。
A. 原始凭证汇总表 B. 记账凭证汇总表 C. 记账凭证 D. 原始凭证
11. 在科目汇总表核算形式下，记账凭证是用来（ ）的依据。
A. 登记库存现金日记账 B. 登记总账
C. 登记明细分类账 D. 编制科目汇总表
12. 账务处理程序也称会计核算程序，它是指（ ）相结合的方式。
A. 会计科目 B. 会计账簿 C. 会计报表 D. 会计凭证

三、判断题（正确的打“√”，错误的打“×”）

1.（ ）科目汇总表账务处理程序只适用于经济业务不太复杂的中小型单位。
2.（ ）在各种账务处理程序下，其登记库存现金日记账的直接依据都是相同的。
3.（ ）在科目汇总表账务处理程序中，不能反映账户之间的对应关系，因而不便于分析经济业务的来龙去脉，不便于查对账目。
4.（ ）原始凭证可以作为登记各种账簿的直接依据。
5.（ ）同一企业可以同时采用几种不同的账务处理程序。
6.（ ）各种会计核算形式的共同点之一是编制会计报表的方法不同。
7.（ ）汇总记账凭证账务处理程序的缺点在于保持账户之间的对应关系。
8.（ ）各种账务处理程序的不同之处在于登记明细账的直接依据不同。
9.（ ）科目汇总表核算形式与汇总记账凭证核算形式的适用范围是完全相同的。
10.（ ）汇总转账凭证按库存现金、银行存款账户的借方设置，并按其对应的贷方账户归类汇总。
11.（ ）账务处理程序就是指记账程序。
12.（ ）记账凭证账务处理程序的主要特点是直接根据各种记账凭证登记总账。
13.（ ）会计报表是根据总分类账、明细分类账和日记账的记录定期编制的。
14.（ ）库存现金日记账和银行存款日记账不论在何种会计核算形式下，都是根据收款凭证和付款凭证逐日、逐笔顺序登记的。
15.（ ）科目汇总表的作用与汇总记账凭证相似，但它们的结构不同，填制的方法也不同。
16.（ ）为了便于编制科目汇总表，平时填制转账凭证时，应尽可能使账户之间保持一借一贷的对应关系。
17.（ ）各个企业的业务性质、组织规模、管理上的要求不同，企业应根据自身的特点，制定出恰当的会计账务处理程序。
18.（ ）企业不论采用哪种会计核算形式，都必须设置日记账、总账和明细账。

四、计算分析题

某公司 2019 年 6 月下旬有关记账凭证如下。

（1）借：生产成本 25 000
　　贷：原材料 25 000
（2）借：库存现金 5 000
　　贷：银行存款 5 000

（3）借：制造费用　　　　　　　　3 000
　　　　贷：原材料　　　　　　　　　3 000
（4）借：银行存款　　　　　　　　5 000
　　　　贷：应收账款　　　　　　　　5 000
（5）借：银行存款　　　　　　　　30 000
　　　　贷：库存现金　　　　　　　　30 000
（6）借：银行存款　　　　　　　　60 000
　　　　贷：预收账款　　　　　　　　60 000
（7）借：原材料　　　　　　　　　25 000
　　　　贷：在途物资　　　　　　　　25 000
（8）借：制造费用　　　　　　　　4 500
　　　　贷：累计折旧　　　　　　　　4 500
（9）借：应付账款　　　　　　　　60 000
　　　　贷：银行存款　　　　　　　　60 000
（10）借：其他应收款　　　　　　　3 000
　　　　　贷：库存现金　　　　　　　3 000

要求：根据以上资料，回答下列问题。

（1）编制汇总收款凭证时，“银行存款”科目借方金额为（　　）元。

（2）编制汇总付款凭证时，“银行存款”科目贷方金额为（　　）元。

（3）编制汇总付款凭证时，“库存现金”科目贷方金额为（　　）元。

（4）编制汇总转账凭证时，“原材料”科目贷方金额为（　　）元。

（5）编制汇总转账凭证的张数为（　　）张。

扫一扫

记账凭证账务处理程序

科目汇总表账务处理程序

汇总记账凭证账务处理程序

凭证大汇总